MICHEL ROGGO

AQUA
wasser.eau.water

WERDVERLAG

Für die grosszügige Unterstützung geht unser Dank an das Amt für Kultur des Kantons Freiburg.

Pour son généreux soutien, nous remercions le Service de la culture du canton de Fribourg.

Our thanks go to The Office of Culture of the Canton of Fribourg for their generous support.

ETAT DE FRIBOURG
STAAT FREIBURG

Alle Rechte vorbehalten, einschliesslich derjenigen des auszugsweisen Abdrucks und der elektronischen Wiedergabe.

Tous droits réservés, y compris pour l'impression d'extraits et la reproduction électronique.

All rights reserved, including rights in the copying, reproduction in extract form, or electronic reproduction.

© 2017 Werd & Weber Verlag AG
CH-3645 Thun/Gwatt

Bild und Text/Texte et photos/Image and text
Michel Roggo, CH-1700 Freiburg, www.roggo.ch

Gestaltung und Satz/Conception graphique et composition/Graphic concept and composition
Nina Ruosch, Werd & Weber Verlag AG

Bildauswahl/Choix des photos/Image selection
Michel Roggo, CH-1700 Freiburg, www.roggo.ch

Übersetzung/Traduction/Translation
Alexandre Pinel, Hongkong

Lektorat/Lectorat/Copy-editing
Alain Diezig, Werd & Weber Verlag

Korrektorat/Correcteur/Proofreading
Lars Wyss, Werd & Weber Verlag AG

ISBN 978-3-85932-836-5

www.werdverlag.ch
www.weberverlag.ch

ES WAR 2009.

Ich konnte es kaum erwarten, zurück im Hotel in Reykjavík zu sein. Dort würde ich endlich die Kamera aus dem Unterwassergehäuse nehmen und die Bilder anschauen können, die ich in Þingvellir gemacht hatte. Nie hatte ich an einem solch aussergewöhnlichen Ort fotografiert, das wusste ich jetzt schon. Und so lag ich dann auf dem Bett, sah diese Bilder – ja, Bilder wie vom Eingang zum Hades, bewacht von Kerberos, dem Höllenhund. Ich hatte die Kamera versenkt in die Spalte zwischen den Kontinentalplatten von Eurasien und Amerika, und ich hatte in den Bauch der Erde gesehen. Ich schaute das an, endlos lange, und irgendwie ahnte ich, dass mein Leben als Fotograf nie mehr das gleiche sein würde. Dann ging ich in die Stadt essen, aber die Bilder liessen mich nicht los. Dabei war ich nach Ísland gekommen, um Lachse zu fotografieren, wie ich das schon seit über 20 Jahren tat: Fische fotografieren, rund um die Welt. Doch es regnete ununterbrochen, alle Lachsflüsse waren trüb. Nichts zu machen. Am letzten Tag war ich dann eben nach Þingvellir gegangen, an die mit kristallklarem Wasser gefüllte tektonische Spalte. Vielleicht könnte ich dort ein paar Bilder machen, hatte ich mir gedacht. Nicht Lachse zwar, aber immerhin.

Während des Essens, der Nacht und des Rückflugs überlegte ich. Zuhause angekommen, wusste ich, was ich machen wollte. Ich sagte meiner Frau: «Beate, ich möchte die nächsten vier Jahre 30 Gewässer fotografieren, rund um die Welt, unter Wasser, und das wird das Freshwater Project». Sie sagte erst nichts, schaute mich etwas schräg an, und dann: «Wie stellst du dir das vor?» «Na ja, so alle zwei Monate eine Reise, nur ganz kurz.» «Das ergibt 24.» Und dann: «Willst du etwa nur 24 Gewässer fotografieren?» Sie kannte mich zu gut, wusste, dass ich schwer zu bremsen sein würde. Tage später kam sie nach Hause, mit einem kleinen Globus und einer Lupe mit eingebautem Kompass, auf dass ich während diesem Projekt nicht den Norden verlieren würde, und einem Moleskine-Notizbuch, das mich auf den Reisen begleiten solle. Sie war also einverstanden und ich konnte beginnen. Doch das Wichtigste war, dass sie nie gefragt hatte, wie ich das alles zu finanzieren gedenke: Ich hätte nicht die leiseste Ahnung gehabt.

Aus den vier geplanten Jahren wurden sieben, aus den 30 Gewässern 40. Alles dauerte länger und wurde umfangreicher, weil ich von der grösstmöglichen Katastrophe aus der Bahn gerissen wurde: Meine Frau erkrankte und verstarb. Lange konnte und wollte ich nicht mehr arbeiten, und als ich doch wieder begann, war dies auch eine Flucht, der klägliche Versuch einer Ablenkung. Doch ich war nun ein anderer Mensch und ein anderer Fotograf. Die Bilder wurden einfacher: ruhig, klar, reduziert, wie vielleicht die Musik von Arvo Pärt. Unmöglich hätte ich nunmehr dramatische Bilder machen können wie etwa die der Bären in Kamtschatka.

Jetzt ist das Freshwater Project abgeschlossen. Flussdelfine und Krokodile, versunkene Regenwälder und abgrundtiefe Höhlen, eisige Gletscherseen und überwucherte Tropenflüsse hatte ich die letzten sieben Jahre vor meiner Kamera. Unzählige Menschen hatte ich dabei getroffen und Freundschaften geschlossen. An die 40 Gewässer auf allen Kontinenten fotografiert. Im Moleskine stehen Namen wie Rotomairewhenua, Sermersuaq, Gunung Mulu, Kuril'skoye Ozero, Wadi Wurayah, Abismo Anhumas, aber auch Sense.

In mir ist nun zwar eine gewisse stille Genugtuung, aber auch eine grosse Leere: Ich brauche Zeit, um die letzten sieben Jahre zu verarbeiten.

Michel Roggo

C'ÉTAIT EN 2009.

J'étais impatient de retourner à mon hôtel à Reykjavík. Je pourrai enfin retirer mon appareil photo de son boîtier étanche et regarder les clichés que j'avais pris à Þingvellir. Je savais déjà que je n'avais jamais photographié un endroit aussi extraordinaire. Je m'allongeai sur le lit et contemplai les photos; elles ressemblaient à l'entrée du temple d'Hadès gardée par Cerbère, le chien des enfers. J'avais en effet observé les entrailles de la terre en plaçant mon appareil dans la faille séparant les plaques continentales eurasiatique et américaine. Je les regardai encore et encore et me disais que ma vie de photographe ne serait plus jamais la même. J'allai ensuite manger en ville mais ces clichés ne quittaient pas mon esprit. Cela faisait plus de vingt ans que je photographiais des poissons partout sur la planète. J'étais venu en Islande pour immortaliser des saumons. Mais il pleuvait sans cesse et les rivières étaient troubles, je ne pouvais rien faire. J'étais allé à Þingvellir le dernier jour. Il y avait cette faille tectonique remplie d'eau cristalline où je pourrais peut-être faire quelques photos. Pas de saumons certes, mais peu importe.

Pendant le repas, la nuit et le vol de retour, j'étais pensif. Arrivé à la maison, je savais alors ce que je voulais faire. Je dis à ma femme: «Beate, pendant les quatre prochaines années, j'aimerais photographier trente milieux aquatiques autour du monde, ce sera le Freshwater Project». Elle ne dit rien, me regarda de côté et me demanda ensuite: «Comment est-ce que tu vois les choses?» «Ben, faire un petit voyage tous les deux mois.» «Ça veut dire vingt-quatre.» Et puis: «Tu veux photographier vingt-quatre milieux aquatiques différents?» Elle me connaissait assez pour savoir qu'il serait difficile de me faire changer d'avis. Quelques jours plus tard, elle rentra à la maison avec un petit globe terrestre, une loupe avec boussole intégrée – afin que je ne perde pas le Nord au cours de ce projet – et un bloc-notes Moleskine qui m'accompagnerait pendant les voyages. Elle était donc d'accord et je pouvais commencer. Mais le plus important était qu'elle ne me demanda jamais comment je comptais financer tout cela: je n'en avais aucune idée.

Ce projet prit plus d'ampleur que prévu: il dura sept ans au lieu de quatre et a concerné quarante milieux aquatiques au lieu de trente. Je fus en effet déchiré par une catastrophe incommensurable: ma femme tomba malade et décéda. Pendant longtemps, je ne pouvais et ne voulais plus travailler et, lorsque je recommençai, cela n'était qu'une fuite, une tentative de se changer les idées. Mais j'étais devenu un autre homme et un autre photographe. Mes photos étaient devenues plus simples: calmes, claires, minimales, peut-être un peu comme la musique d'Arvo Pärt. Je n'aurais jamais pu faire des photos dramatiques comme celles, jadis, des ours de Kamtschatka.

Le Freshwater Project est maintenant terminé. Au cours des sept dernières années, mon appareil photo a bravé des dauphins d'eau douce, des crocodiles, des forêts tropicales inondées, des grottes abyssales, des lacs glaciaires et des rivières tropicales luxuriantes. J'ai rencontré de nombreuses personnes et me suis fait des amis. J'ai photographié quarante milieux aquatiques sur tous les continents. Mon bloc-notes Moleskine contient des noms comme Rotomairewhenua, Sermersuaq, Gunung Mulu, Kuril'skoye Ozero, Wadi Wurayah, Abismo Anhumas, mais aussi Singine.

Je ressens bien sûr de la satisfaction, mais surtout un grand vide. J'ai besoin de temps pour digérer tout ce qui s'est passé pendant ces sept dernières années.

Michel Roggo

IT WAS IN 2009.

I couldn't wait to go back to my hotel in Reykjavík. There, I would finally be able to take my camera out of its underwater housing and look at the photographs I had taken in Þingvellir. I knew I had never taken photographs of such an extraordinary place before. I lied down on the bed and looked at the photographs, indeed, they looked like the entrance to Hades' temple, guarded by Cerberus, the hound of hell. I had placed my camera between the North American and Eurasian plates and I had observed the bowels of the Earth. I looked at them over and over again and was thinking that my life as a photographer would never be the same again. Later on, I went into town to get some food and all day the pictures would not leave my thoughts.

I had come to Ísland to take photos of salmon as I had been doing for over twenty years: taking photos of fish everywhere on earth. But it kept raining and the salmon rivers were turbid. I couldn't do anything about it. On my last day, I had gone to Þingvellir where there were cavities filled with crystalline water between two tectonic plates. I had thought that I would maybe be able to take some photos there. There were no salmon but whatever.

During dinner, at night and while flying back, I was lost in thought. Back home, I knew what I wanted to do. I told my wife: «Beate, in the next four years, I would like to take photos of thirty bodies of water around the world and that will be the Freshwater Project.» She said nothing at the beginning, then she looked at me and asked: «How do you see yourself doing this?» «Well, a small trip every two months.»

«That means twenty-four» And then: «You want to take photos of twenty-four different bodies of water?» She knew me well enough to know that it was difficult to stop me. A few days later, she came home with a small globe and a magnifying glass with a built-in compass, so that I would not get lost during that project. She also gave me a Moleskine notebook that would accompany me during my trips. This meant that she agreed and I could start. But the most important thing was that she never asked me how I intended to pay for all of that: I had no idea.

Finally, four years became seven and thirty water reserves ended up being forty. Everything lasted longer than I had planned because I was torn apart by the greatest possible catastrophe: My wife fell ill and passed away. For a long time, I couldn't and wouldn't work anymore and when I started again, it was only as a way to escape, an attempt to think of other things. I had become a new man and a new photographer. My photos had become simpler: calmer, clearer, more minimalistic, maybe a little bit like Arvo Pärt's music. I would have never been able to take such dramatic pictures as the Kamtchatka bears.

Now, the Freshwater Project is finished. In the last seven years, my camera faced river dolphins, crocodiles, flooded rainforests, abyssal caves, frozen lakes and tropical rivers. I met a myriad of people and made new friends. I took photos of forty bodies of water on every continent. In my Moleskine notebook, there are names such as Rotomairewhenua, Sermersuaq, Gunung Mulu, Kuril'skoye Ozero, Wadi Wurayah, Abismo Anhumas, but also Sense.

Deep inside, I feel quietly satisfied, but above all, I feel immeasurably empty. I need time to assimilate everything which happened in the last seven years.

Michel Roggo

THE FRESHWATER PROJECT

Michel Roggo fotografiert seit Mitte der 80er-Jahre in den Quellen, Bächen, Flüssen und Seen der Welt. Erst tat er dies mit selbst entwickelten, fernbedienten Systemen, heute auch schnorchelnd und tauchend, aber weiterhin ausschliesslich im Süsswasser. Mit dieser Erfahrung startete er 2010 das ehrgeizige Freshwater Project. Alle wichtigen Gewässerarten der Erde sollten fotografiert werden, um auf die oft bedrohten aquatischen Lebensräume aufmerksam zu machen. Nach sieben Jahren Arbeit ist das Freshwater Project nun abgeschlossen – mit rund vierzig fotografierten Gewässern.

Natürlich stehen hier die Bilder dieser verborgenen und oft atemberaubend schönen Unterwasserwelt im Mittelpunkt. Zusätzlich leiten aber auch QR-Codes zu kurzen Filmclips, welche Einblicke in die abenteuerliche Arbeit des Fotografen draussen im Busch geben.

Michel Roggo prend des clichés dans les sources, les ruisseaux, les rivières et les lacs du monde entier depuis le milieu des années 80. Il travaille exclusivement en eau douce, au début en utilisant des systèmes télécommandés développés par lui-même, aujourd'hui en faisant aussi du snorkeling et de la plongée. Cette longue expérience lui permit d'initier en 2010 l'ambitieux Freshwater Project qui vise à photographier tous les types importants de milieux aquatiques de la planète afin de sensibiliser et d'attirer l'attention sur ces écosystèmes souvent menacés. Après sept ans de travail et environ quarante milieux aquatiques photographiés, le Freshwater Project est enfin terminé.

Même si les photographies de ce monde caché et à couper le souffle jouent ici un rôle central, des codes QR renvoient vers des vidéos donnant un aperçu des aventures du photographe dans la nature.

Since the mid-1980s, Michel Roggo has been taking photographs of springs, streams, rivers and lakes all over the world. At the beginning, he used remote control systems which he had developed himself. These days, he has also taken to diving and snorkelling but, as before, exclusively in freshwater. Thanks to his experience, in 2010, he launched the ambitious Freshwater Project. His goal was to take photographs of all types of aquatic environments in order to draw attention to freshwater ecosystems which are often threatened. After seven years of work and about forty aquatic environments photographed, the Freshwater Project is finally finished.

The photographs of that hidden aquatic world are breathtaking and play a central role here. You will also find QR codes leading to video clips that will give you an insight into the photographer's adventures in nature.

DIE LANDSCHAFT
LE PAYSAGE
THE LANDSCAPE

◀ INHALT
◀ SOMMAIRE
◀ CONTENTS

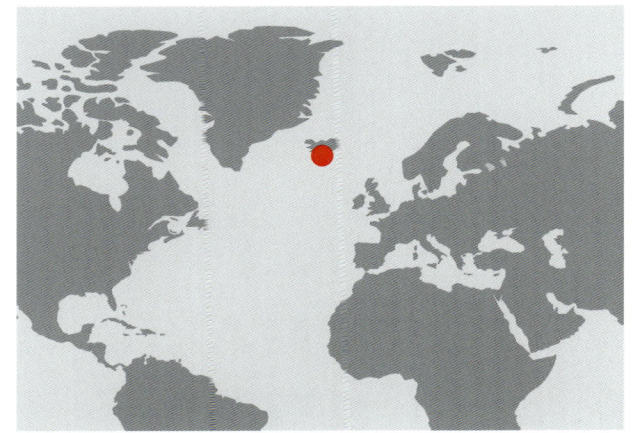

ÞINGVELLIR, **ÍSLAND**

THINGVELLIR, ISLAND

Mitten durch Island erstreckt sich eine tektonische Spalte zwischen den Kontinentalplatten von Nordamerika und Eurasien. Diese driften langsam auseinander, was Erdbeben und Vulkanausbrüche auslöst. Bei Thingvellir ist die Spalte mit äusserst klarem Wasser gefüllt, eingesickert durch poröses Lavagestein. Gelbgrüne Algen kontrastieren schauerlich-schön mit dem tiefen Blau des Wassers. Als ob dies der Eingang zum Hades wäre, bewacht von Kerberos, dem Höllenhund.

THINGVELLIR, ISLANDE

L'Islande est traversée par une faille séparant les plaques continentales eurasiatique et nord-américaine. Ces plaques s'écartent lentement l'une de l'autre, entraînant séismes et éruptions volcaniques. À Thingvellir, la faille est remplie d'une eau limpide, filtrée par les roches magmatiques poreuses. Le contraste entre le vert et jaune des algues et le bleu profond de l'eau est saisissant. Spectacle à la fois effrayant et beau de cette présumée porte des enfers.

THINGVELLIR, ICELAND

In the middle of Iceland, there is a fracture between the North American and Eurasian plates. These slowly drift in opposite directions, causing earthquakes and volcanic eruptions. At Thingvellir, the fracture between these plates is filled with crystalline water that infiltrates through porous volcanic rocks. The yellow-green algae form a very frightful-beautiful contrast with the dark blue water. It looks like the entrance to Hades' temple guarded by Cerberus the hellhound.

RIO NEGRO, AMAZÔNIA, **BRASIL**

RIO NEGRO, AMAZONAS, BRASILIEN

Alljährlich steigen der Amazonas und seine Nebenflüsse wie der Rio Negro um bis zu fünfzehn Meter an und überfluten die Uferwälder oft für Monate. Wo einst Vögel flogen, schwimmen nun Fische in diesen sogenannten Igapó. Manche ernähren sich von Früchten, scheiden Samen unverdaut wieder aus und tragen so zur Verbreitung der Bäume bei. Andere laichen in den überfluteten Wäldern, die sich bestens als Kinderstube eignen. Den Fischen folgen Räuber wie Kaimane und Flussdelfine.

RIO NEGRO, AMAZONIE, BRÉSIL

Chaque année, l'Amazone et ses affluents, tel le Rio Negro, montent d'une quinzaine de mètres, inondant des mois durant les forêts riveraines. Dans ces Igapó, où les oiseaux volent à la saison sèche, nagent désormais des poissons. Parfois frugivores, ces derniers contribuent à la dissémination des arbres en rejetant les graines non digérées. D'autres fraient dans les forêts inondées qui sont des nurseries idéales. On peut y apercevoir des prédateurs, caïmans ou dauphins d'eau douce.

RIO NEGRO, AMAZON, BRAZIL

Each year, the Amazon and its tributaries, such as the Rio Negro, rise up to 15 meters and flood riparian forests, often for months at a time. Where birds once flew, fish find themselves swimming in these so-called Igapó. Some feed on seeds, which they later discard and thus contribute to tree propagation. Others spawn in flooded forests which are ideally suited as fish nurseries. The fish are followed by predators such as caimans and river dolphins.

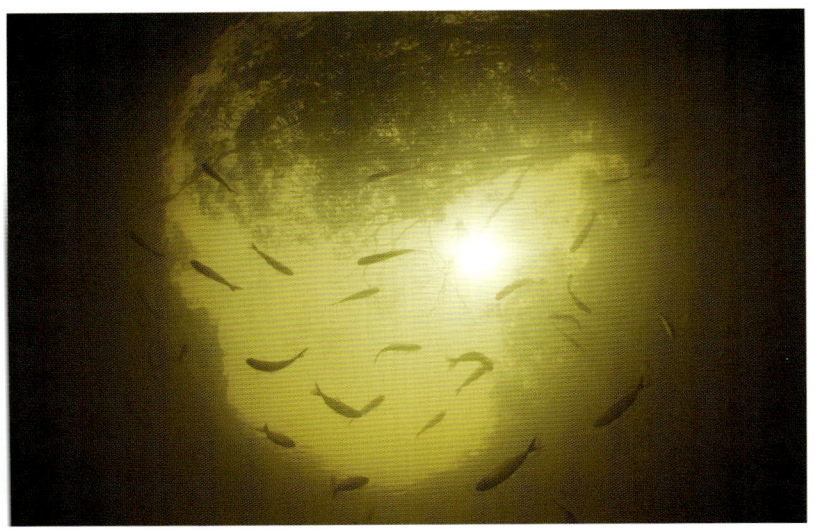

Matrincha >

Amazonasdelfin   Dauphin rose de l'Amazone   Amazon River Dolphin

Schwarzer Kaiman
Caïman noir
Black caiman

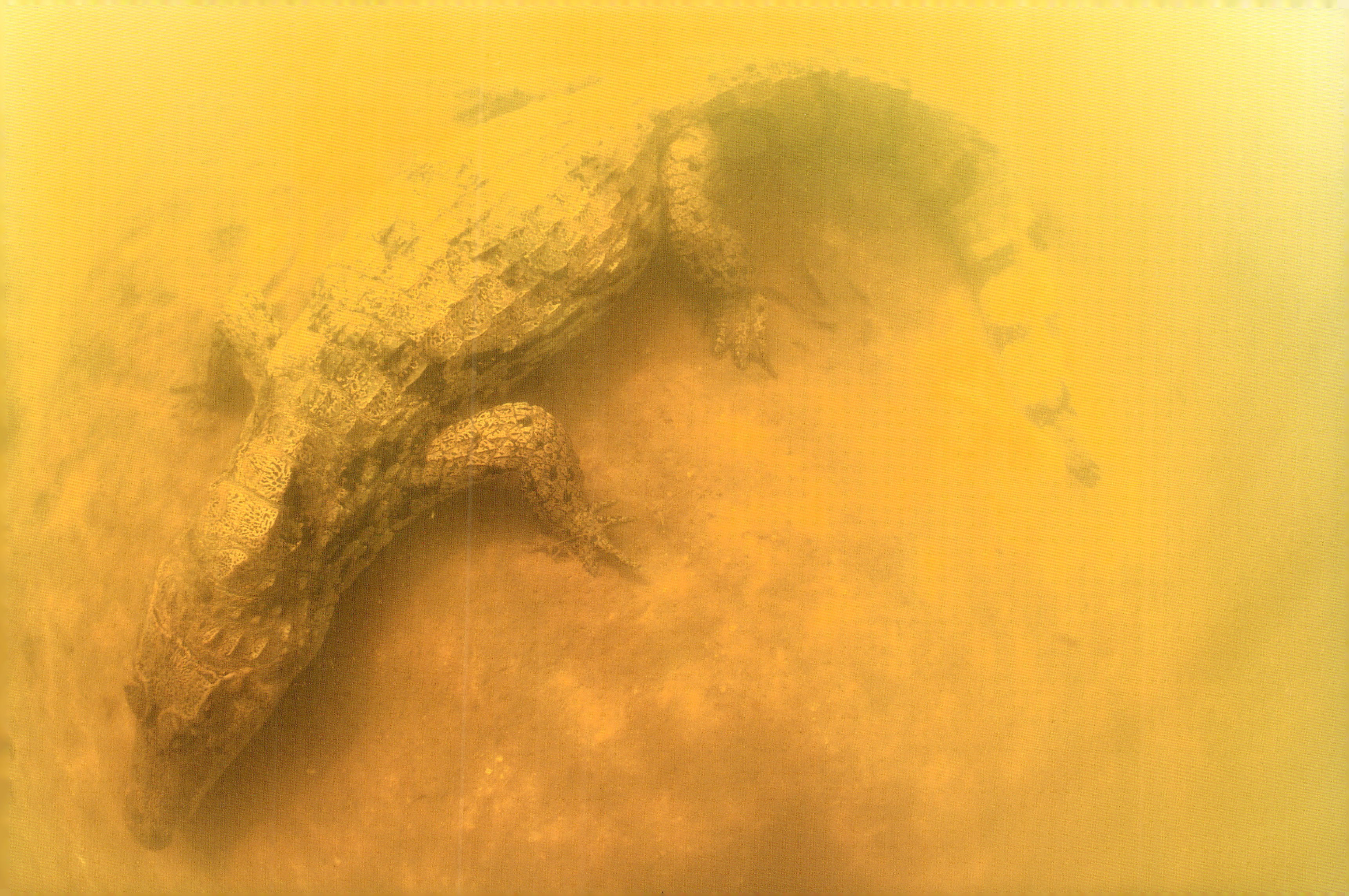

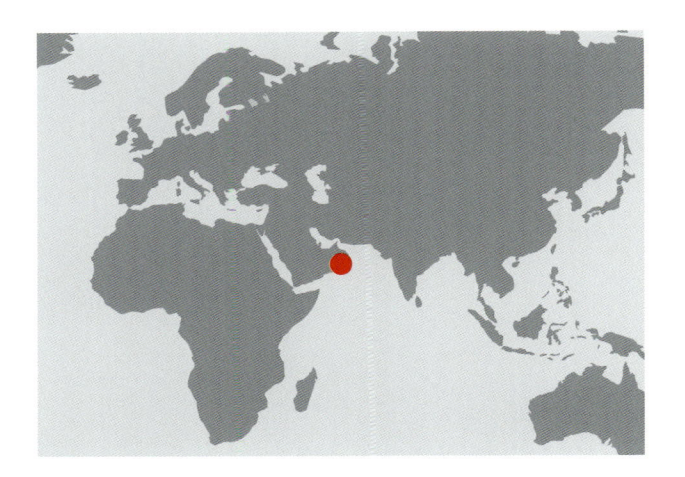

وادي الوريعة, وادي شاب, جبال الحجر

WADI WURAYAH, WADI SHAB, HADSCHAR-GEBIRGE

Inmitten der Steinwüste des Hadschar-Gebirges dringt in tiefen Schluchten Wasser aus den Gesteinsschichten. Dieses bildet oft kurze und temporäre Fliessgewässer mit Fischen, Amphibien und auch Wasserpflanzen. Starke Regenfälle können unverhofft zu gefährlichen Hochwassern führen. Seit Tausenden von Jahren wird das Wasser aus Wadis mit Kanälen, den Aflaj, in die Oasen geleitet. Es bewässert diese und liefert lebensnotwendiges Trinkwasser für Mensch und Vieh.

WADI WURAYAH ET WADI SHAB, MONTS HAJAR

Au cœur du désert des Monts Hajar, l'eau sourd des rochers au fond de gorges encaissées. Elle se rassemble en cours d'eau temporaires où s'établissent poissons, amphibiens et plantes aquatiques. De fortes précipitations peuvent entraîner des crues soudaines et dangereuses. Depuis des millénaires, des canaux, appelés aflaj, amènent l'eau des wadis jusqu'aux oasis, permettant l'irrigation et l'approvisionnement en eau potable des hommes et du bétail.

WADI WURAYAH, WADI SHAB, HAJAR MOUNTAINS

In the middle of the rocky desert of the Hajar Mountains, water emerges from layers of rocks in deep gorges. This often creates short and temporary streams with fish, amphibians and aquatic plants. Heavy rains can cause unexpected and dangerous floods. For thousands of years, the water of the wadis, with the canals called Aflaj, has been flowing through oases. It irrigates these and supports the vital needs of human beings and livestock.

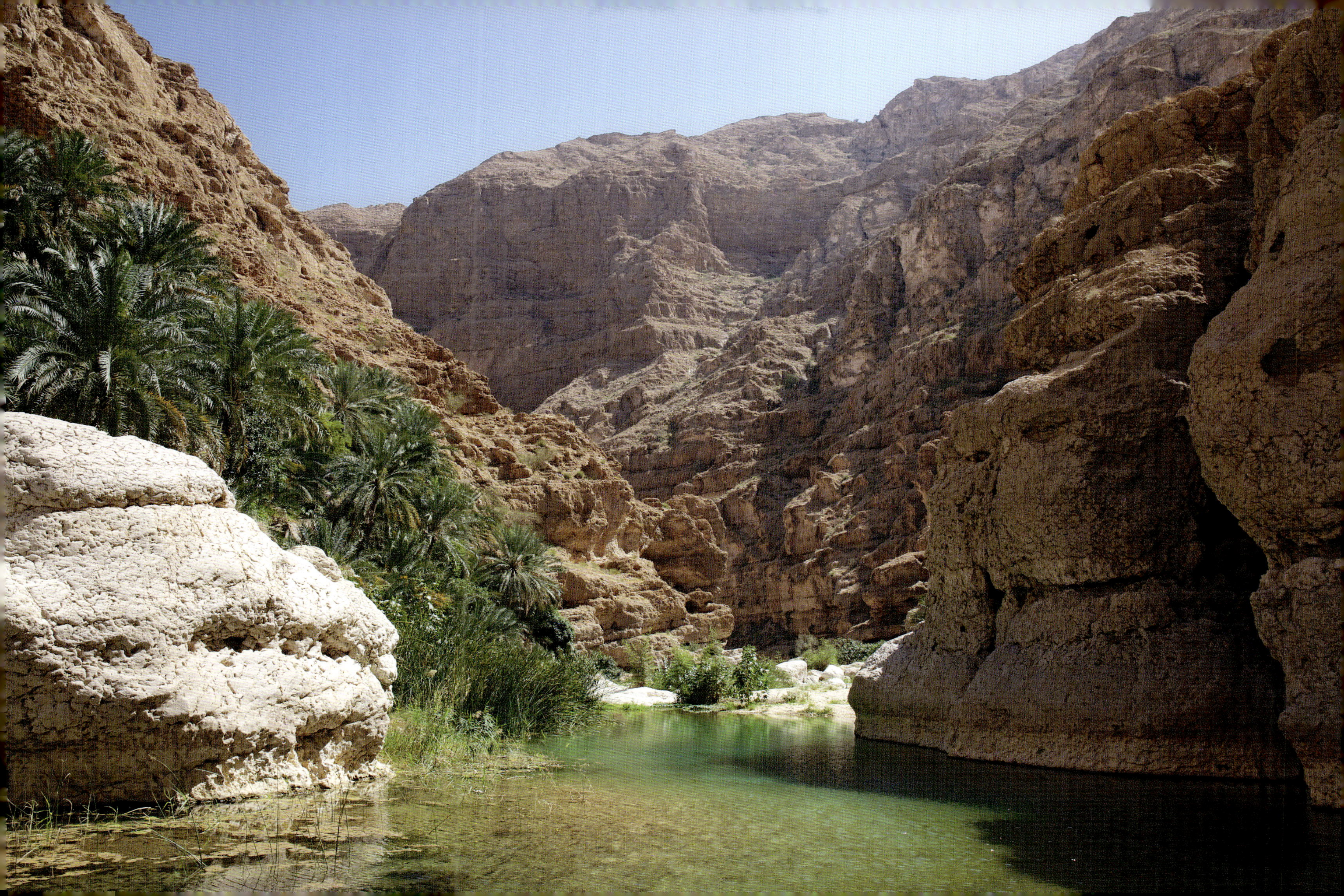

Wadi Wurayah

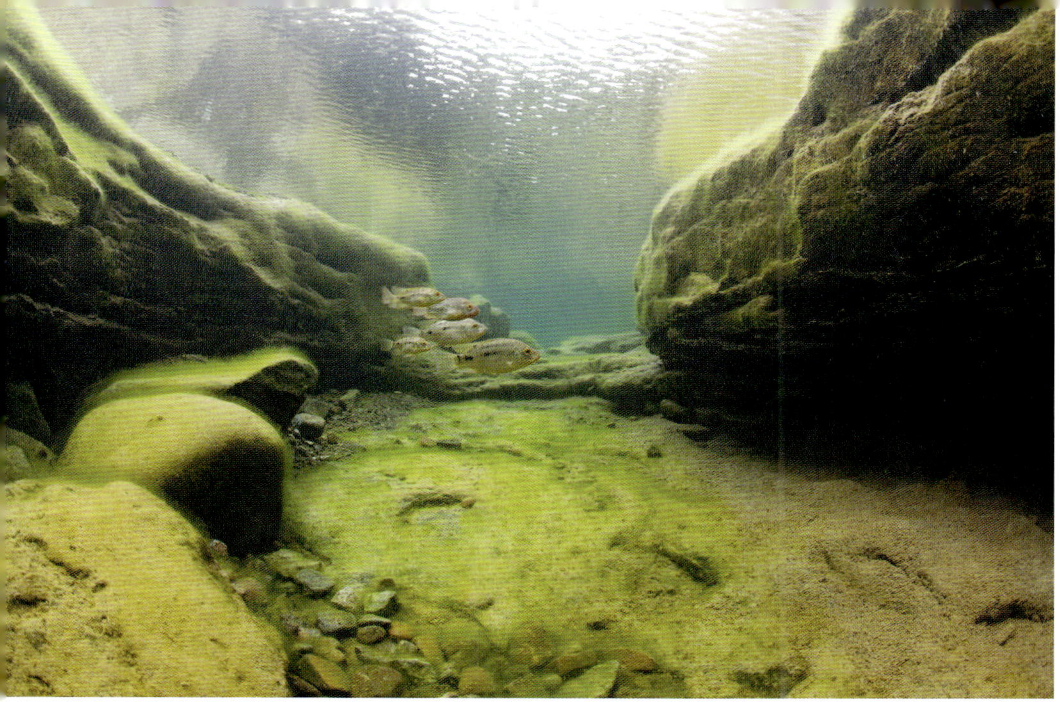
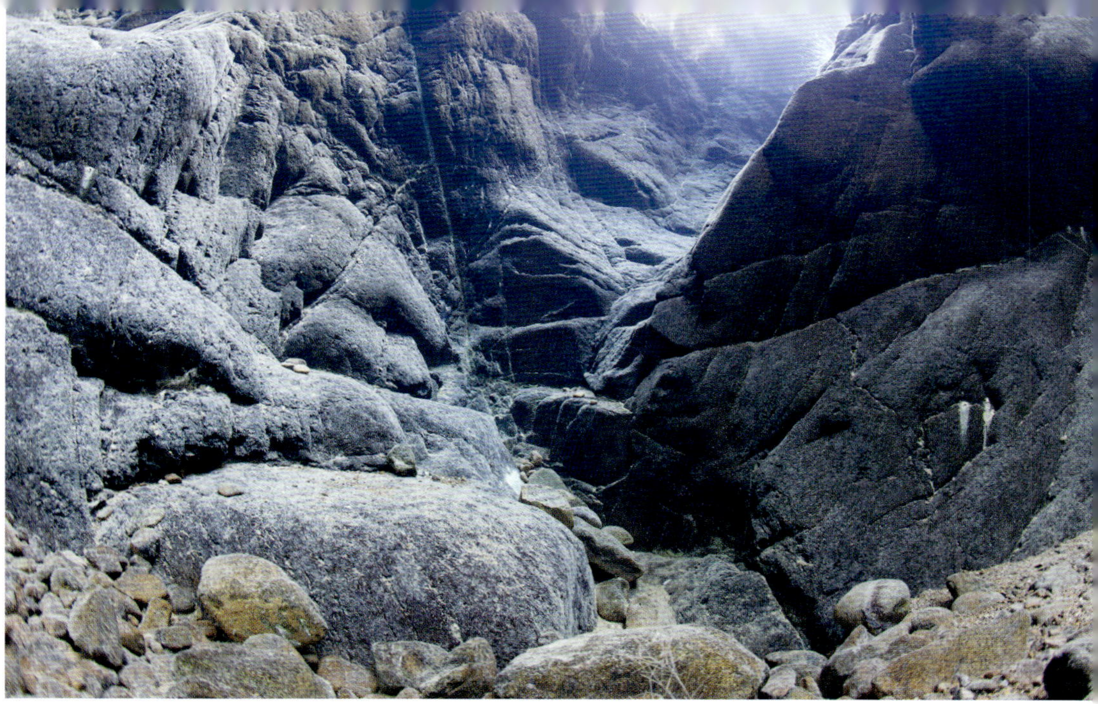
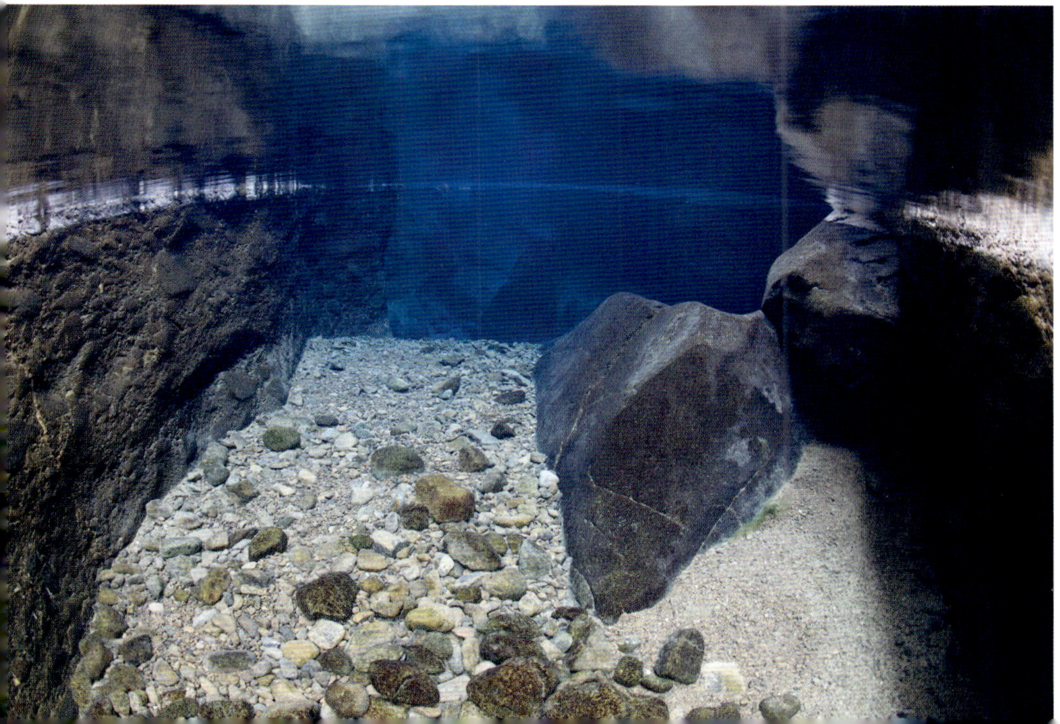
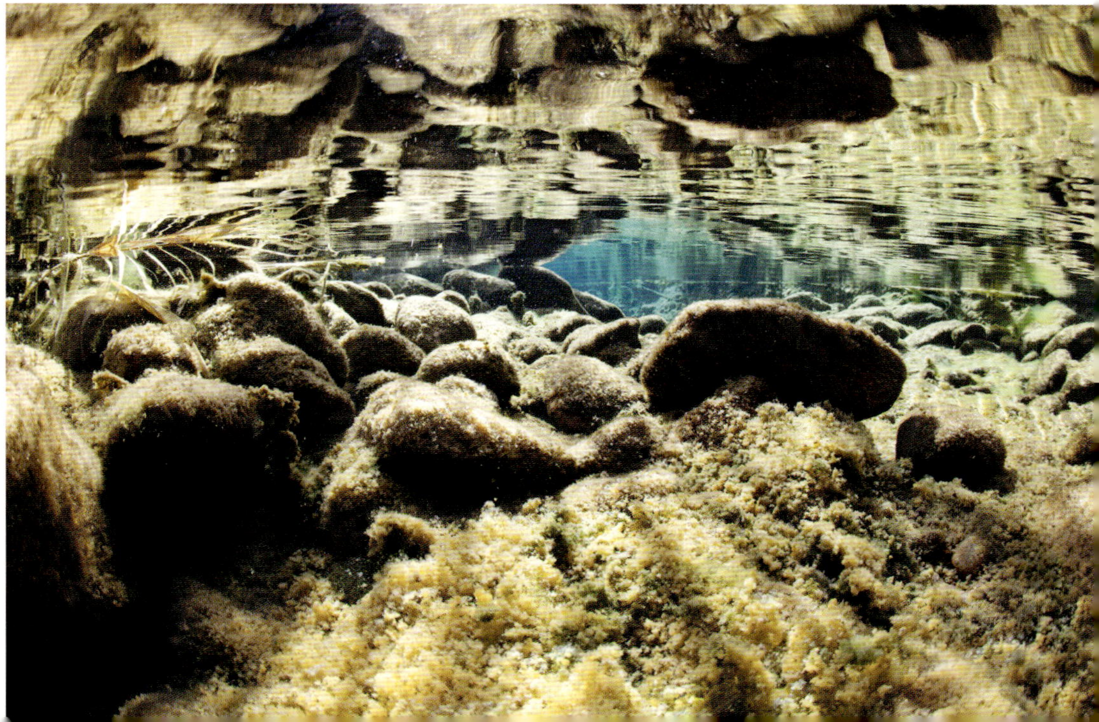

Wadi Shab

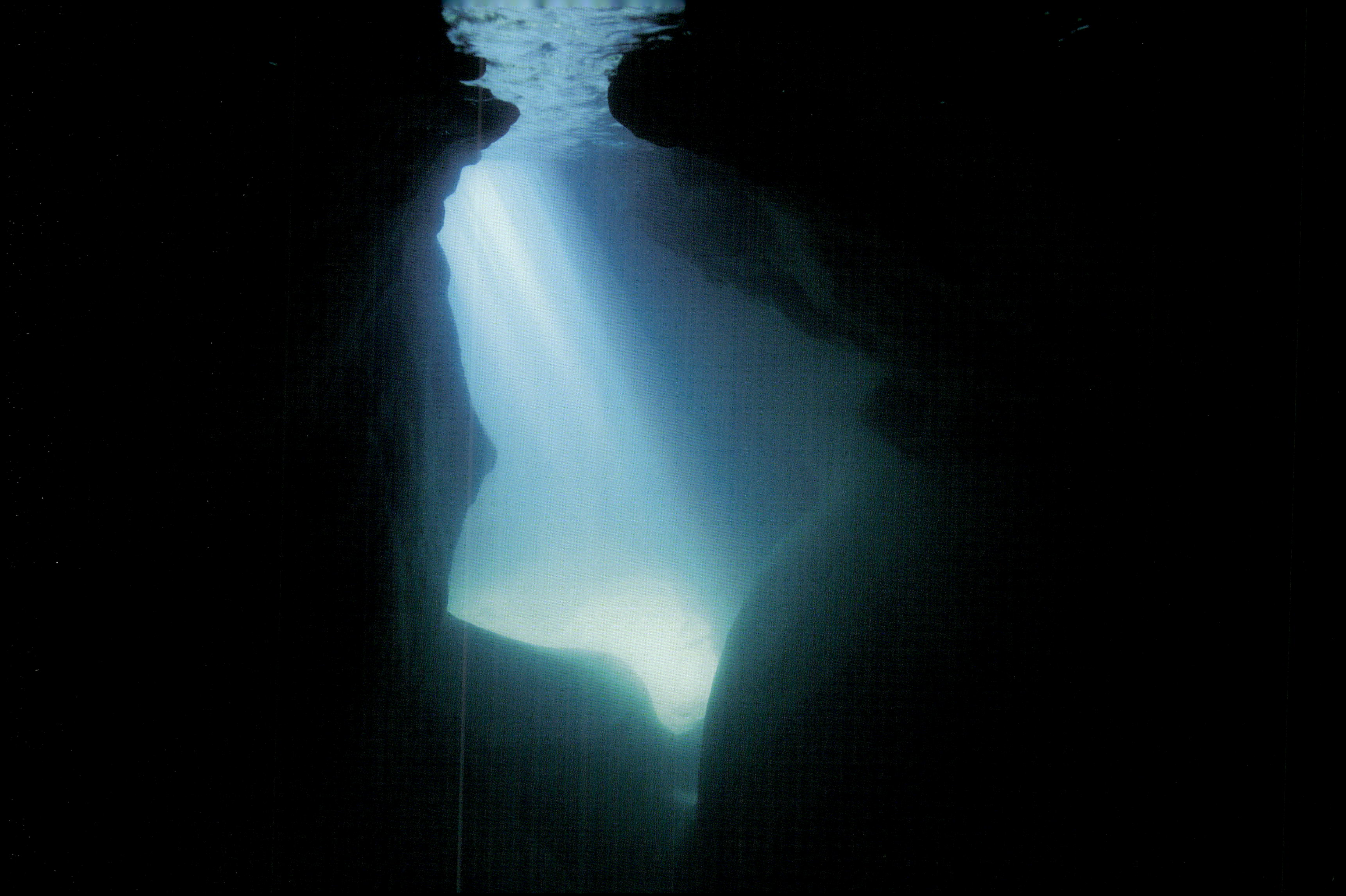

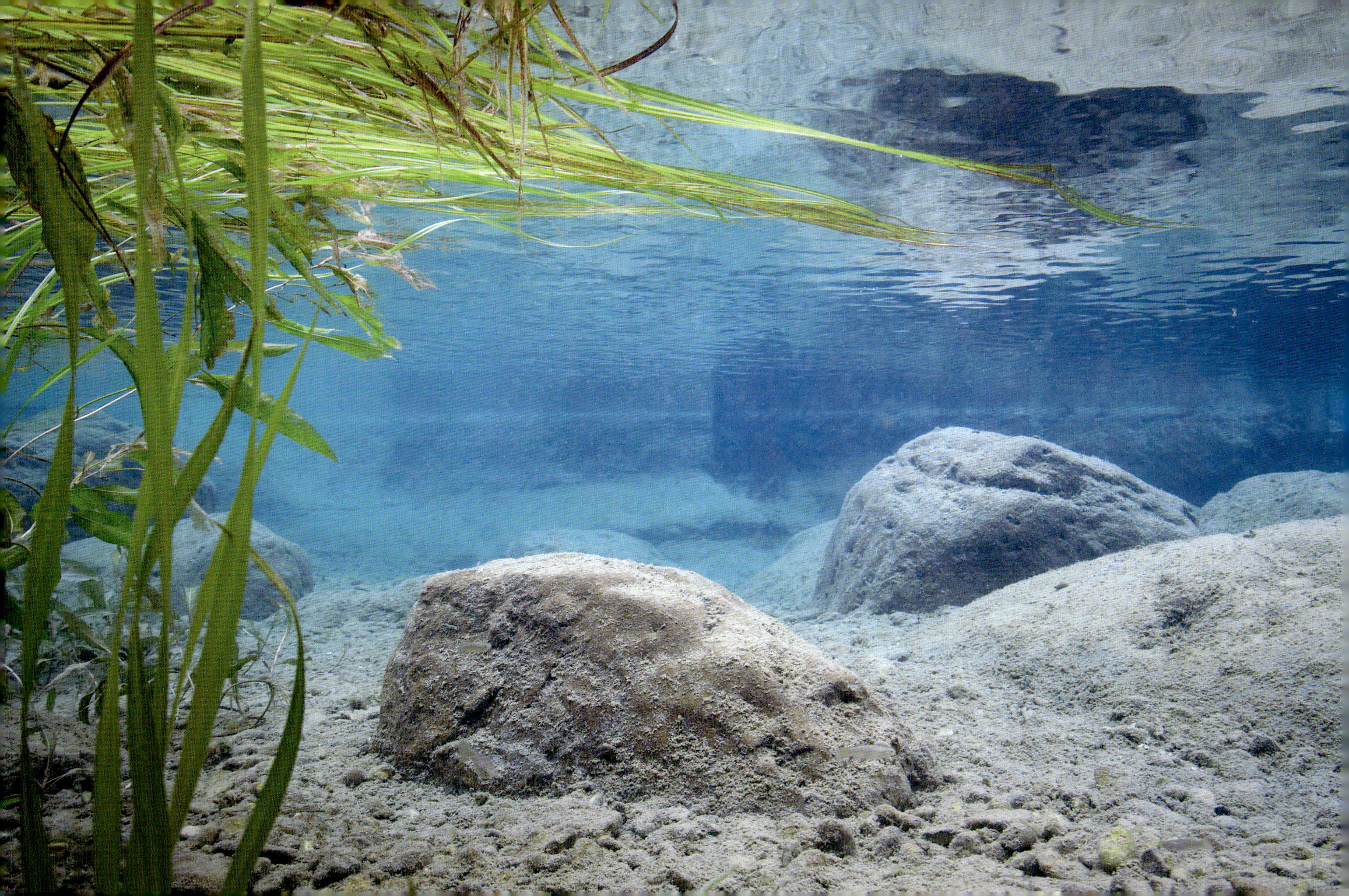

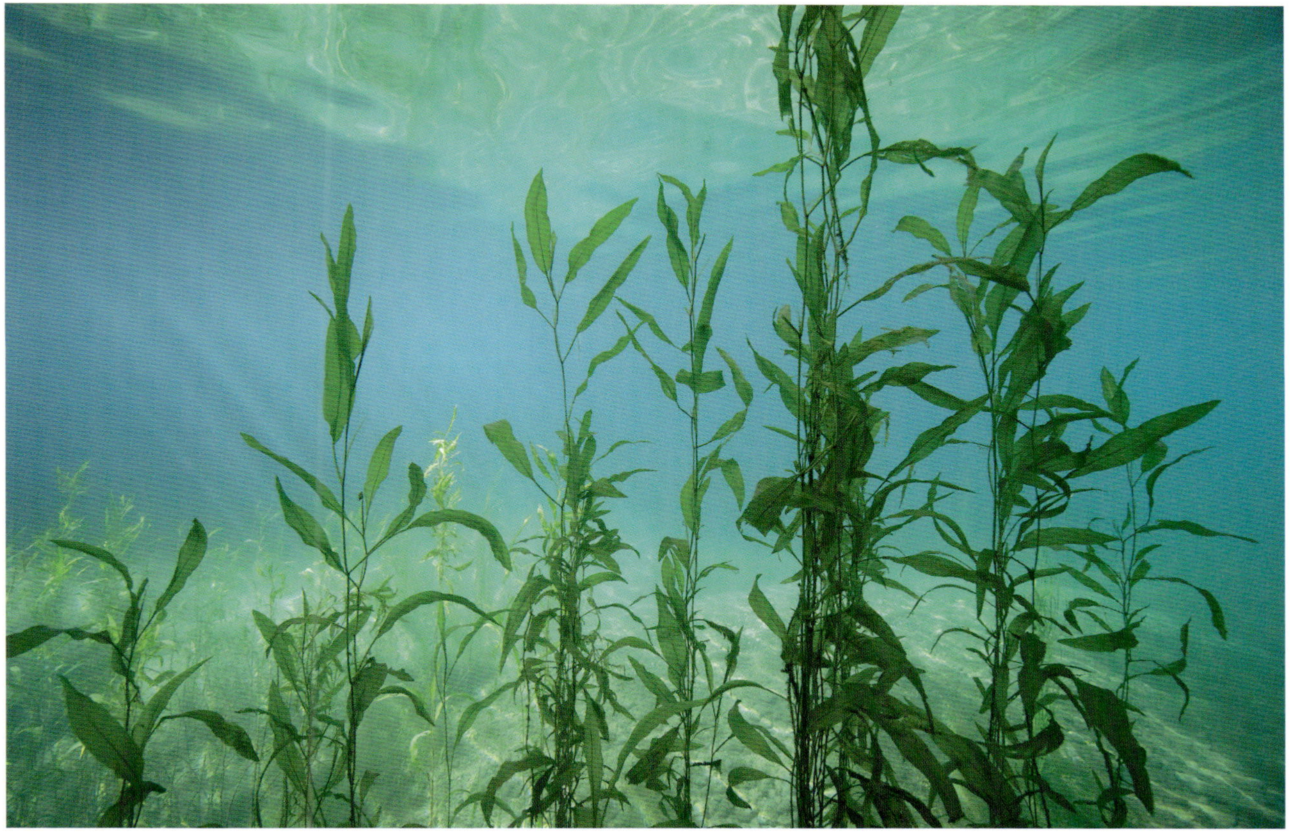

44

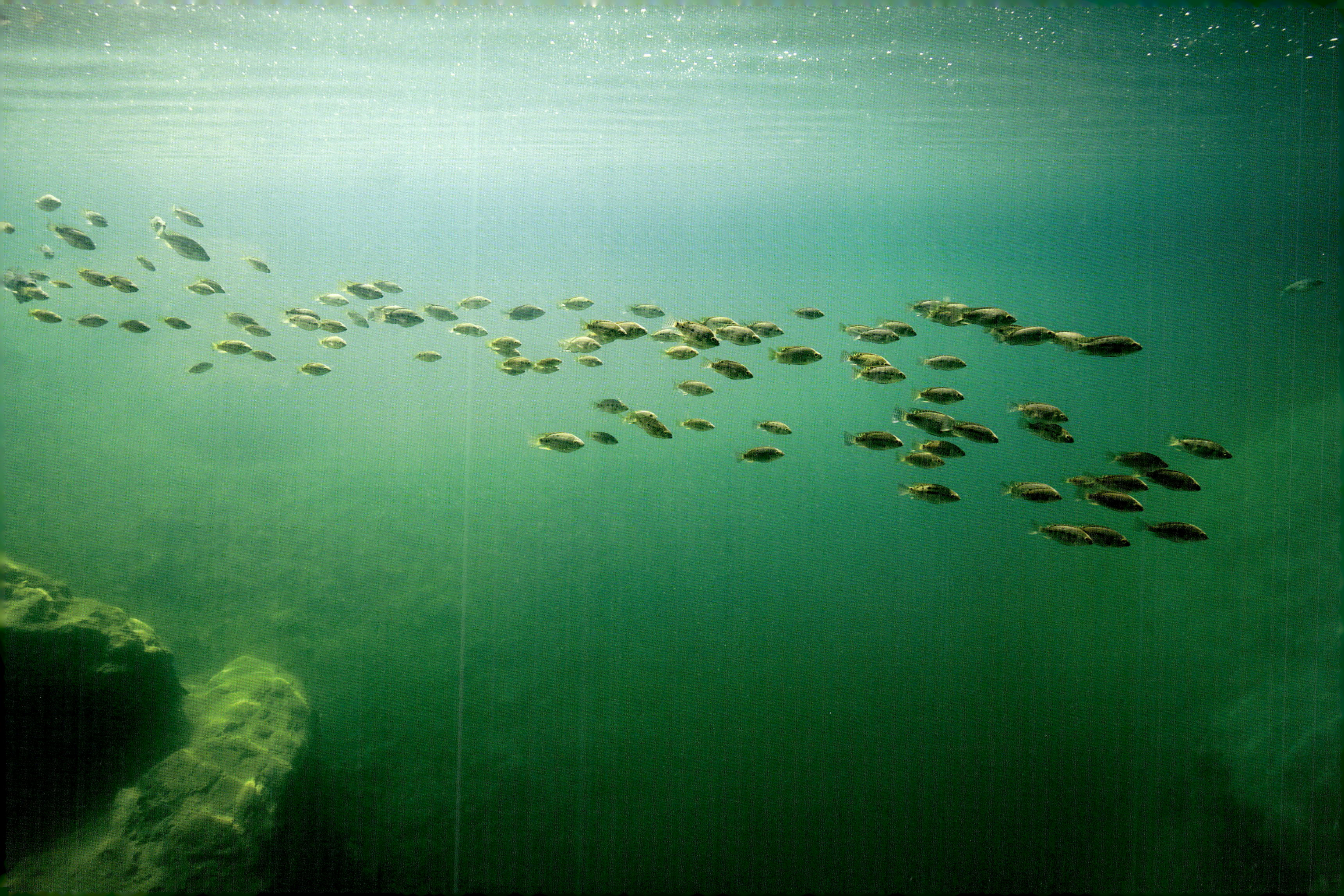

DELTA DUNĂRI, **ROMÂNIA**

DONAUDELTA, RUMÄNIEN

Das Delta der Donau ist das grösste Sumpfgebiet Europas und das weltweit grösste zusammenhängende Schilfgebiet. Es ist geprägt von zahlreichen, durch Kanäle verbundene Seen. Pappeln und Weiden säumen die Ufer, und unter Wasser geht die Vegetation über in einen dichten Gürtel von Wasserpflanzen. Während das Wasser der Donau in den drei Mündungsarmen meist stark getrübt ist, findet sich mitten im Gewirr der Kanäle und Seen erstaunlich klares Wasser.

DELTA DU DANUBE, ROUMANIE

Le delta du Danube est le milieu marécageux le plus grand d'Europe. Il est marqué par de nombreux lacs reliés par des canaux au milieu de la plus grande roselière du monde. Peupliers et saules marquent les berges, tandis que sous l'eau les plantes aquatiques forment un épais manteau. L'eau des trois bras d'embouchure est généralement très trouble mais, dans l'enchevêtrement des canaux et des lacs, elle peut être étonnamment claire.

DANUBE DELTA, ROMANIA

The Danube Delta is the largest wetland in Europe and the largest contiguous reed zone in the world. It is characterized by numerous lakes linked together by canals. Poplars and willows are omnipresent on the shore and the underwater vegetation turns into a thick belt of aquatic plants. While the water of the Danube river is very turbid at its three mouths, astonishingly clear water can be found in this entanglement of canals and lakes.

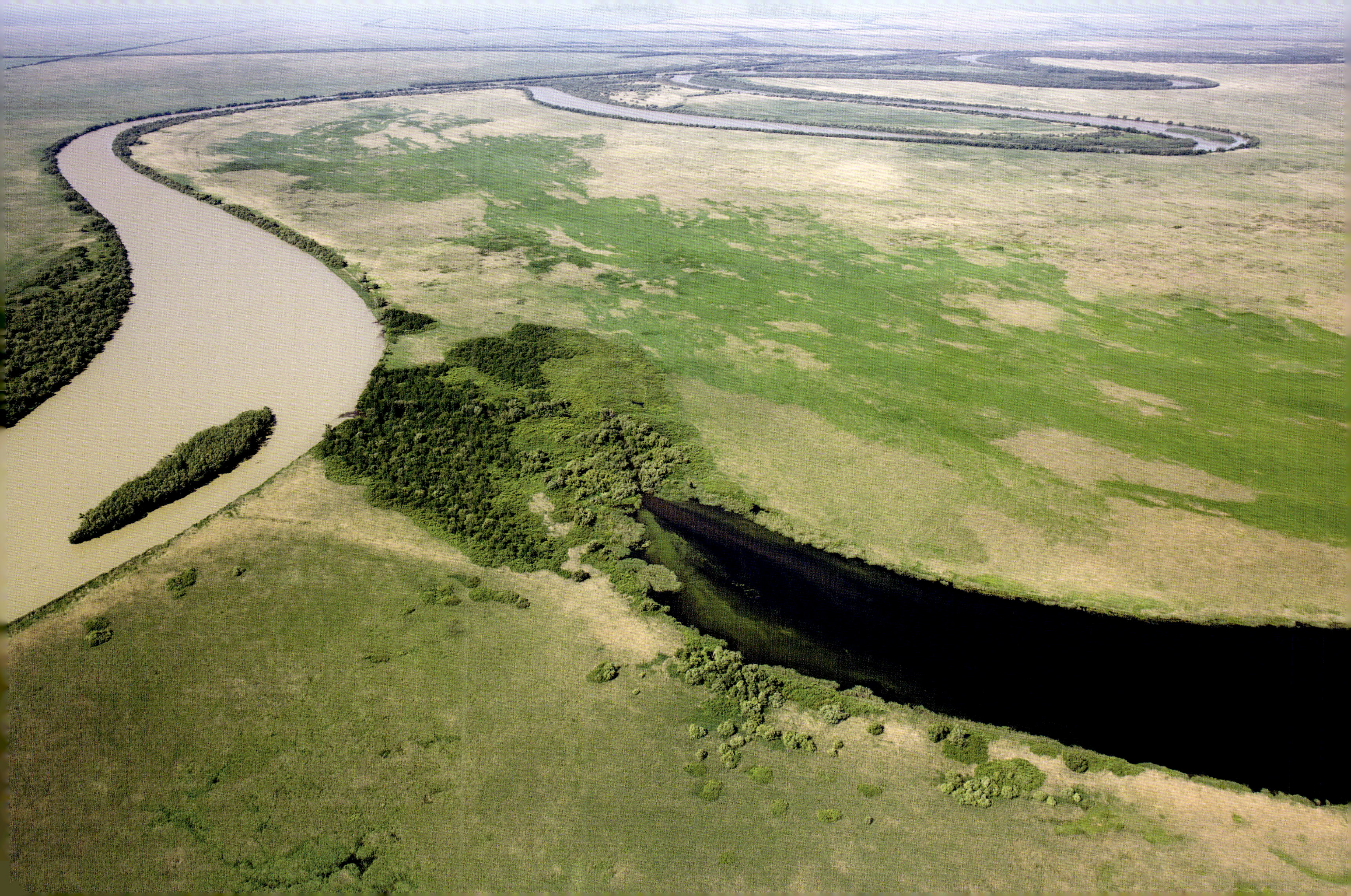

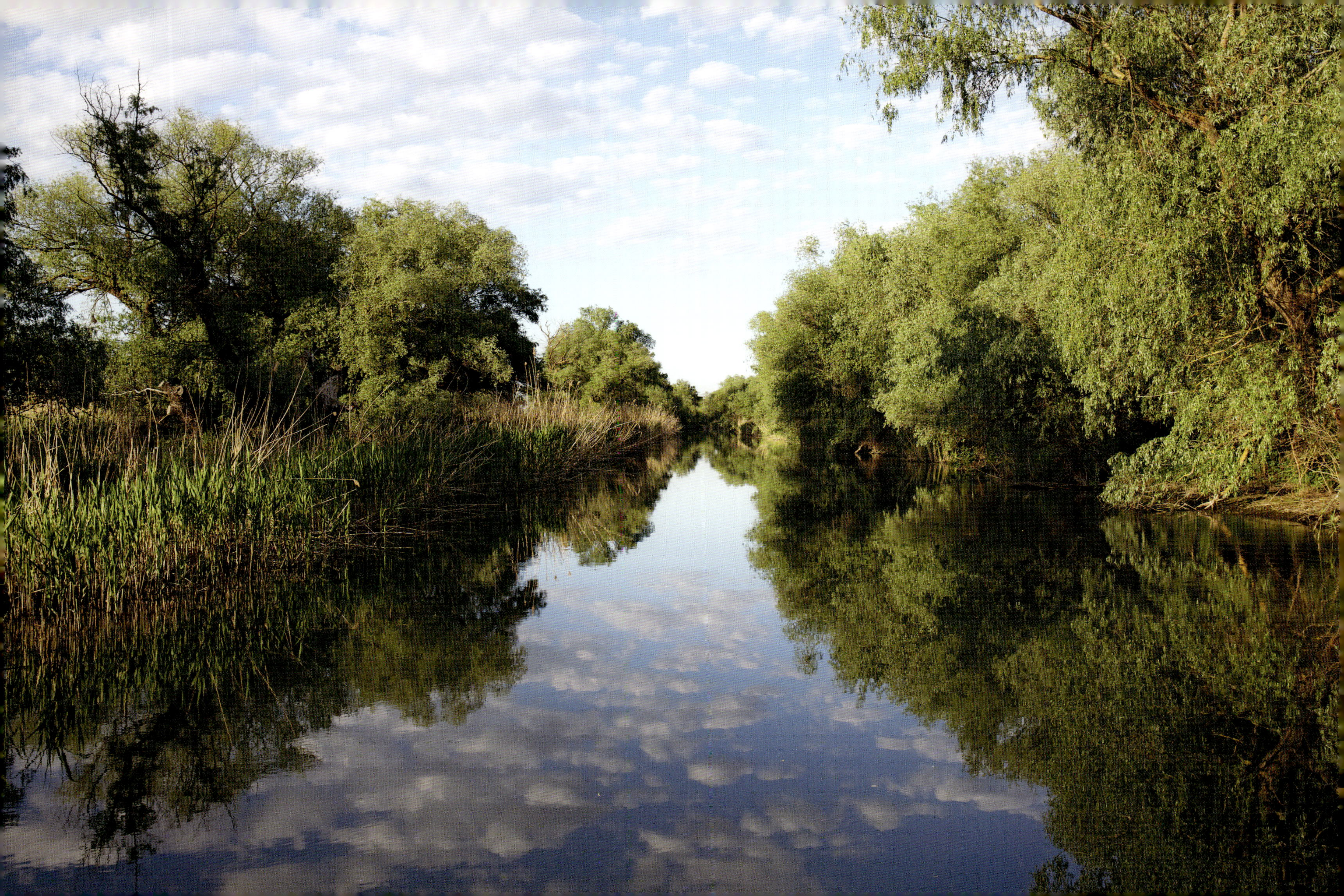

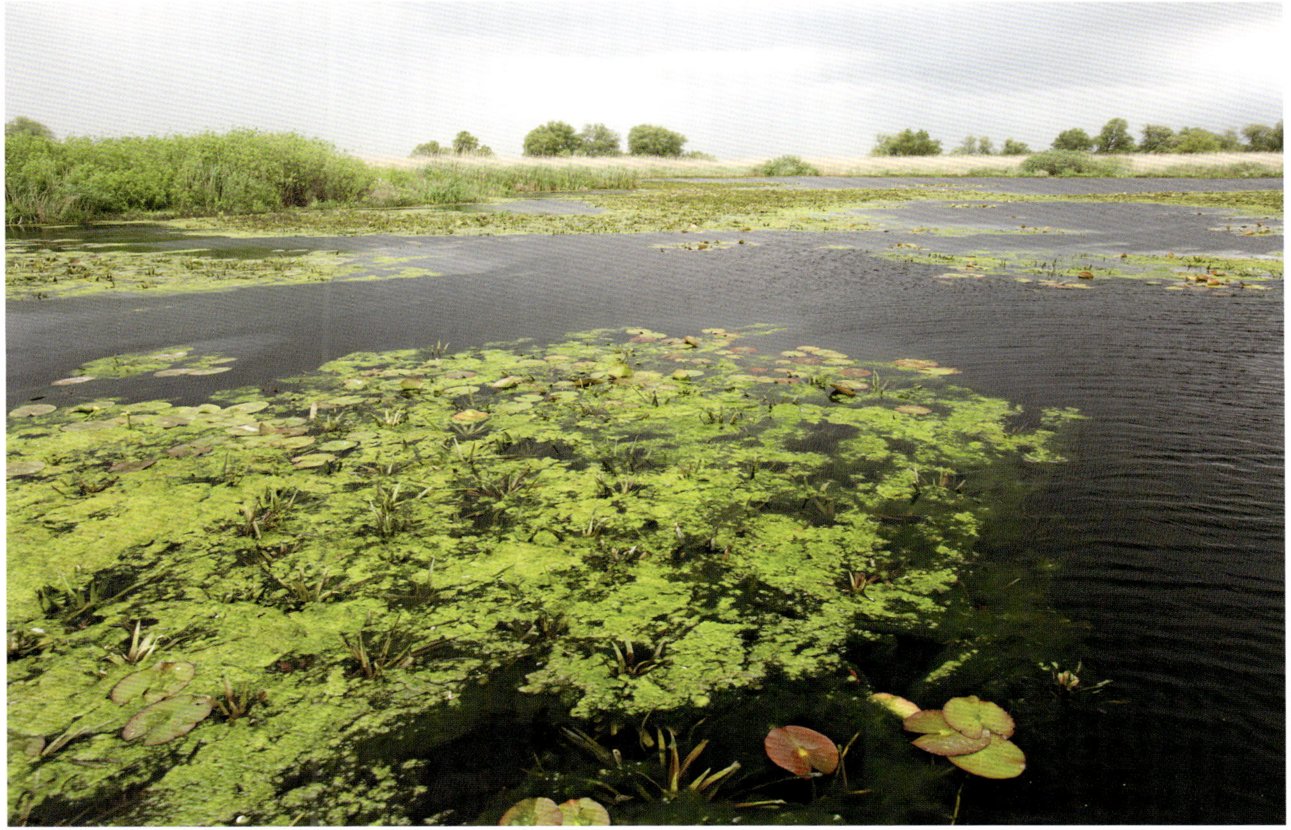

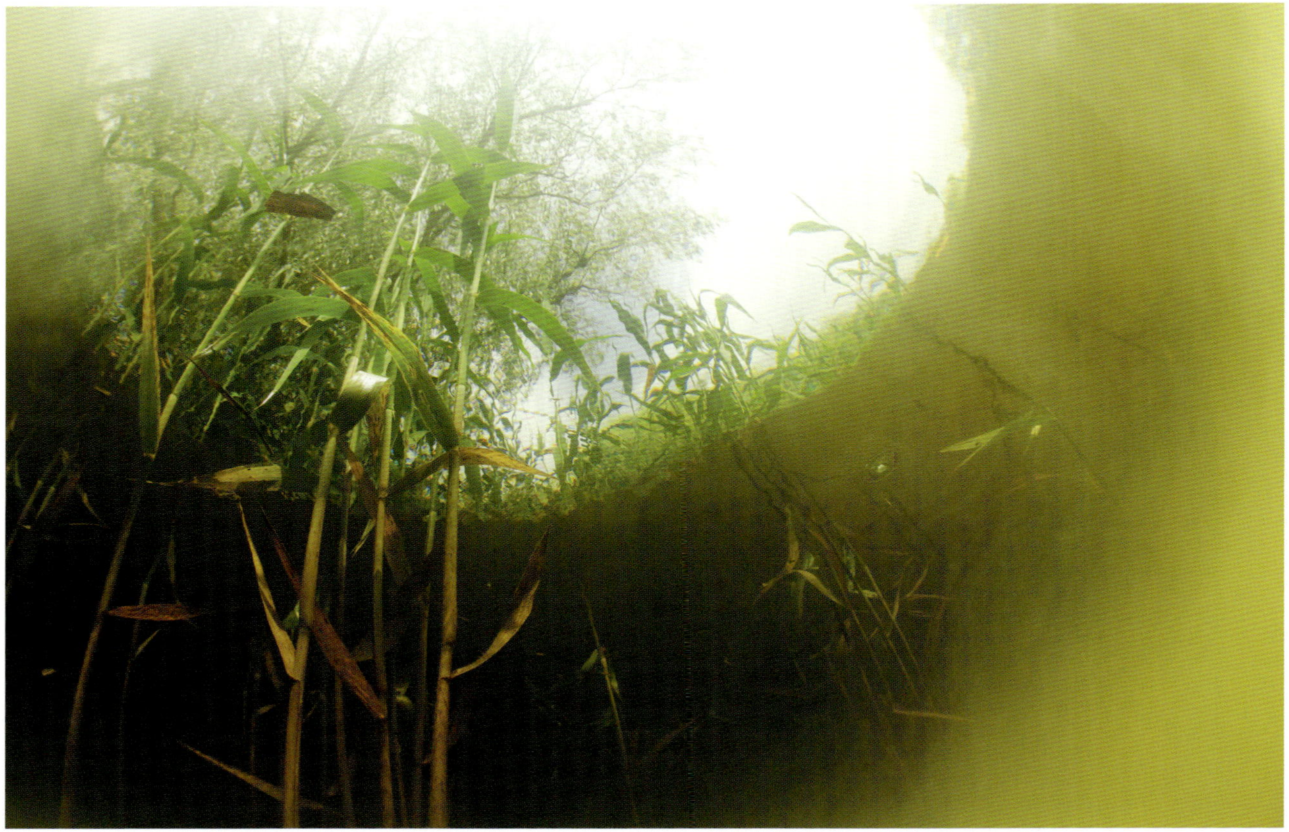

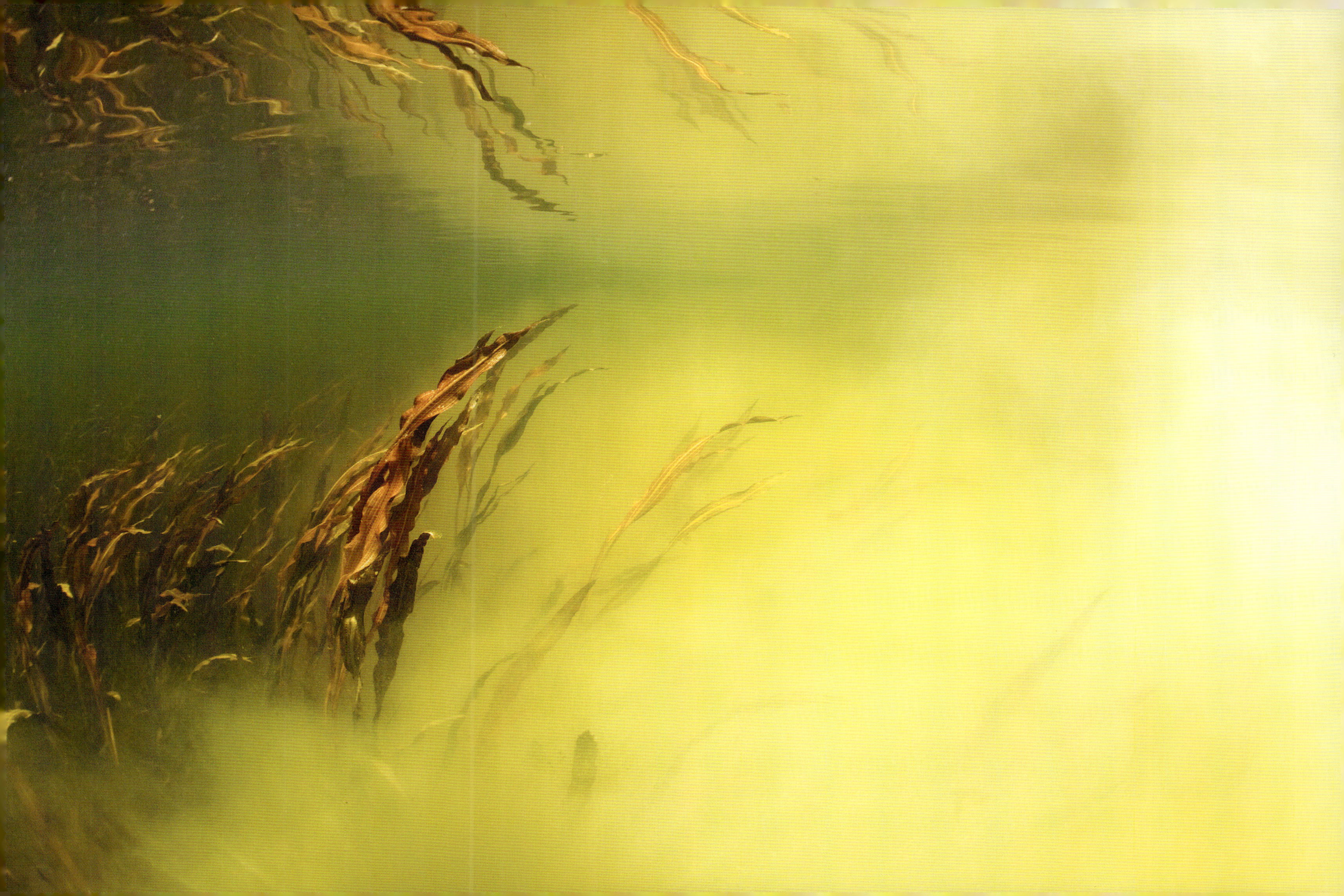

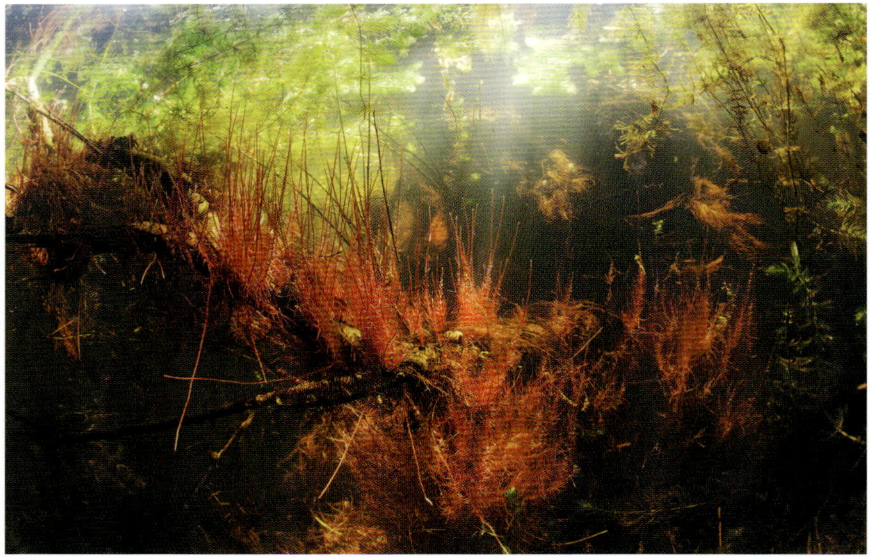

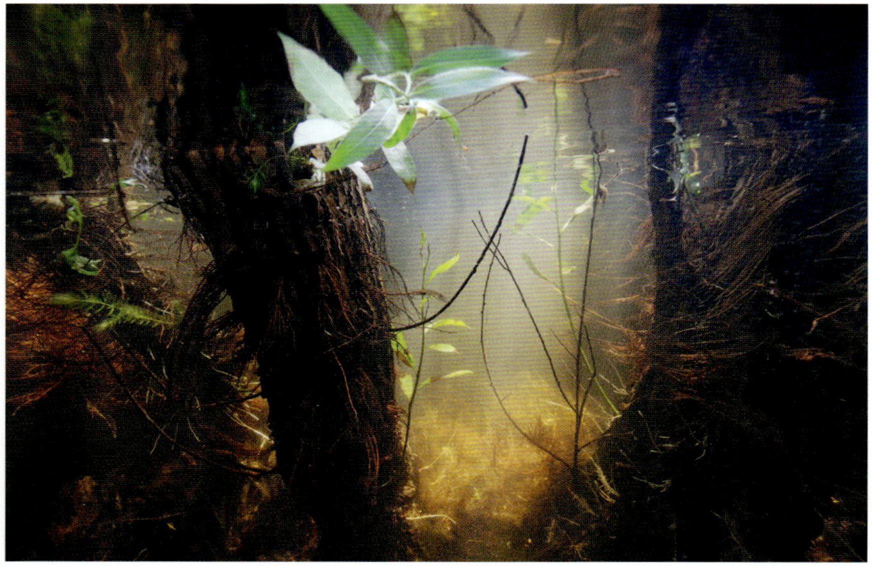

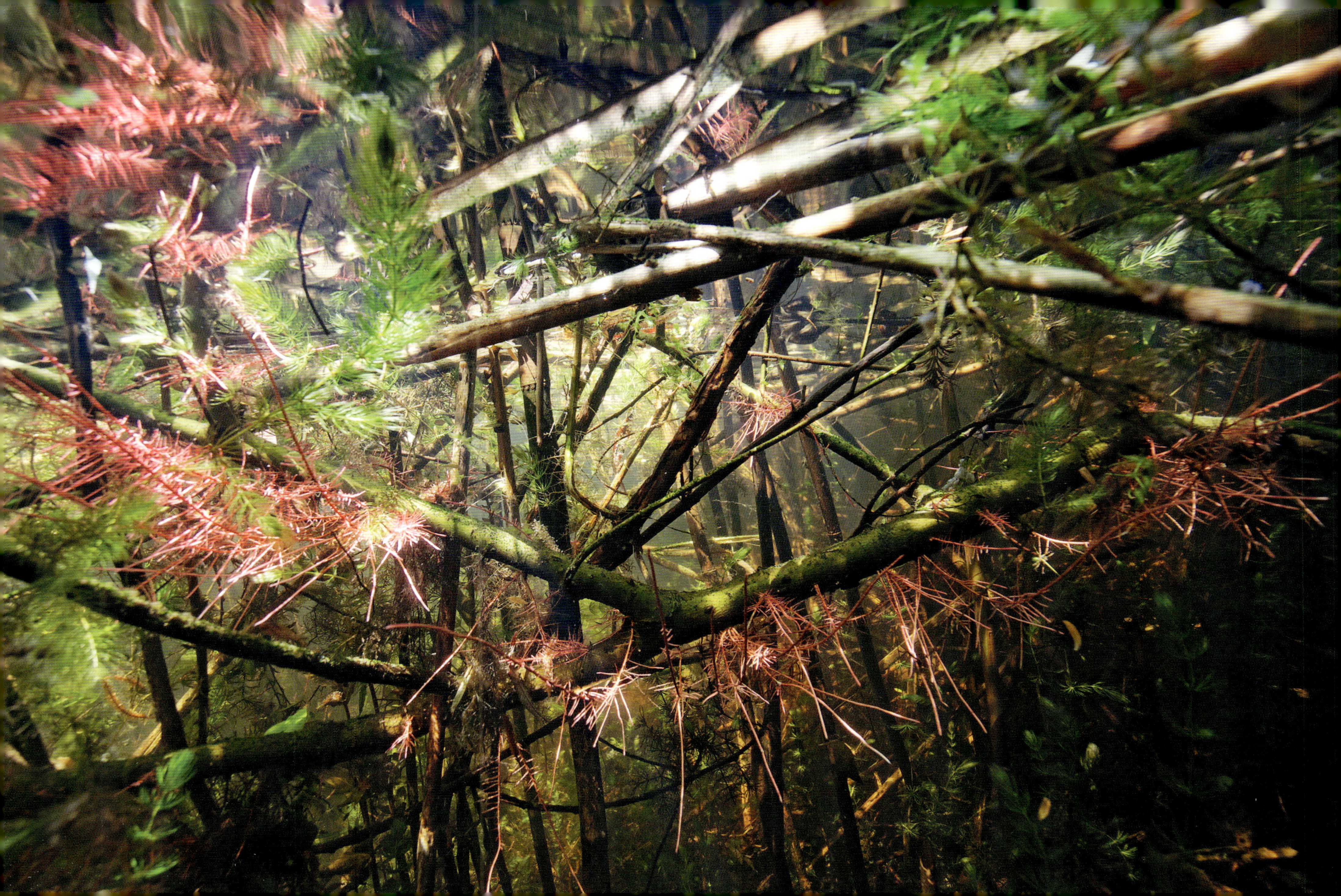

Making of:

54

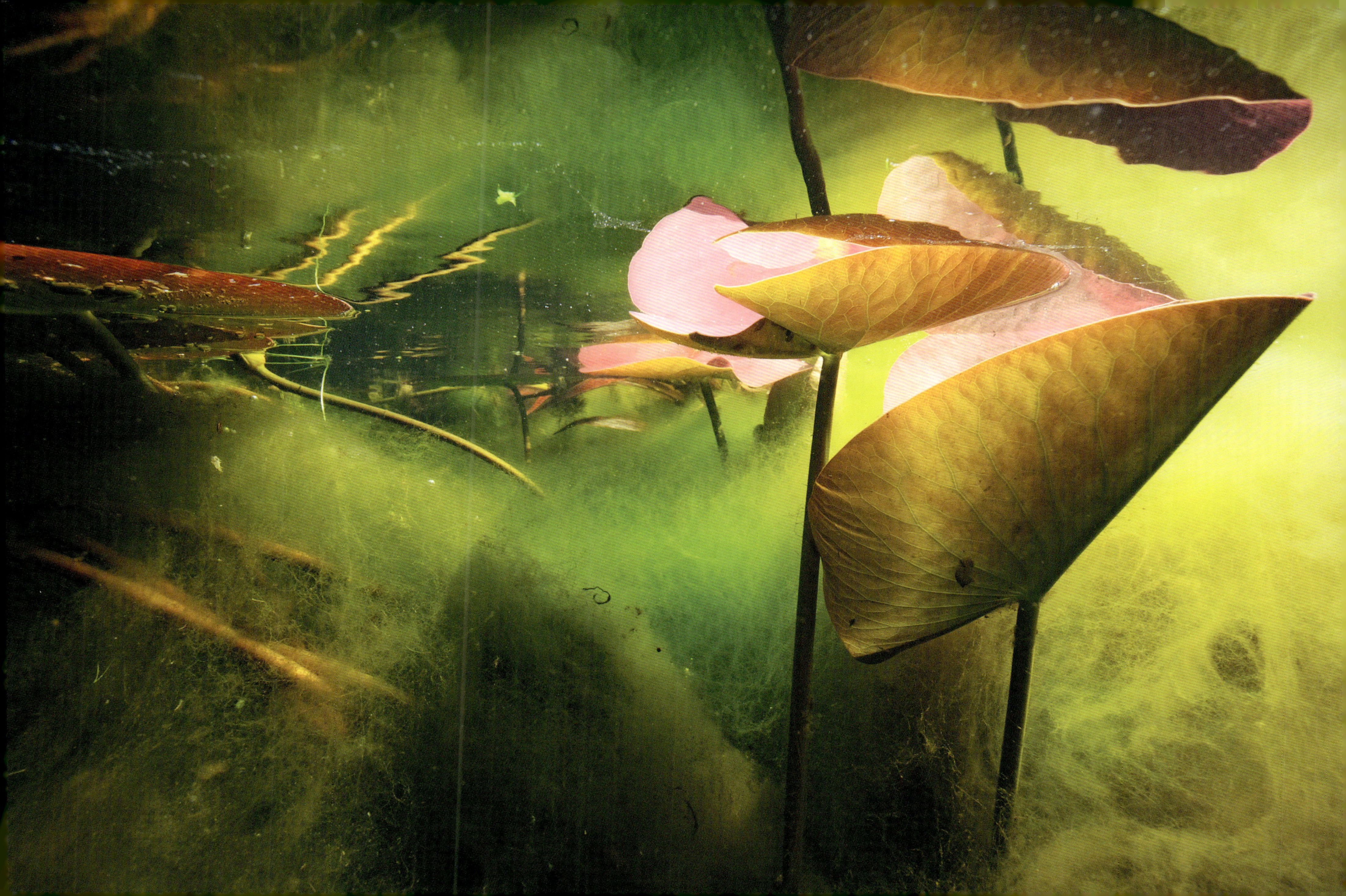

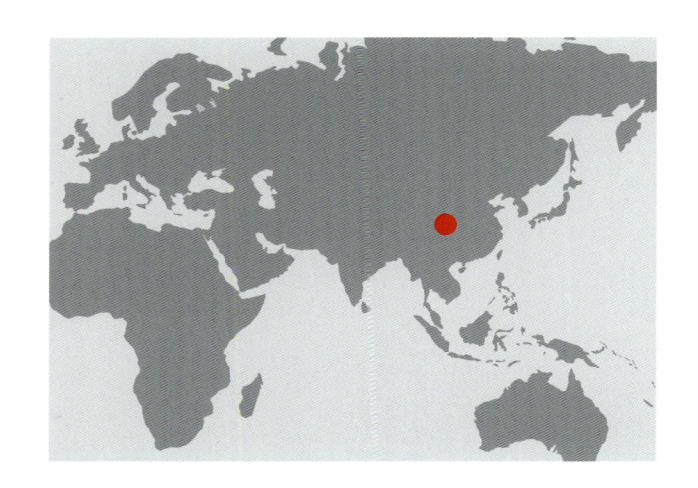

九寨沟，黄龙，四川，中华人民共和国

JIUZHAIGOU UND HUANGLONG, SICHUAN, CHINA

Im Min-Shan-Gebirge liegen zwei ausserordentliche Gewässersysteme, Teil des UNESCO-Weltnaturerbes. In Jiuzhaigou (dem Tal der neun Dörfer) liegen zahlreiche Wasserfälle und durch Travertin-Barrieren gebildete Seen in allen Blautönen zwischen schneebedeckten Berggipfeln. In Huanglong (dem Tal des Gelben Drachen) ergiesst sich auf 3600 Meter Höhe klarstes Wasser über Sinterterrassen talwärts und bildet zahlreiche Becken mit leuchtenden Farben.

JIUZHAIGOU ET HUANGLONG, SICHUAN, CHINE

Les montagnes de Min-Shan abritent deux systèmes hydrographiques exceptionnels, inscrits au patrimoine mondial naturel de l'UNESCO. Jiuzhaigou, la Vallée des neuf villages, est renommée pour ses nombreuses cascades. Ses lacs, formés par des barrières de travertin, se déclinent dans tous les tons de bleu entre les sommets enneigés. Dans le Huanglong, la Vallée du Dragon jaune, un cours d'eau limpide, né à 3600 m d'altitude, s'écoule, formant un escalier de piscines naturelles.

JIUZHAIGOU AND HUANGLONG, SICHUAN, CHINA

Two incredible aquatic systems are located in the Min Mountains and belong to the UNESCO World Heritage. In the valley of Jiuzhaigou (the valley of nine villages), there are many waterfalls and lakes formed from travertine barriers which lie between snow-capped mountains and display all shades of blue. In the valley of Huanglong (the valley of the yellow dragon), at 3,600 meters above sea level, very clear water flows over terraces forming a multitude of brightly colored pools.

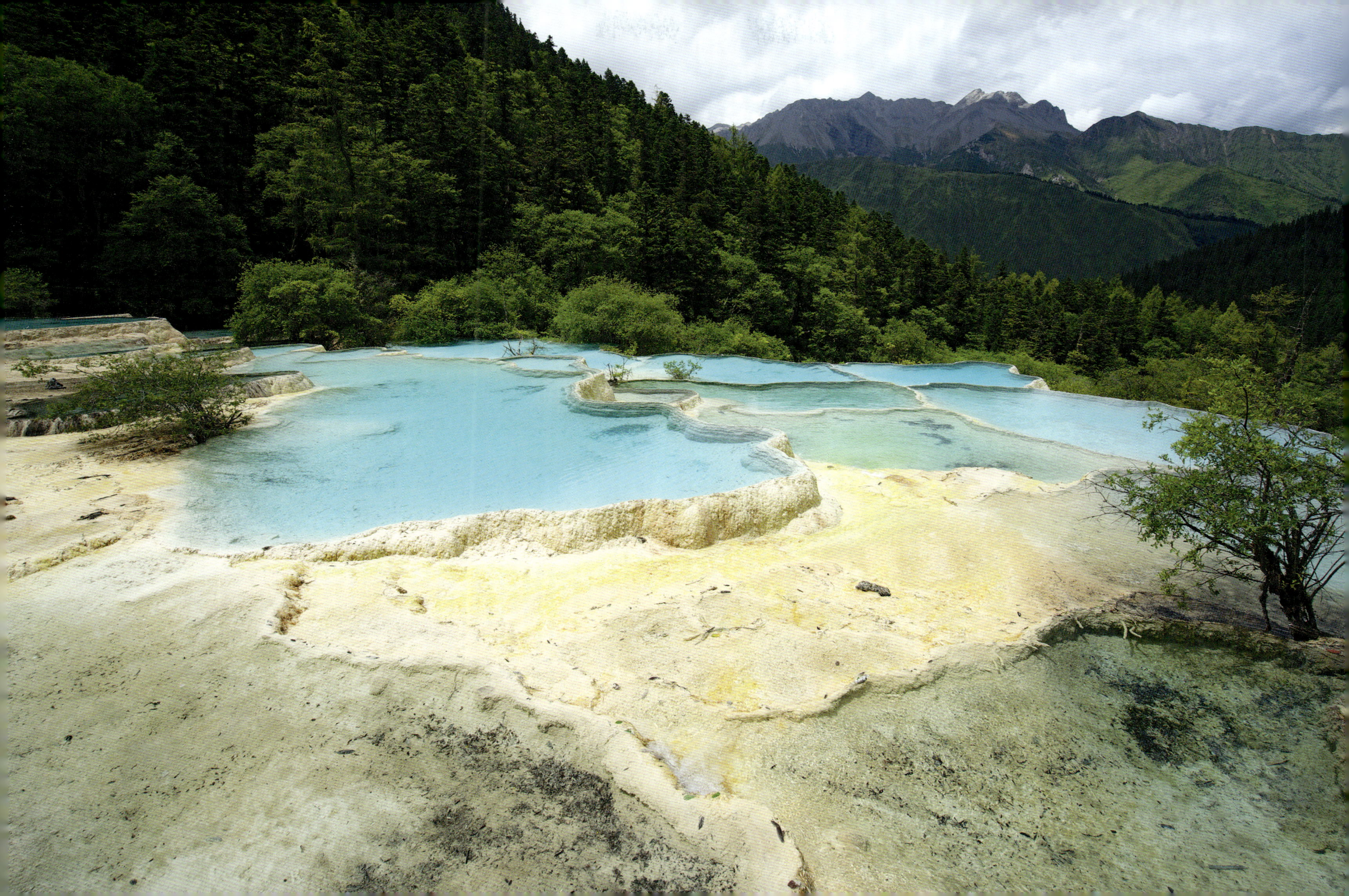

Huanglong

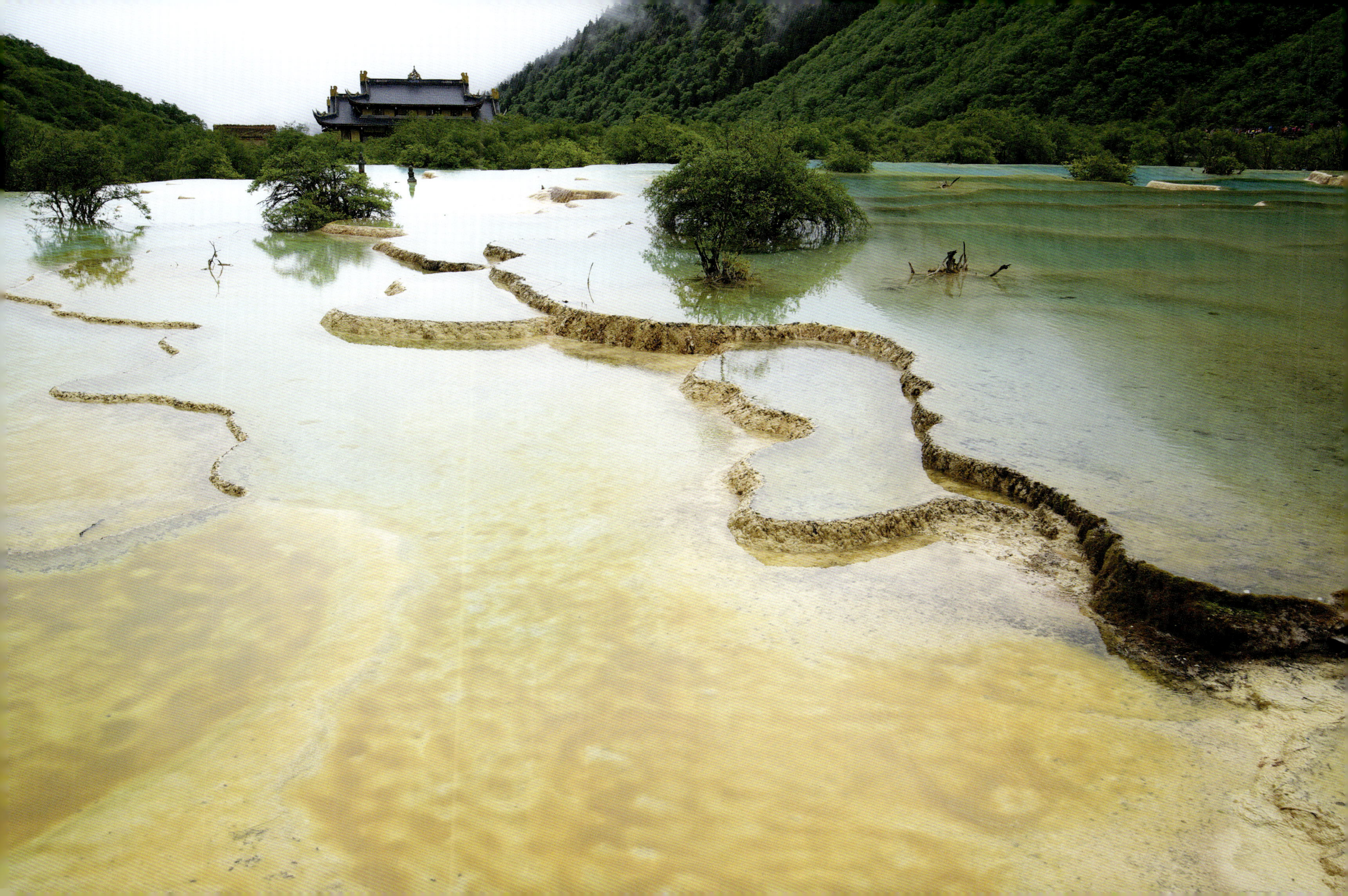

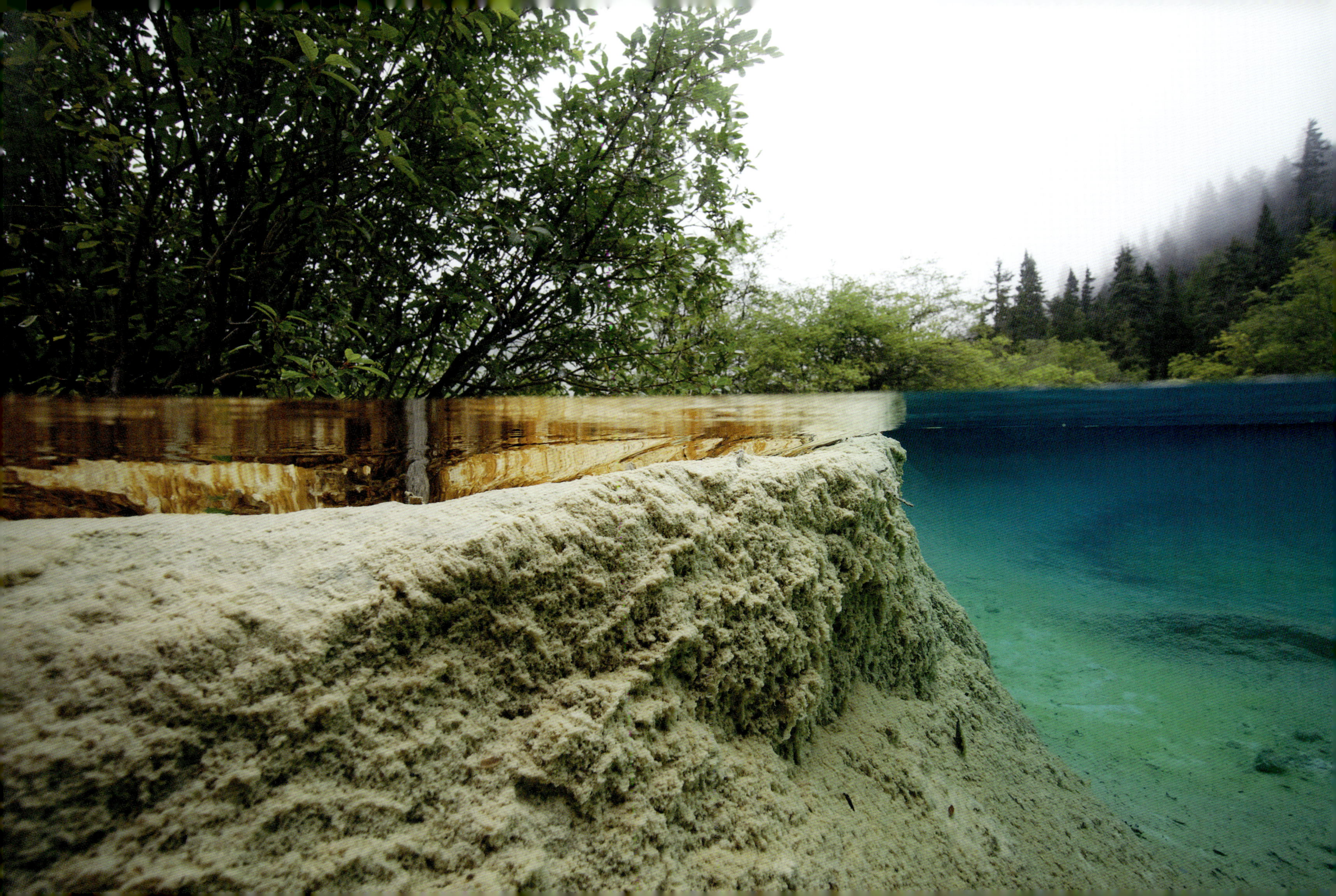

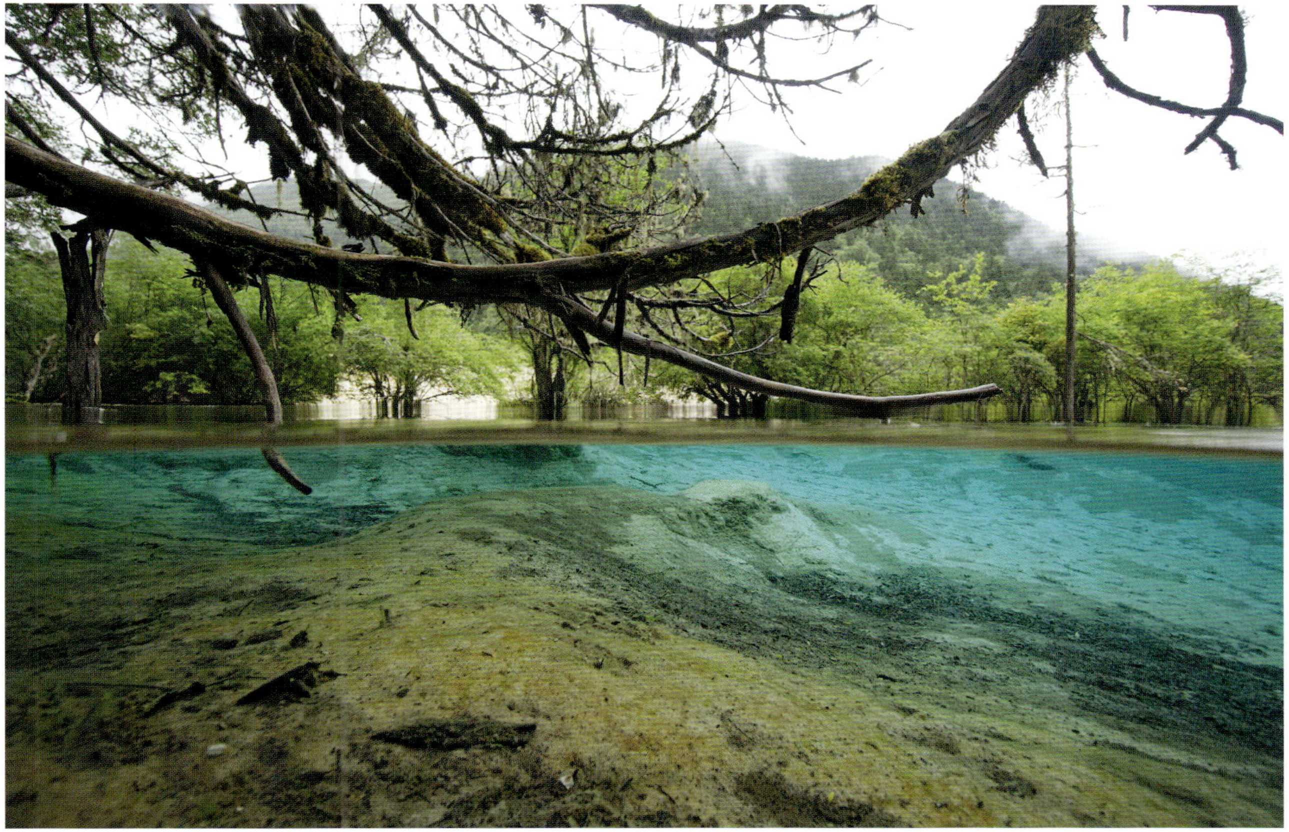

Jiuzhaigou

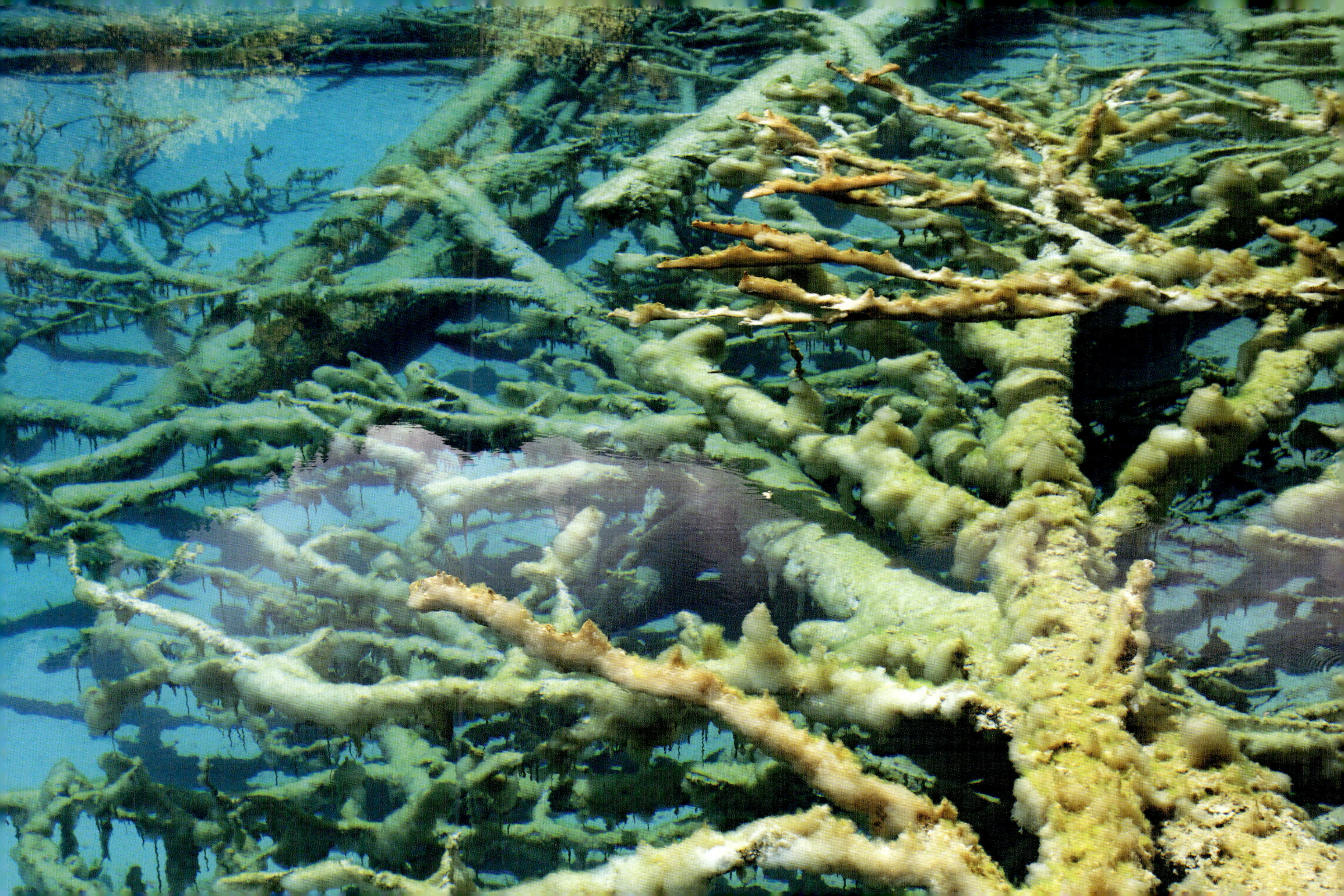

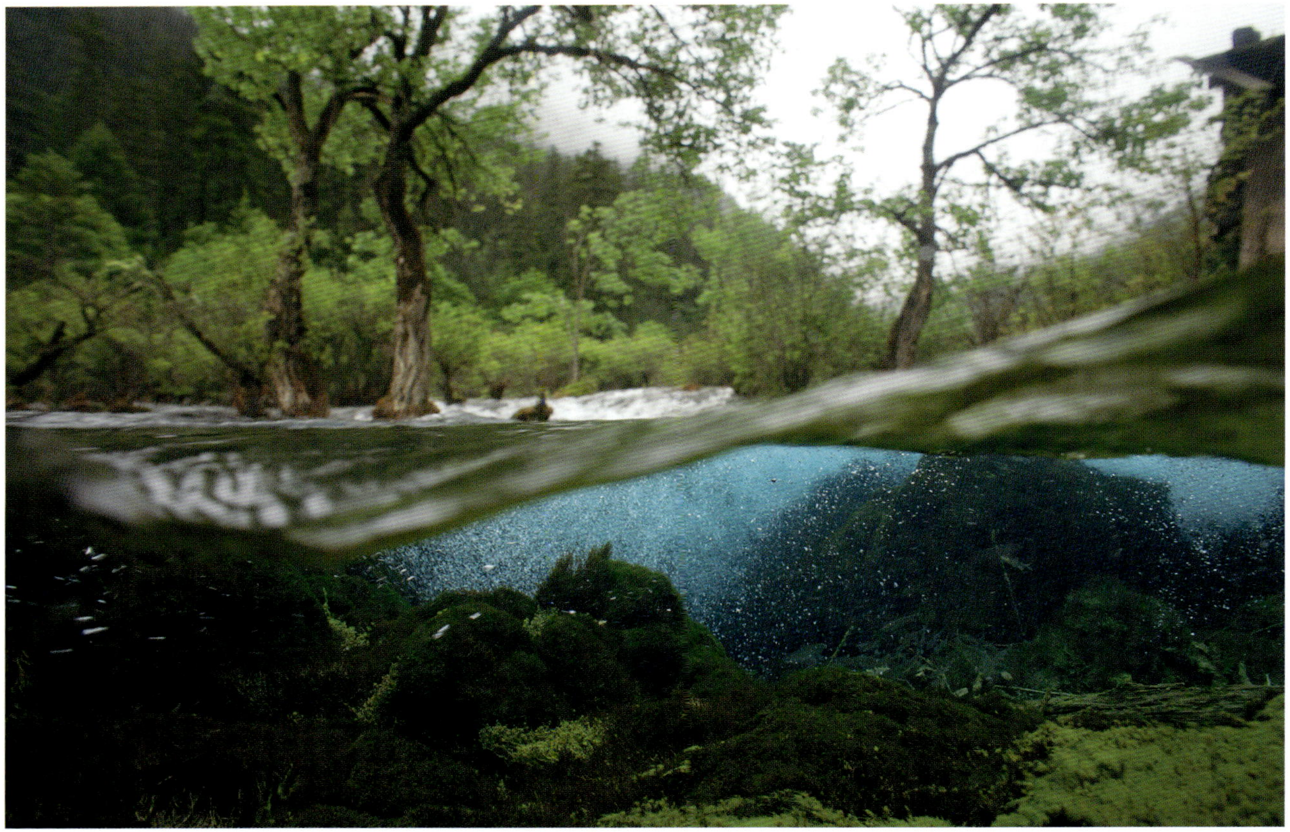

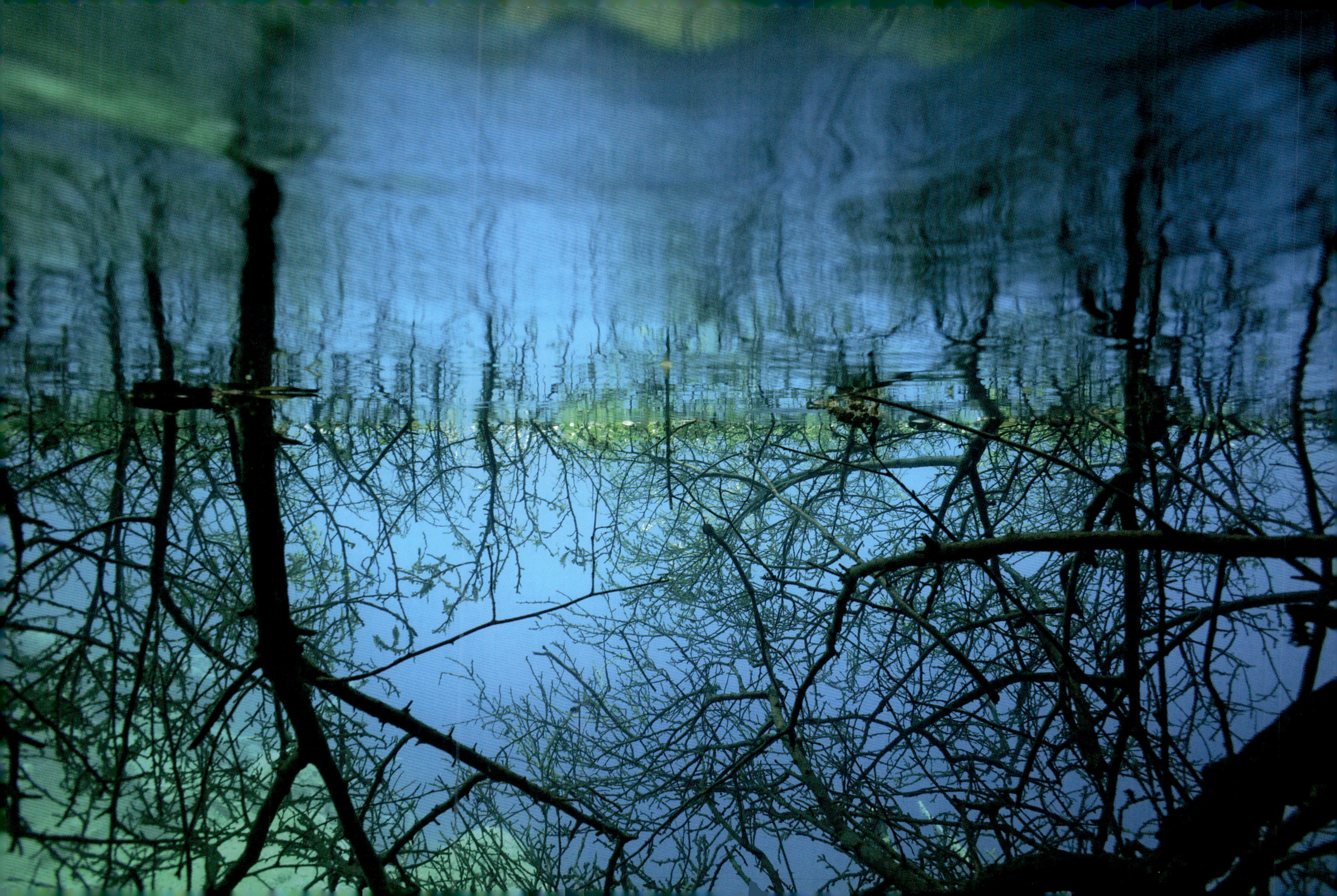

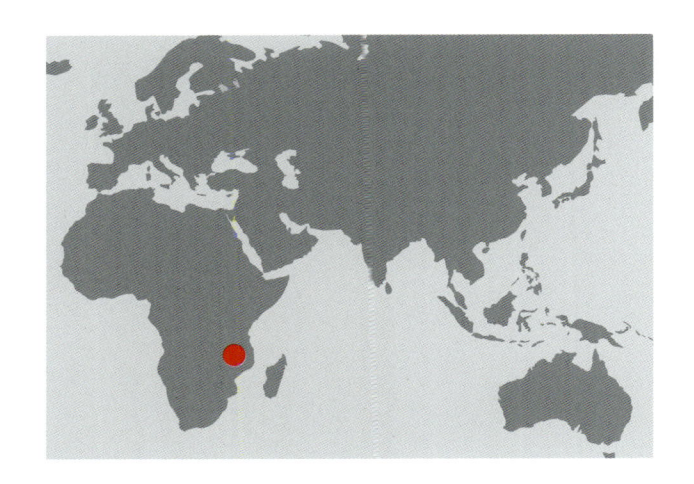

LAKE MALAWI, **MALAWI**

MALAWISEE, MALAWI

Der Malawisee ist einer der riesigen afrikanischen Grabenbruchseen, an die 600 Kilometer lang und 700 Meter tief. Er ist der an Fischarten reichste See der Welt. Hier leben allein um die 800 Arten von Buntbarschen oder Cichliden. Viele davon sind endemisch, kommen also nur hier vor, im Extremfall nur in einem wenige hundert Meter langen Küstenabschnitt. Die Menschen entlang des Sees verfügen mit dem reichen Fischbestand über eine recht gute Lebensgrundlage.

LAC MALAWI, MALAWI

Avec ses 600 km de long et ses 700 m de profondeur, le lac Malawi est l'un des lacs géants de la vallée du Rift. Sa faune piscicole est la plus riche au monde, les cichlidés représentant à eux seuls plus de 800 espèces. Beaucoup sont endémiques. Autrement dit, on ne les rencontre qu'ici, parfois sur un secteur côtier de quelques centaines de mètres. Grâce à cette diversité piscicole, la population des bords du lac bénéficie d'une bonne base alimentaire.

LAKE MALAWI, MALAWI

Lake Malawi is one of the lakes of the gigantic rift valley which is 600 km long and 700 meters deep. It is the lake that contains the most fish species in the world. There are about 800 species of cichlids alone there. Many of them are endemic, which means that they can only be found here. In extreme cases, some can only be found in a strip of a few hundred meters along the coast. With such an amount of fish in the lake, people living on the coast enjoy privileged living conditions.

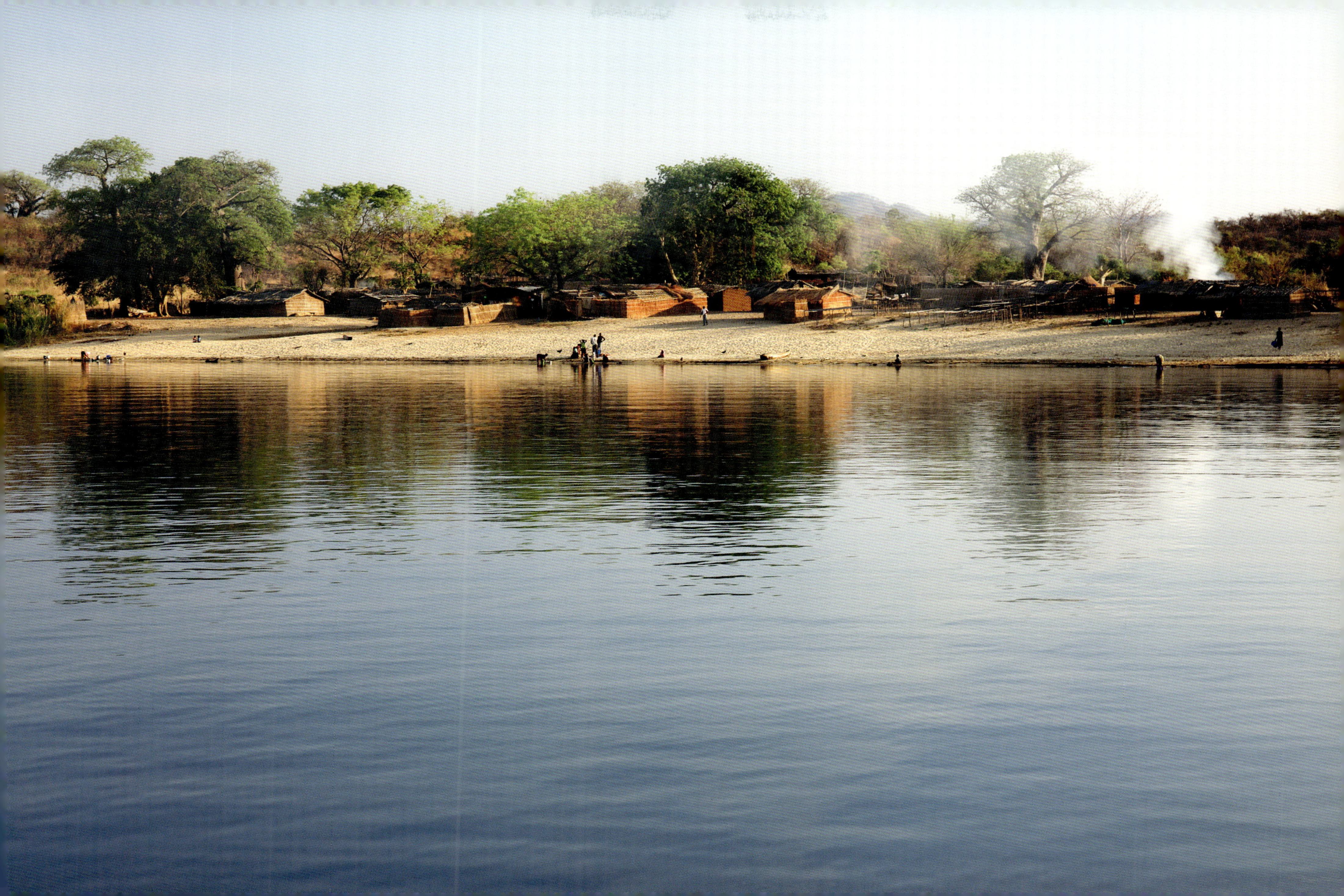

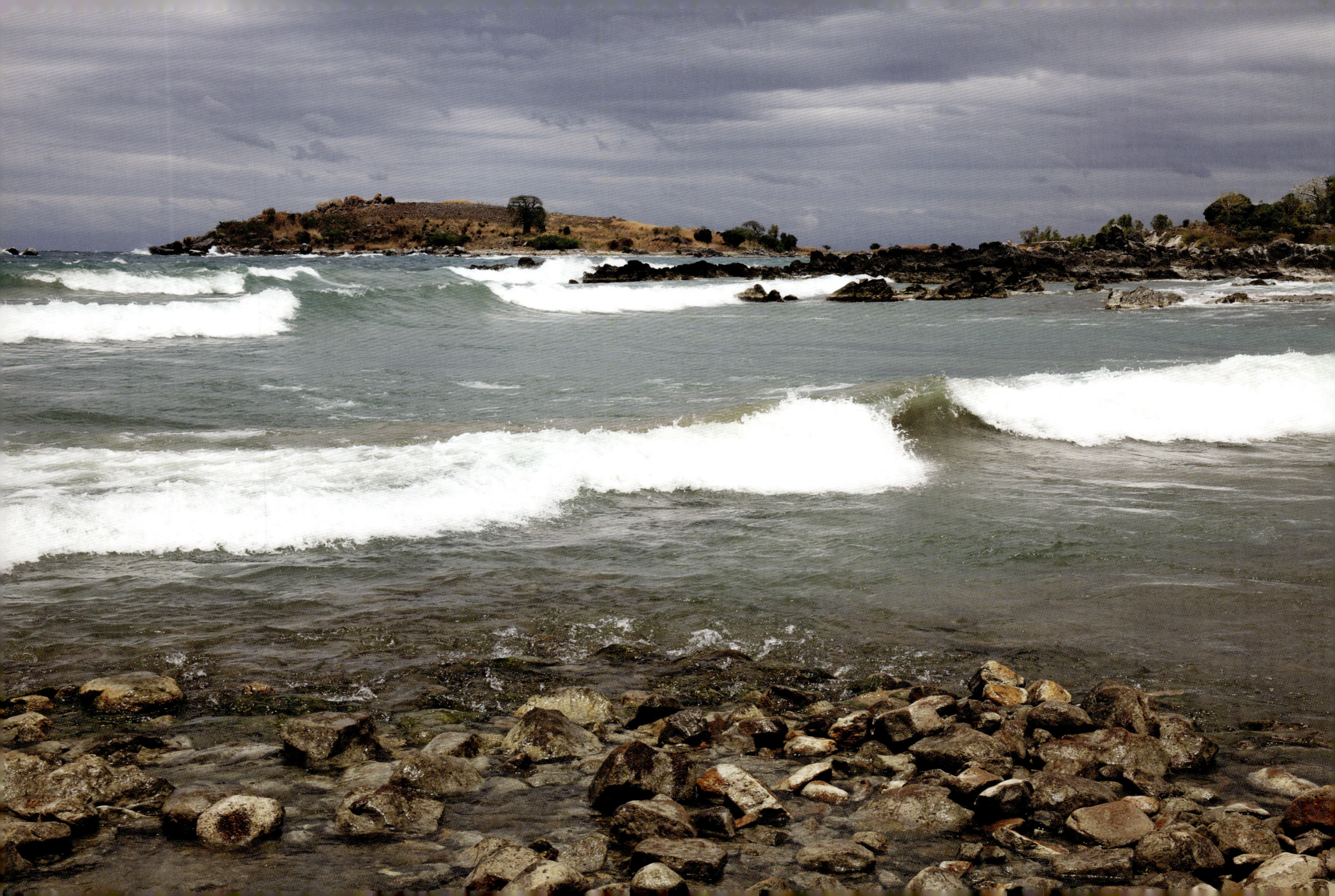

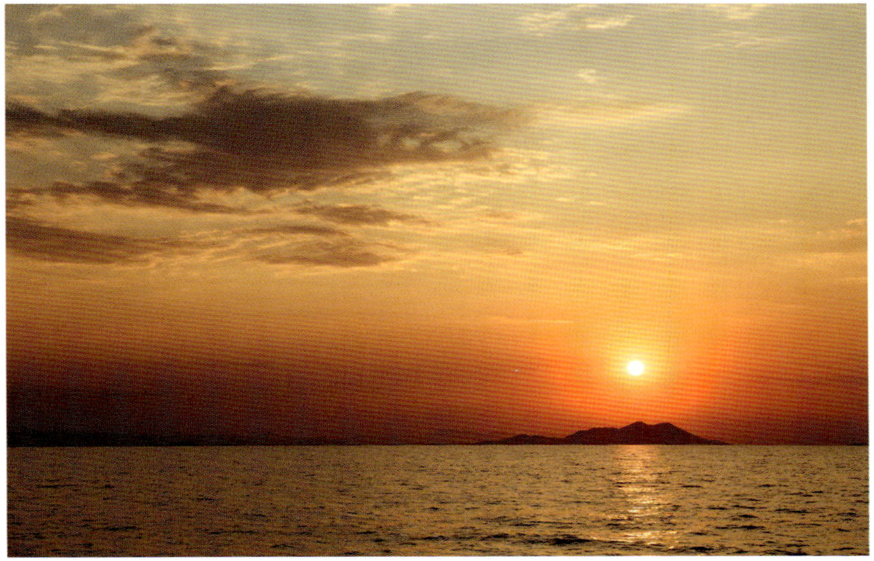

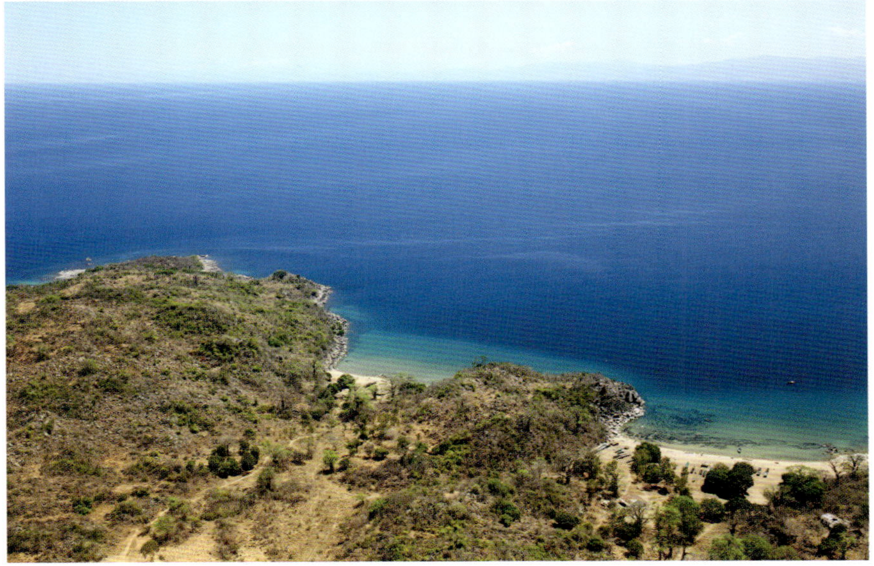

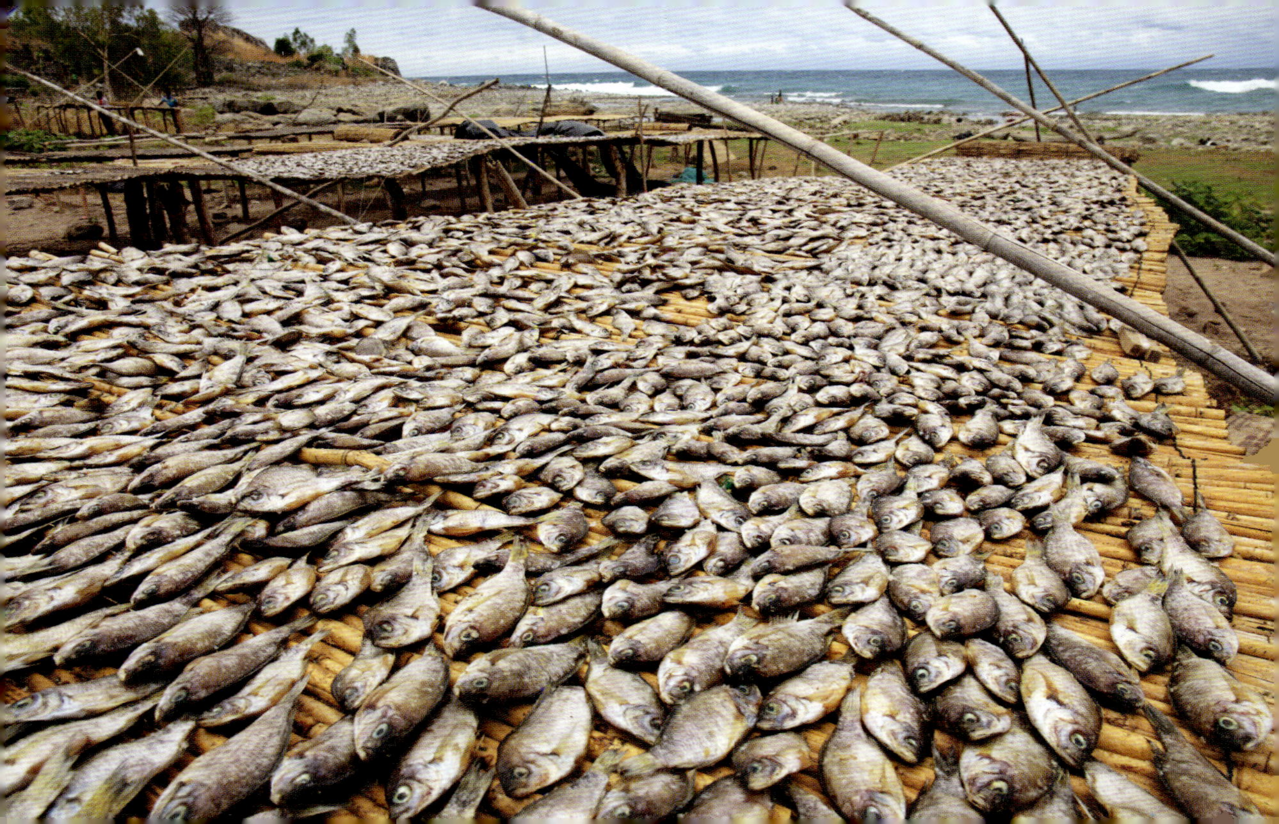

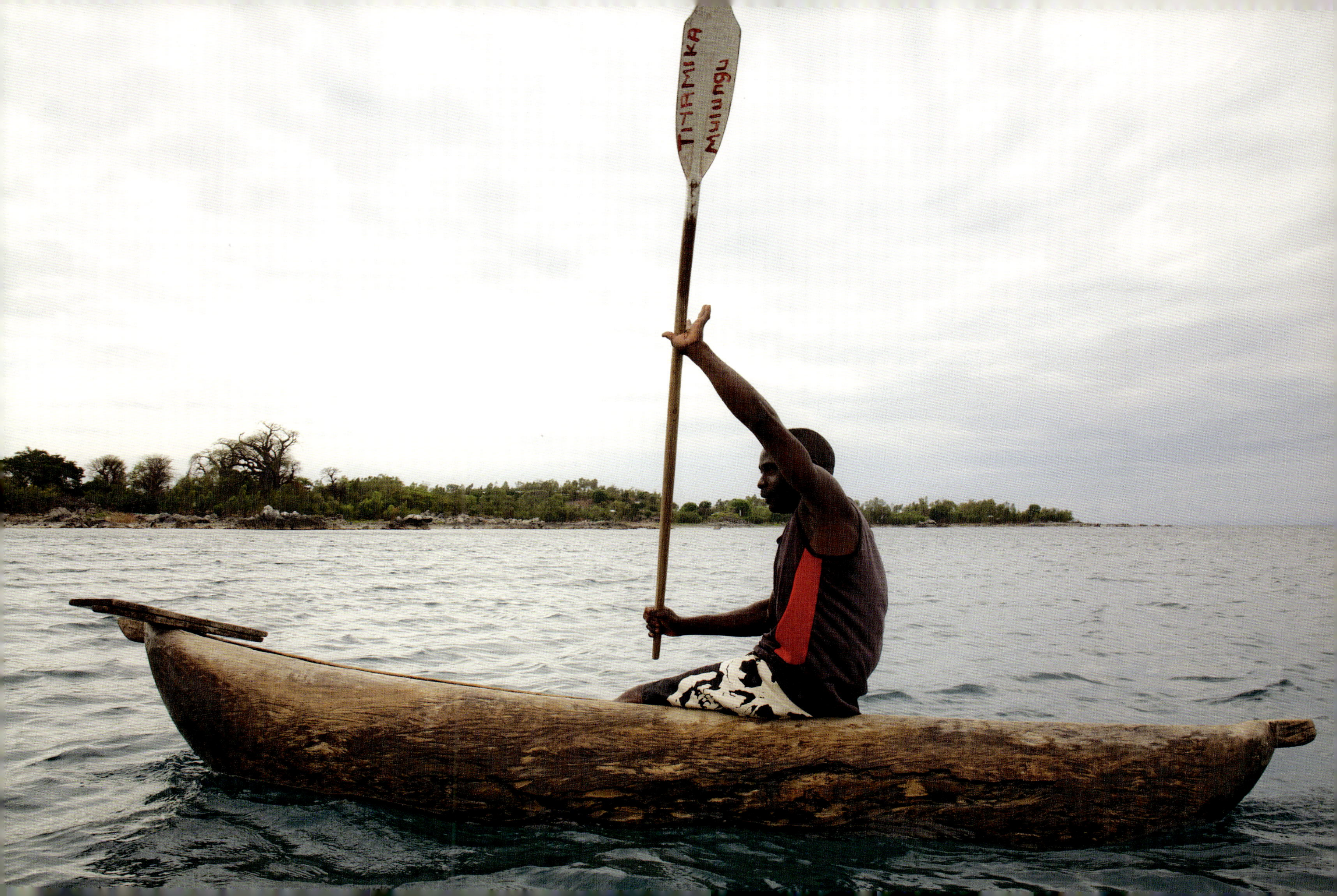
TIYAMIKA
Mulungu

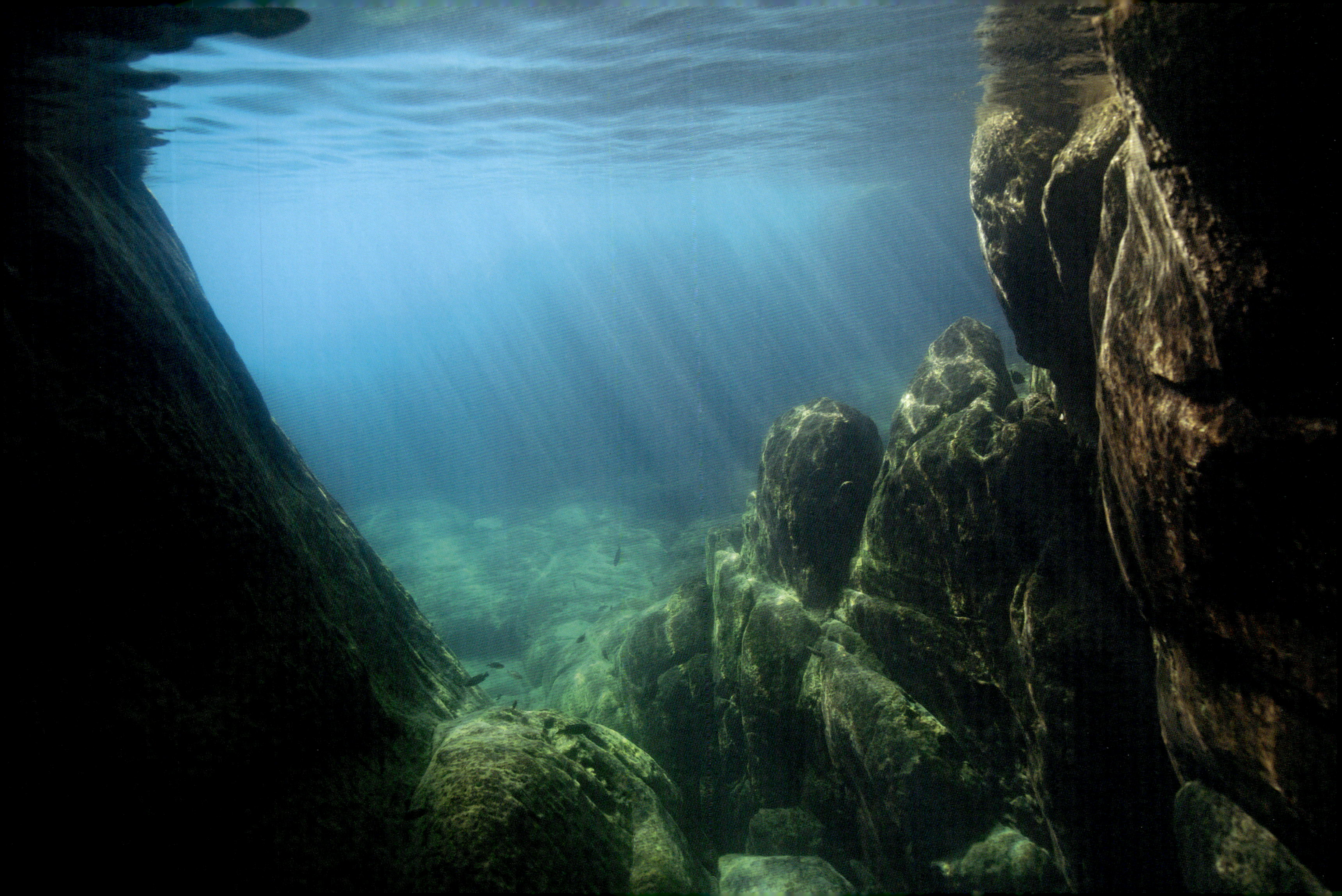

Buntbarsche
Cichlidés
Cichlids

Making of:

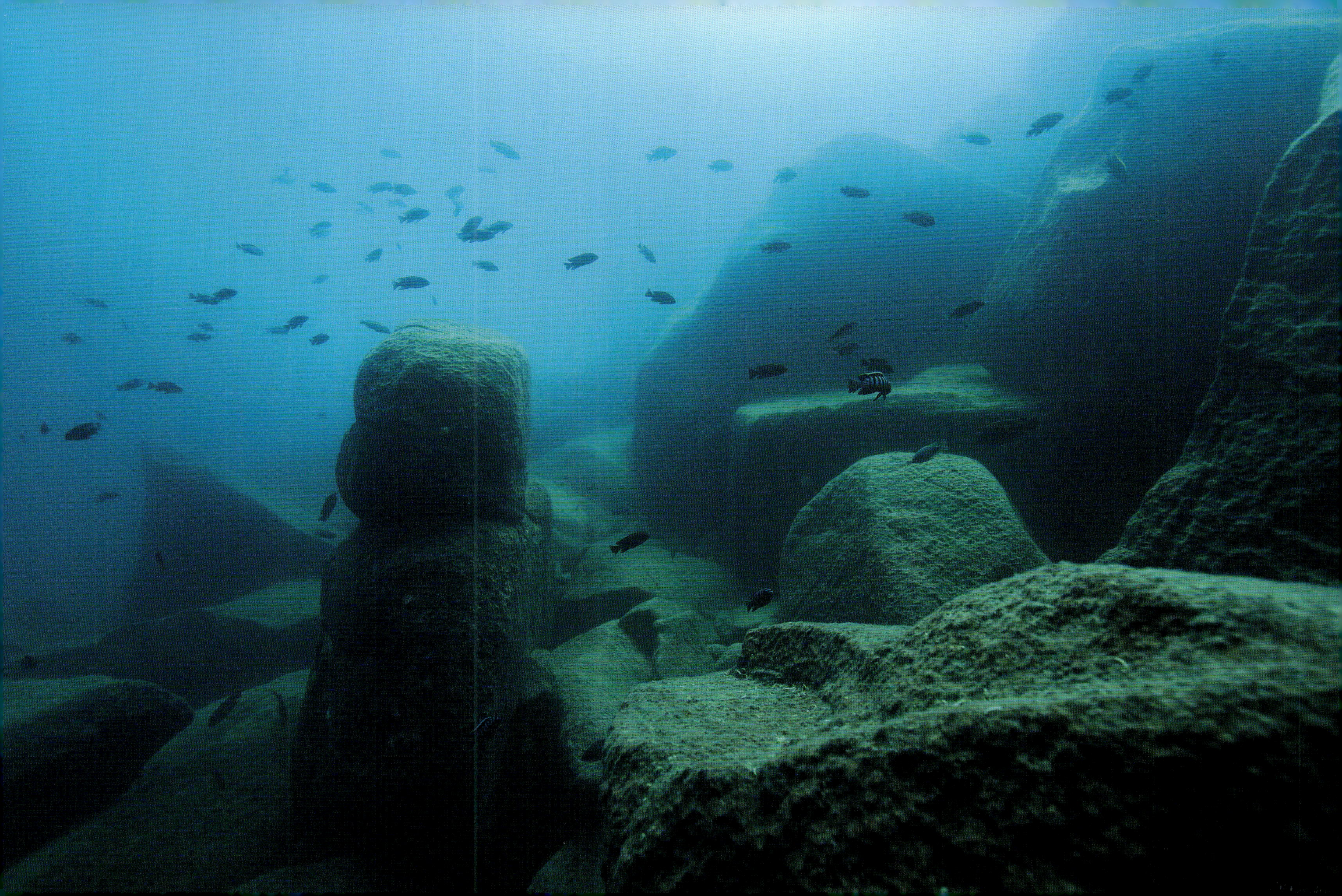

RIVER ITCHEN, HAMPSHIRE, **ENGLAND**

ITCHEN, HAMPSHIRE, ENGLAND

In der geschichtsträchtigen Landschaft Südenglands fliessen zahlreiche Kreideflüsse Richtung Ärmelkanal. Was den Itchen auszeichnet, ist die überreiche Vegetation im Uferbereich und auch unter Wasser, ermöglicht durch den kalkhaltigen Untergrund. Zwischen den aquatischen Pflanzen kribbeln unzählige Larven von Wasserinsekten wie etwa Eintagsfliegen. Sie sind Nahrungsgrundlage für den reichen Bestand an Forellen. Vom Meer her steigen zudem Lachse auf.

RIVIÈRE ITCHEN, HAMPSHIRE, ANGLETERRE

De nombreux cours d'eau crayeux traversent le sud de l'Angleterre, pays chargé d'histoire, en direction de la Manche. L'Itchen est caractérisé par une riche végétation colonisant les rives et l'eau grâce au sous-sol calcaire. D'innombrables larves d'insectes aquatiques se déplacent entre les plantes aquatiques – comme les éphémères, les plécoptères et les trichoptères – servant de nourriture aux abondantes truites. Même le saumon remonte de la mer jusqu'ici.

RIVER ITCHEN, HAMPSHIRE, ENGLAND

In the historical landscape of southern England, many limestone streams flow towards the English Channel. What differentiates the River Itchen is its very rich vegetation near the shore and under the water. This is made possible by its limestone subsoil. A myriad of larvae of aquatic insects crawl between aquatic plants, such as ephemera. These represent a source of food for the large trout population. In addition, salmon come back up from the sea.

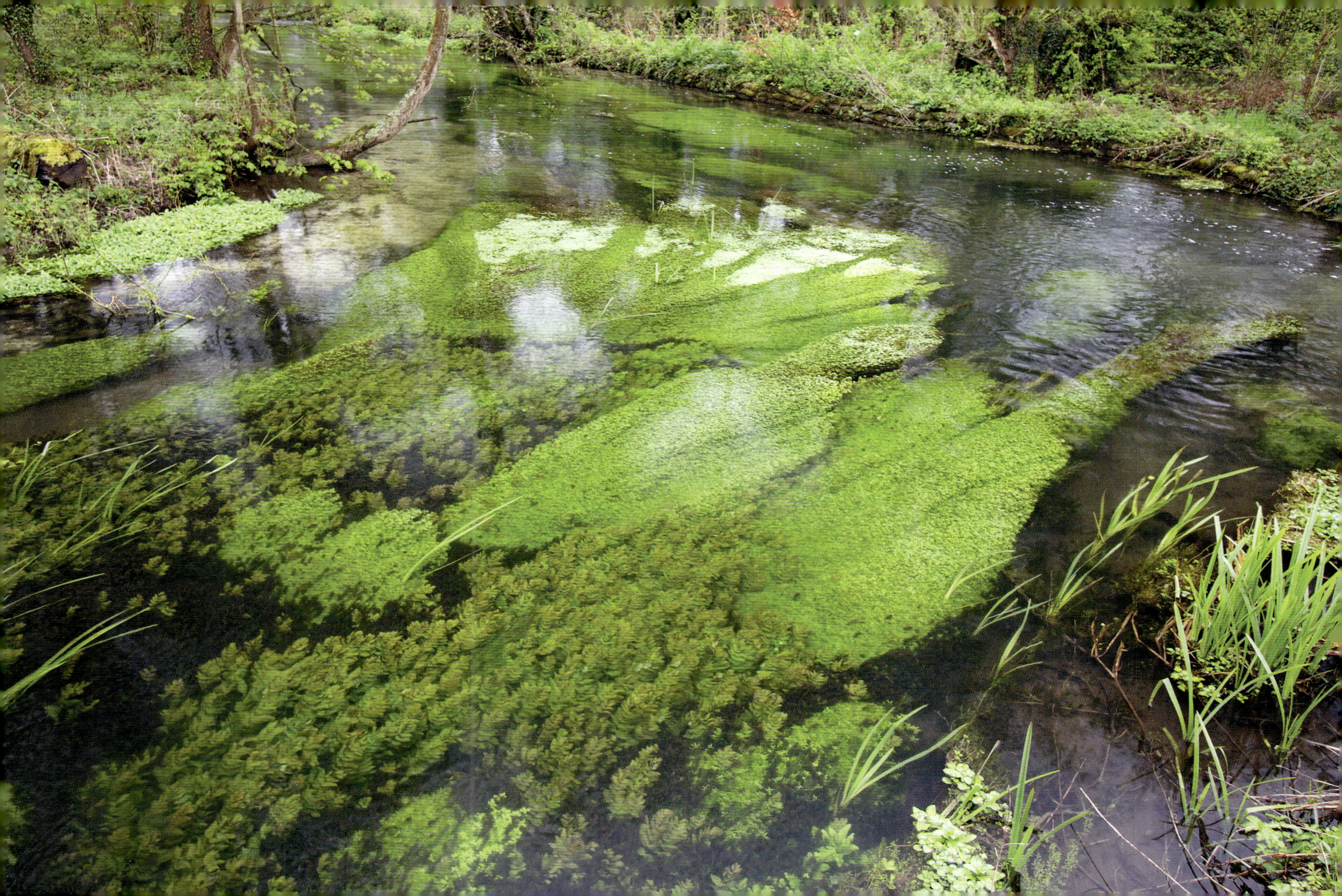

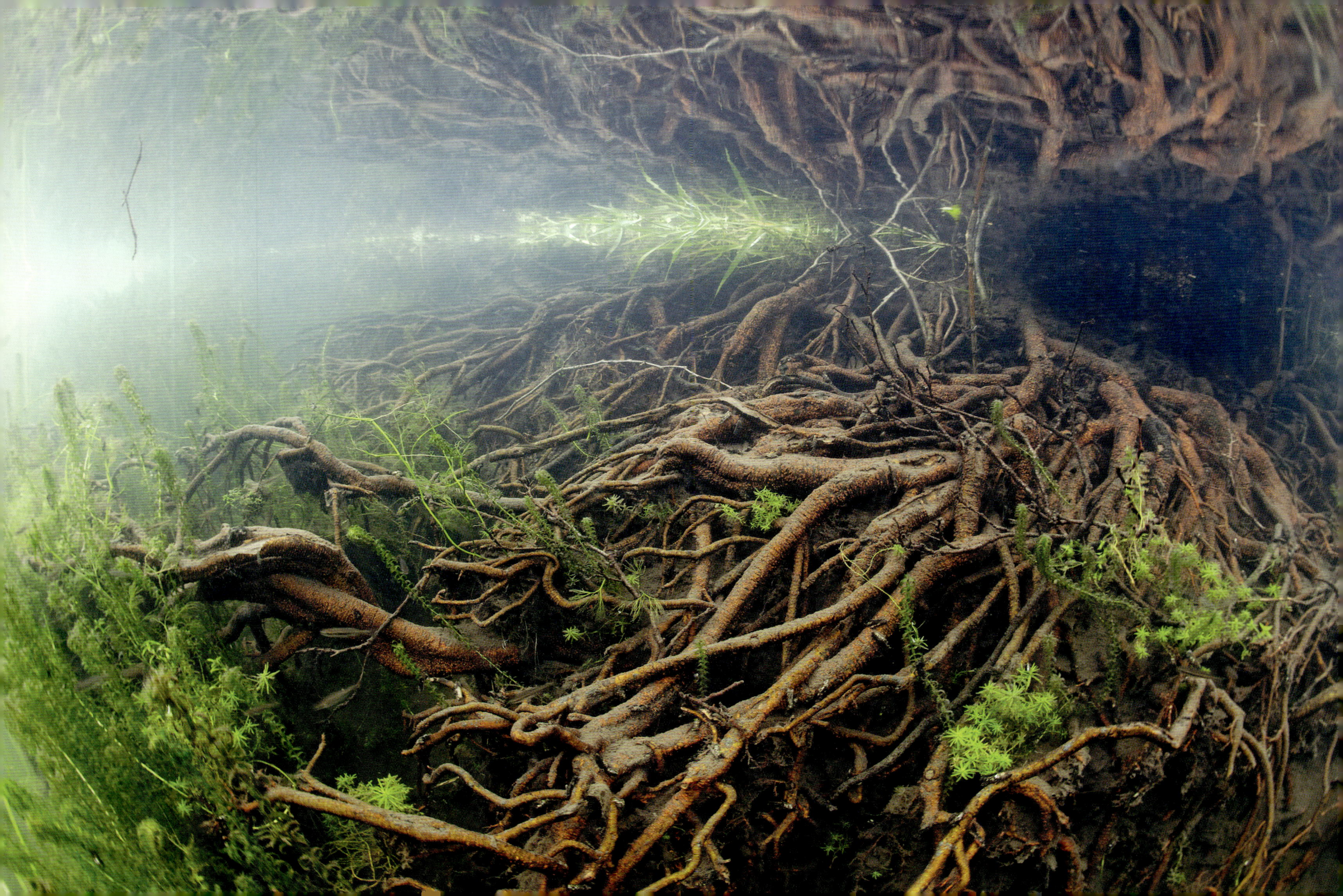

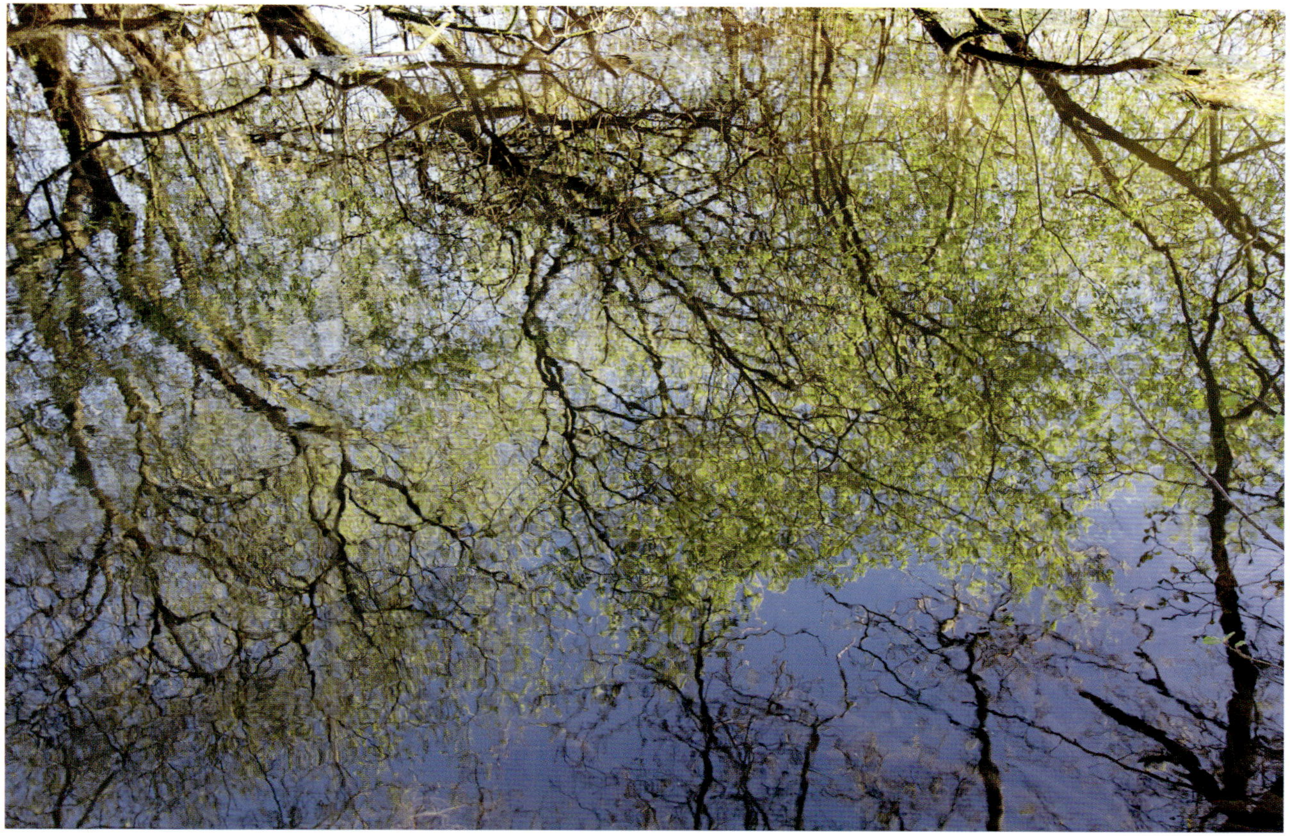

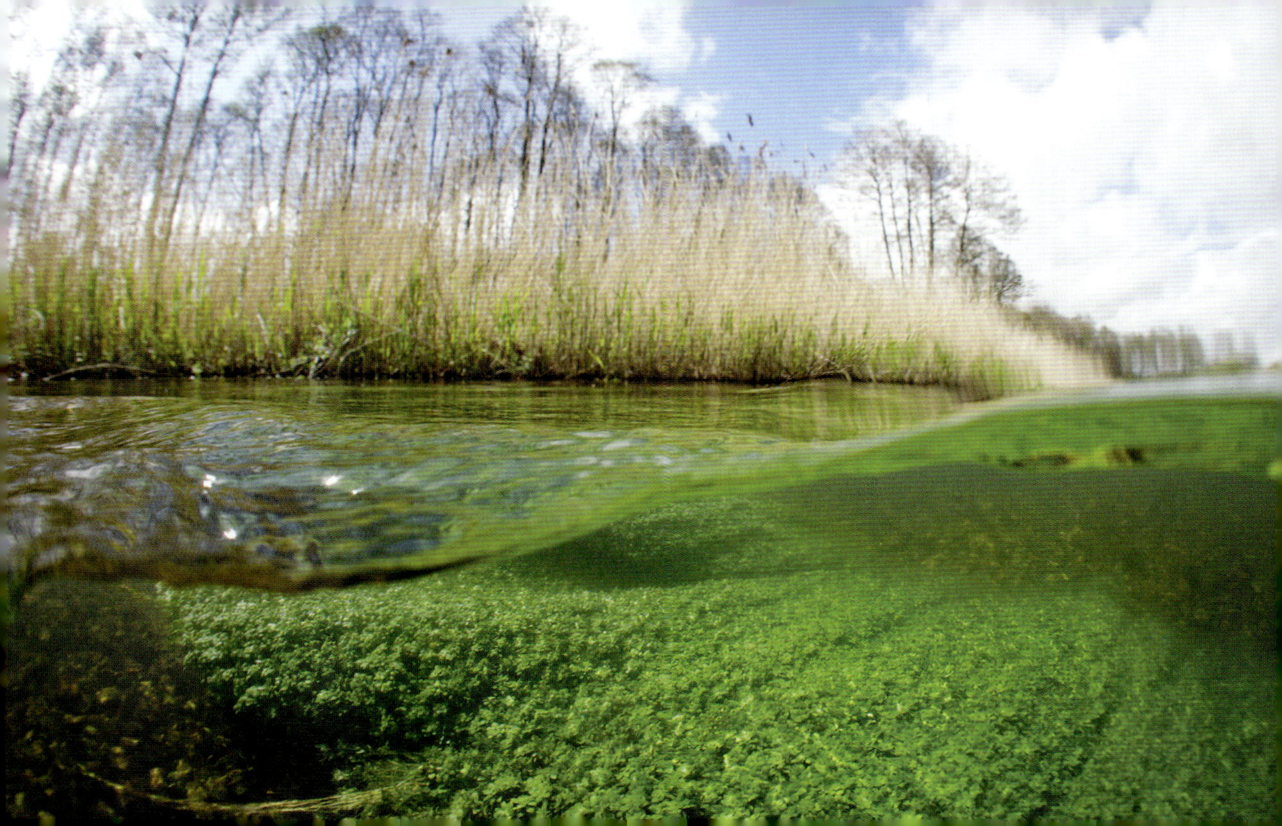

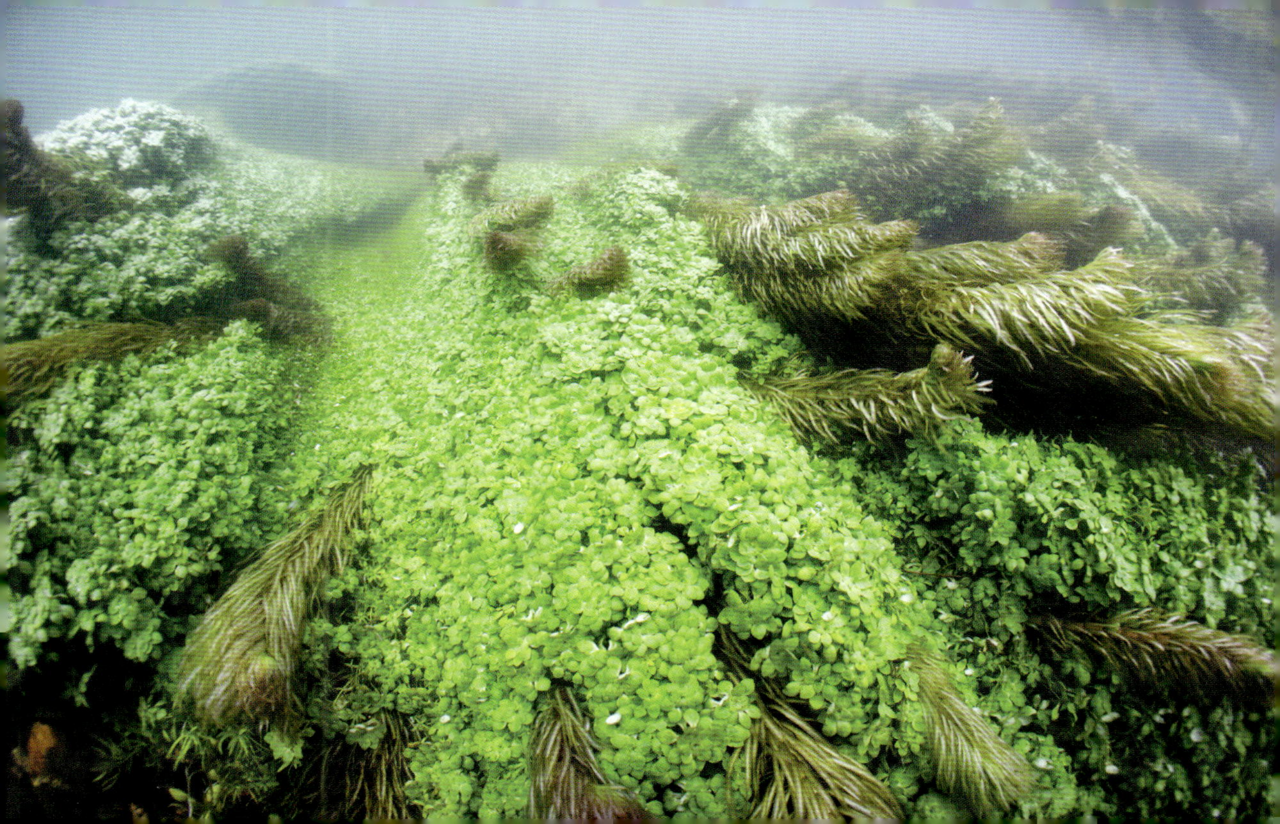

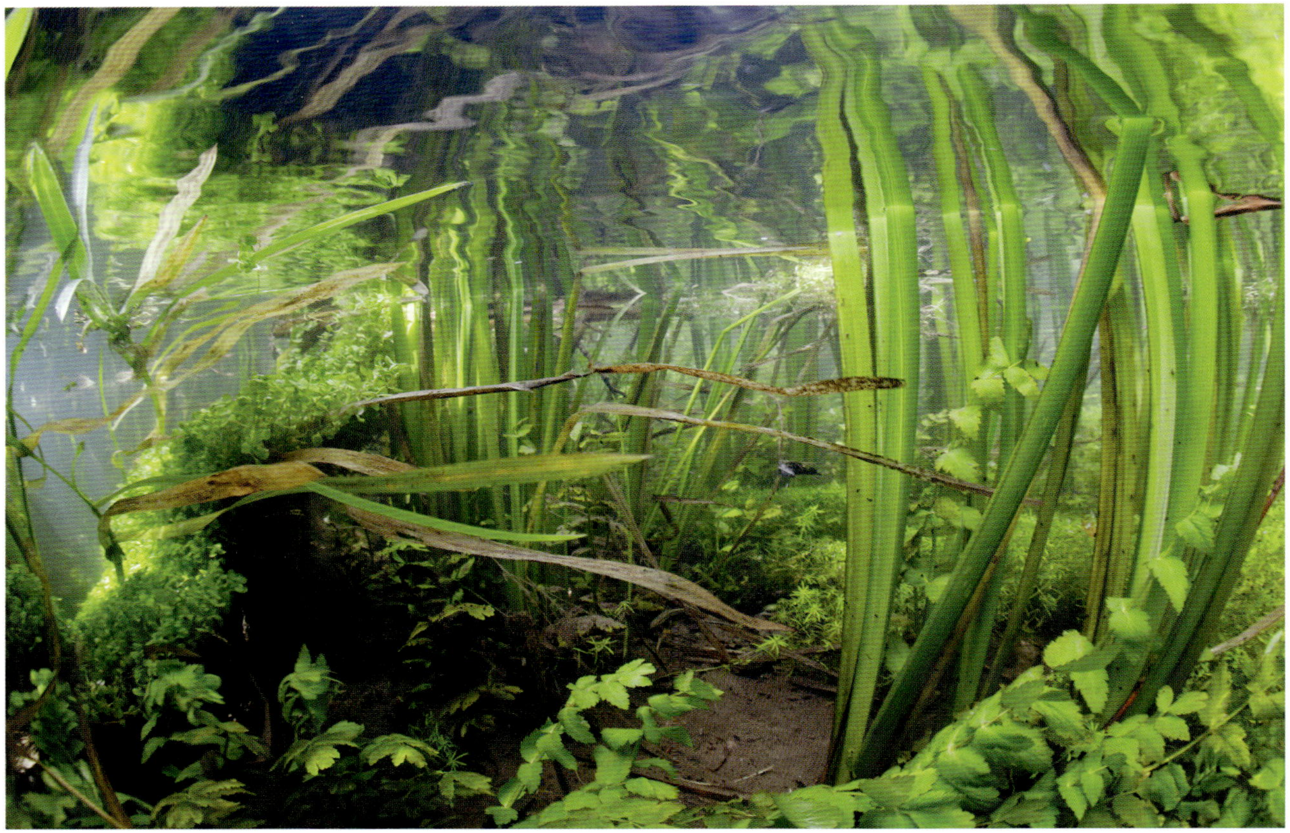

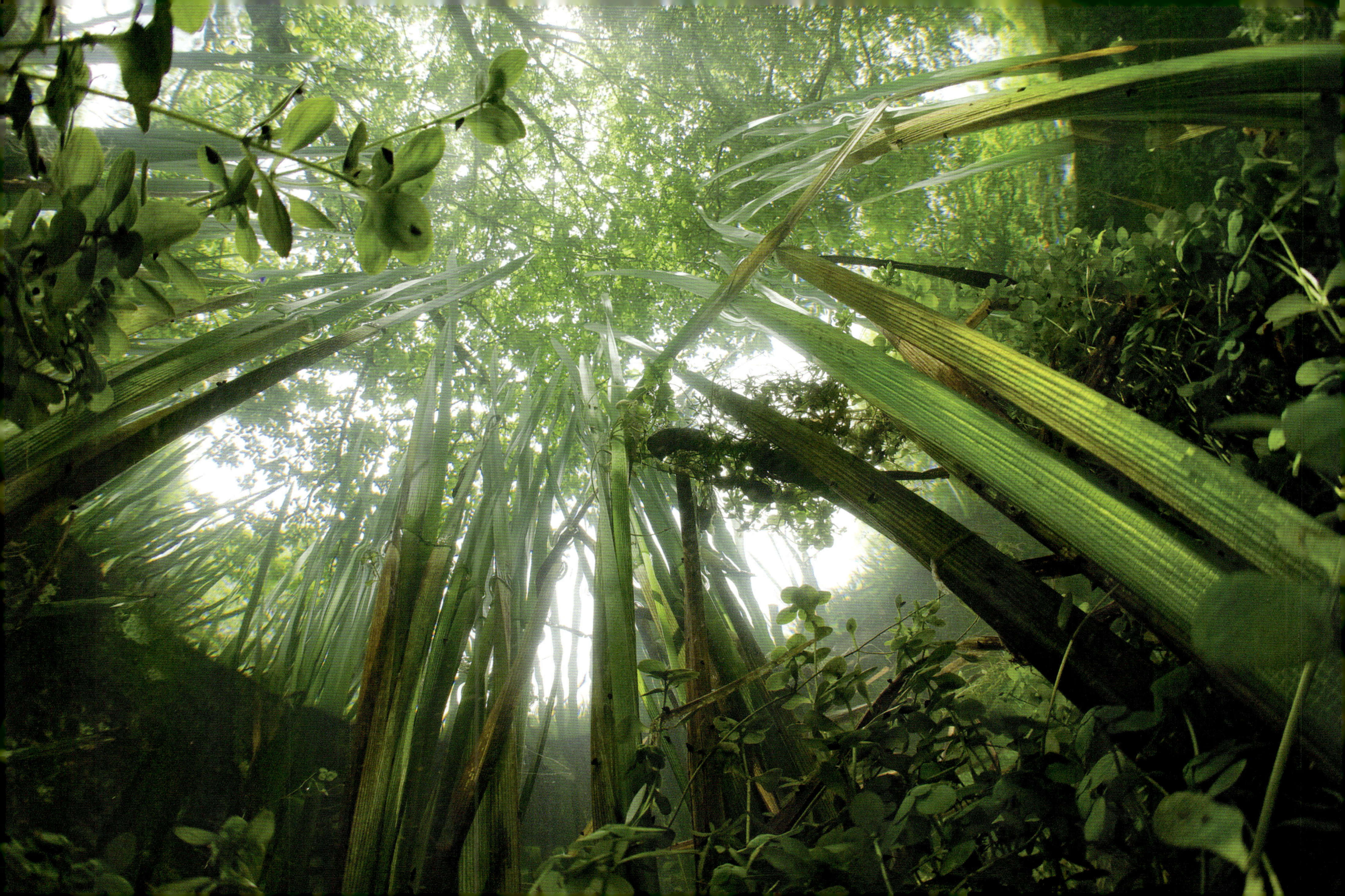

ALPENWASSER, **SCHWEIZ**

GORNERGLETSCHER, LACS DE FENÊTRE UND VERZASCA, SCHWEIZ

Die Schweiz gilt als Wasserschloss Europas. Gletscher prägen die hochalpine Landschaft. Schmelzwasser bildet auf dem Gornergletscher Kanäle und Seen, auch unter Wasser betörend schön. Dieses Schmelzwasser zeugt aber auch vom dramatischen Rückgang der Gletscher. Bergseen wie die Lacs de Fenêtre liegen monatelang unter dickem Eis. In tieferen Lagen erodieren wilde Flüsse wie die Verzasca Schluchten in das harte, kristalline Gestein der Tessiner Alpen.

GLACIER DU GORNER, LACS DE FENÊTRE ET VERZASCA, SUISSE

La Suisse est le château d'eau de l'Europe. Les glaciers sont omniprésents dans son paysage alpin. L'eau de fonte forme des lacs profonds et des canaux méandreux sur le glacier du Gorner d'une beauté envoûtante, également sous l'eau. Mais elle témoigne aussi du recul dramatique des glaciers. Les lacs de montagne comme les Lacs de Fenêtre sont couverts d'une épaisse couche de glace pendant plusieurs mois. Plus bas, des rivières sauvages comme la Verzasca érodent les roches dures et cristallines des Alpes tessincises.

GORNER GLACIER, LACS DE FENÊTRE AND VERZASCA, SWITZERLAND

Switzerland can be considered the water tower of Europe. Glaciers are ubiquitous in its alpine landscape. The ice-melting water leads to the formation of magnificent canals and lakes in the Gorner glacier region. This ice-melting water also testifies to the dramatic disappearance of glaciers. Mountain lakes such as the Lacs de Fenêtre are frozen for several months of the year. At lower altitudes, wild rivers, such as the Verzasca, erode the hard and crystalline rocks of the Ticino Alps.

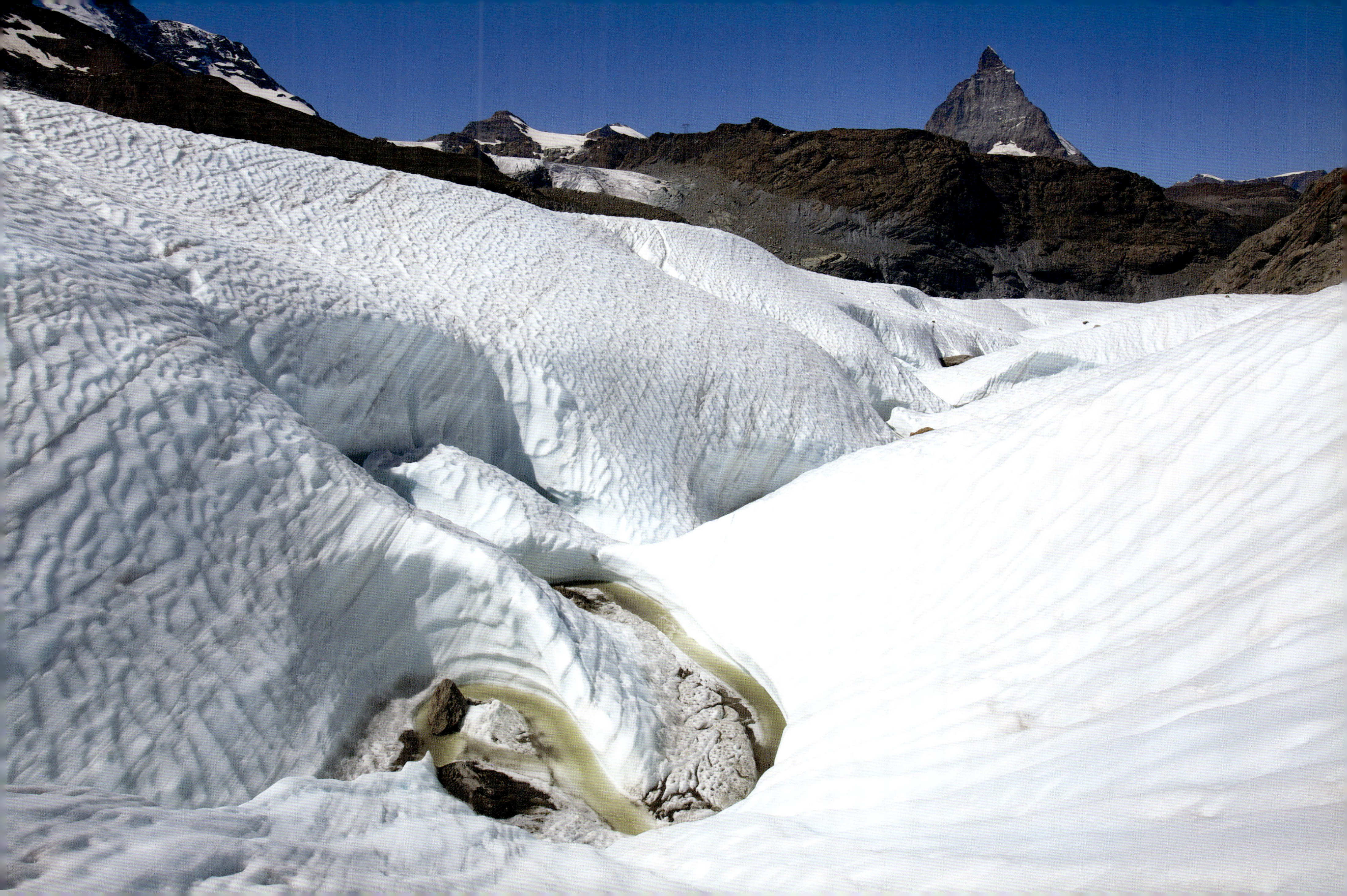

Gornergletscher
Glacier du Gorner
Gorner Glacier

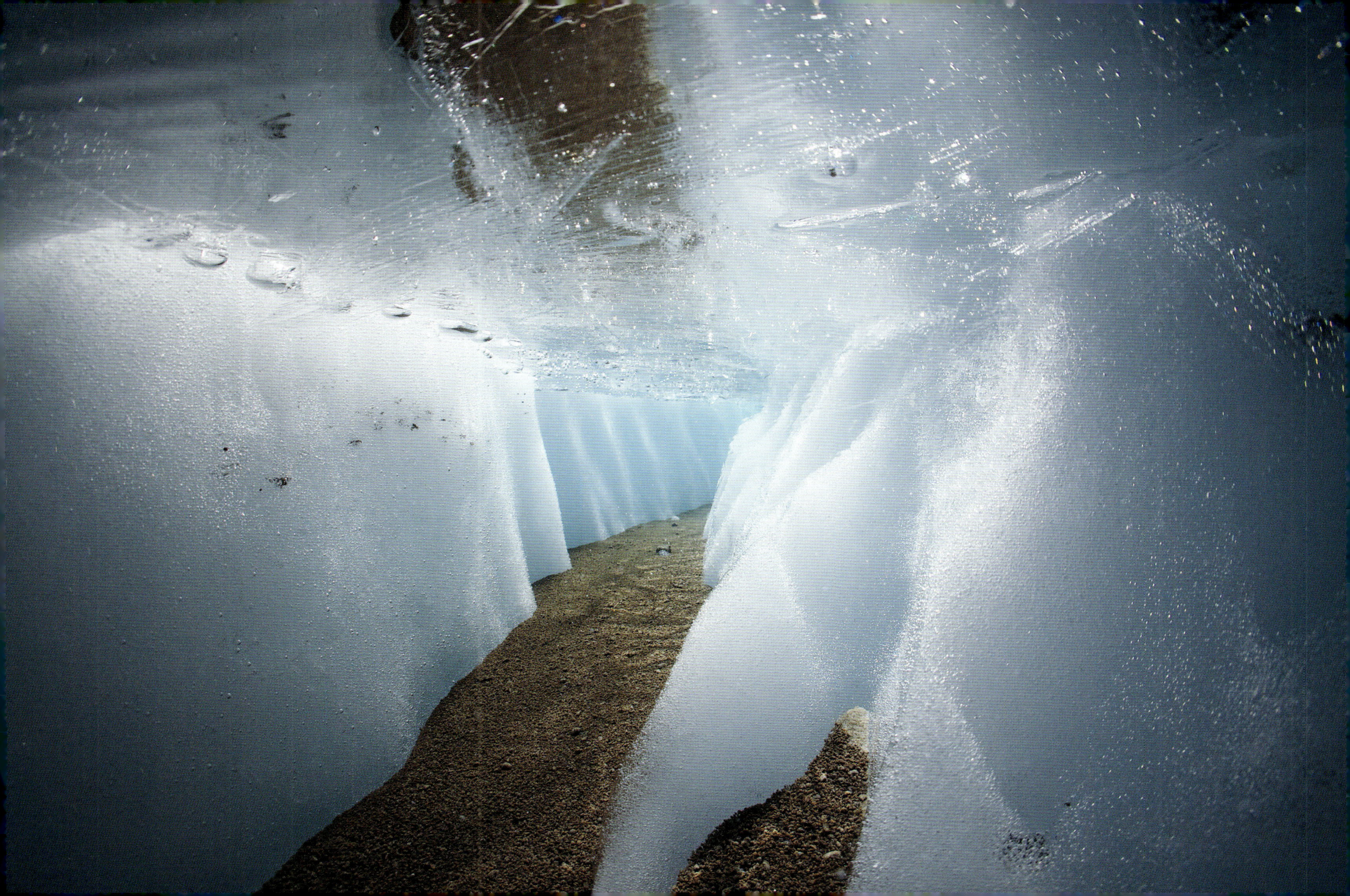

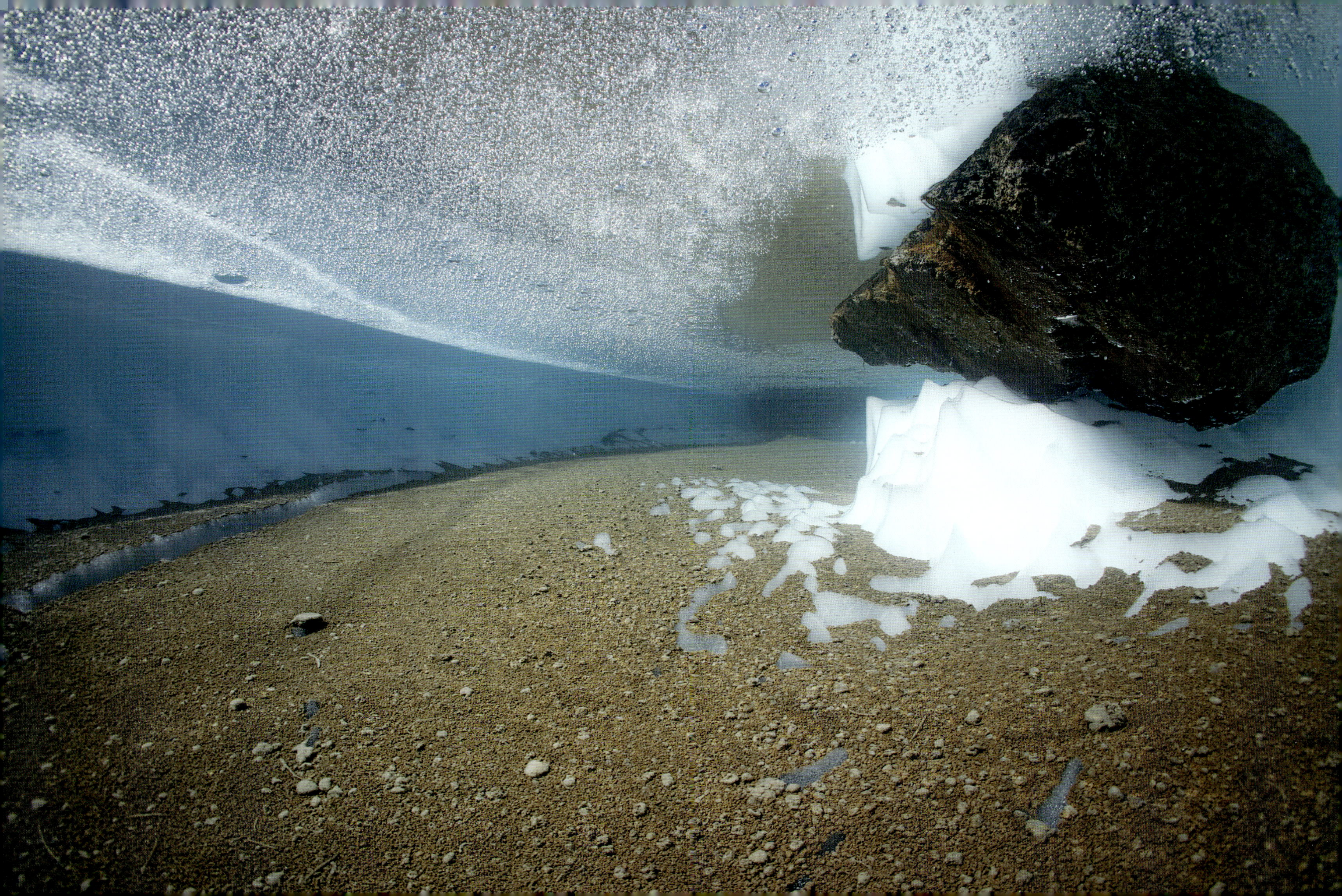

89

Lacs de Fenêtre

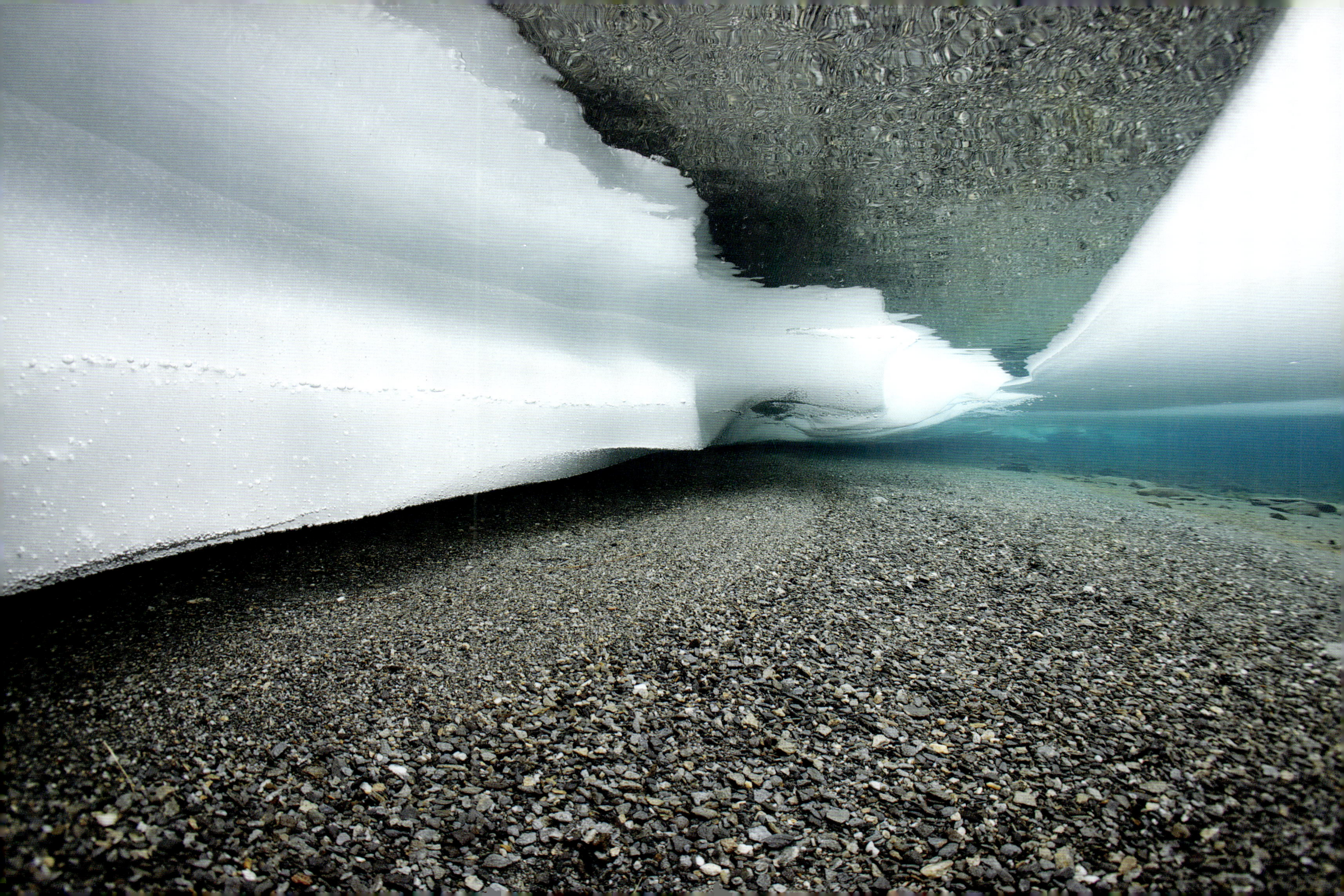

Verzasca

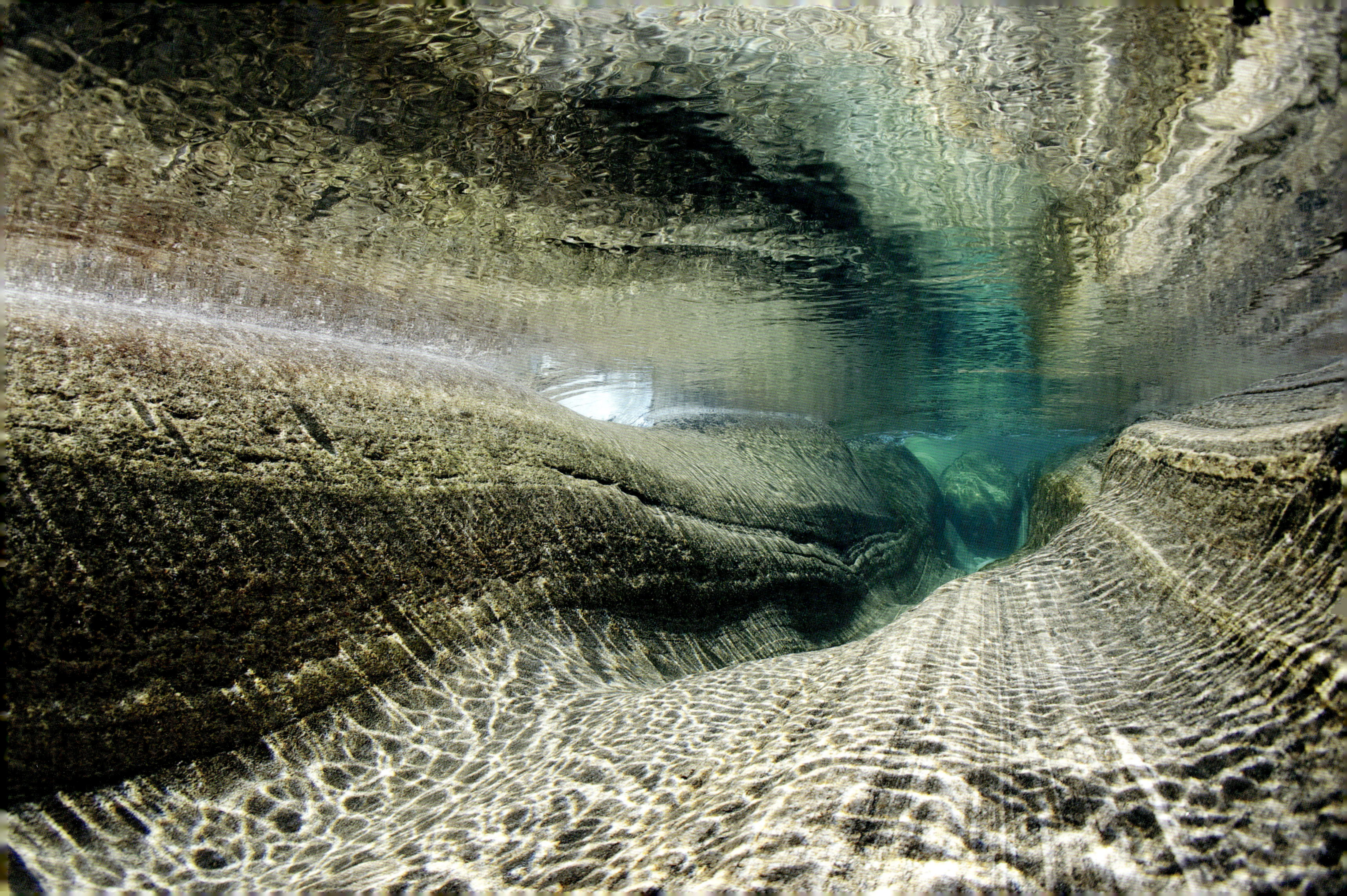

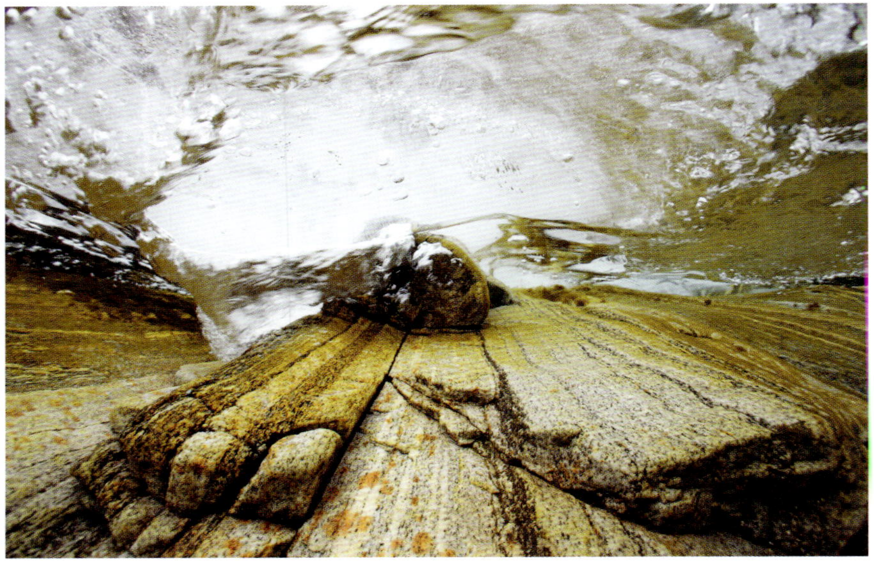

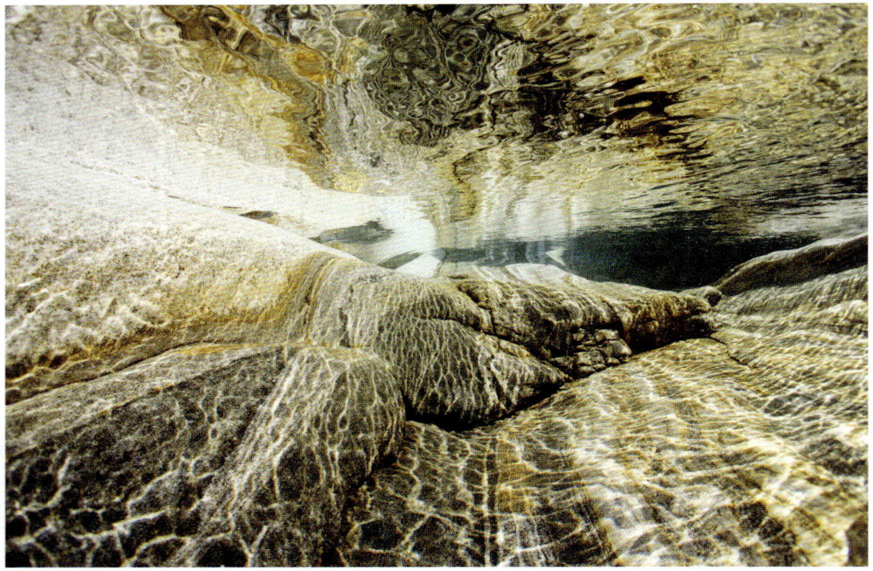

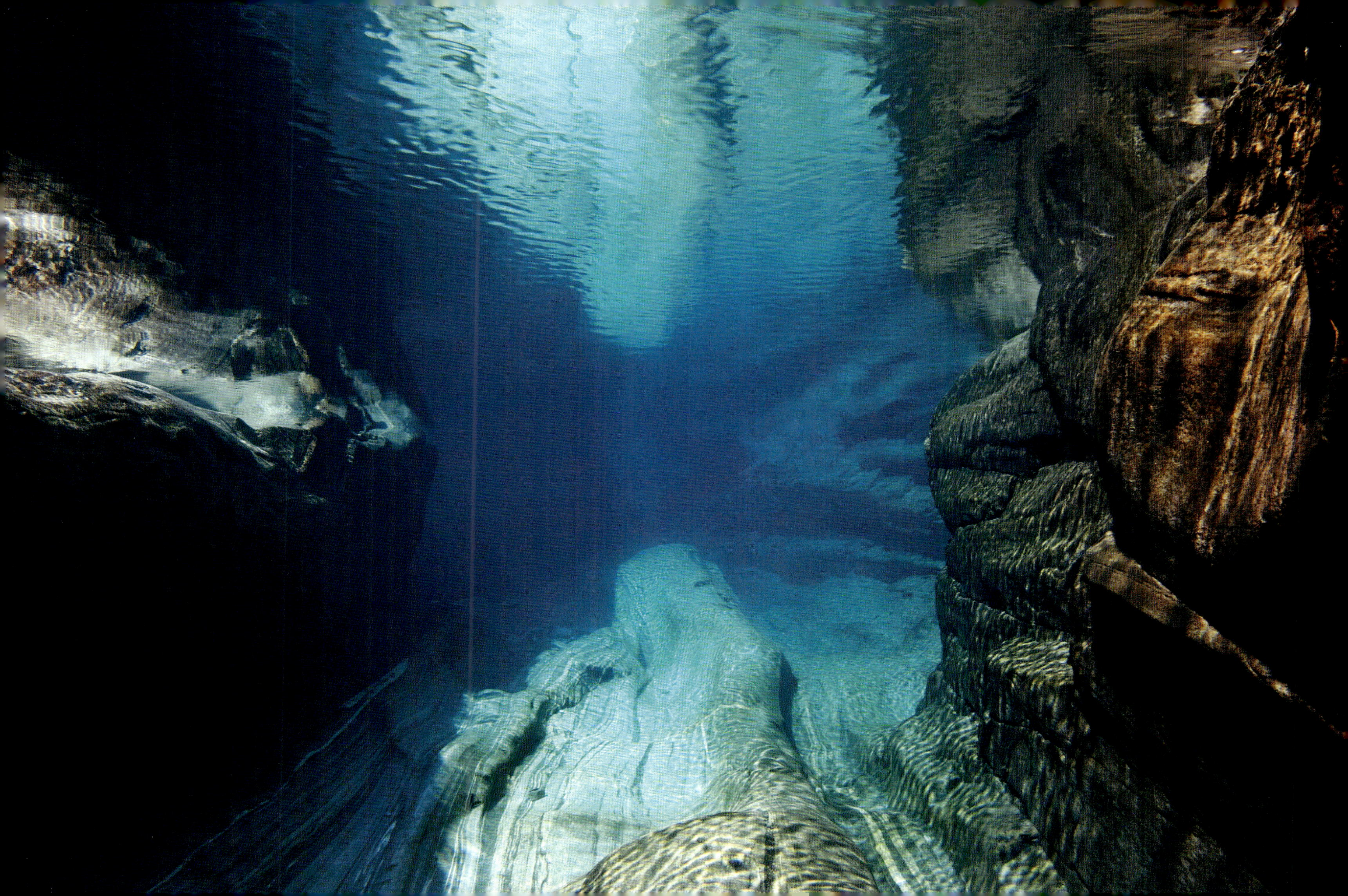

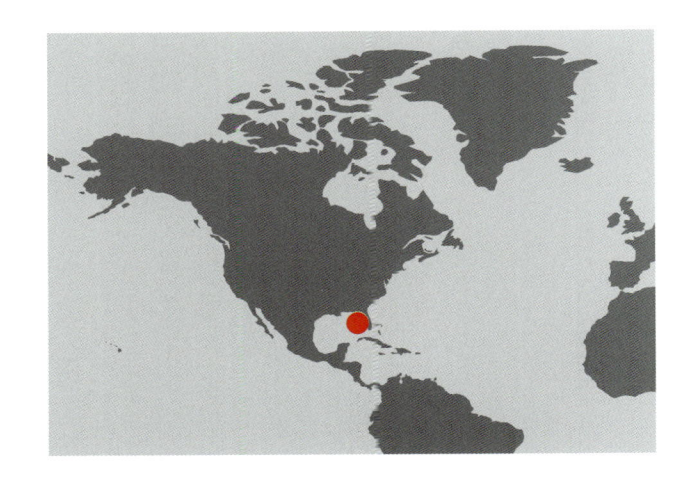

FLORIDAN AQUIFER, **USA**

AQUIFER, FLORIDA, USA
Im Untergrund Floridas fliesst ein gewaltiger Strom von Süsswasser, der aus zahlreichen Quellen an die Oberfläche dringt. Der hohe Kalkgehalt begünstigt das Gedeihen von Wasserpflanzen und Kleinlebewesen, Nahrung für zahlreiche Fische. Vom Meer her dringen im kalten Winterhalbjahr Meerfische und Manatis in die warmen Quellflüsse ein. Die ungebremste Entwicklung Floridas mit dem damit einhergehenden hohen Wasserbedarf für Landwirtschaft, Siedlungen und Tourismus bedroht diesen Aquifer.

AQUIFÈRE DE FLORIDE, USA
Le sous-sol de la Floride abrite un immense flux d'eau douce s'échappant en surface par de nombreuses sources. Sa teneur élevée en calcaire favorise les plantes aquatiques et les microorganismes, nourriture de nombreux poissons. En hiver, des poissons marins et des lamantins pénètrent de la mer dans ces résurgences chaudes. Le développement effréné de la Floride, avec pour corollaire les besoins accrus en eau de l'agriculture, des agglomérations et du tourisme, menace cet aquifère.

FLORIDAN AQUIFER, USA
An impressive amount of fresh water flows beneath Florida's soil and emerges at several locations. Its high limestone content enables the growth of aquatic plants and small animals, which serve as food for many fish. During the winter, sea fish and manatees leave the cold sea and move to warmer waters upstream. Florida's fast-paced development and strong water demand needed for agriculture, settlements and tourism threaten this aquifer.

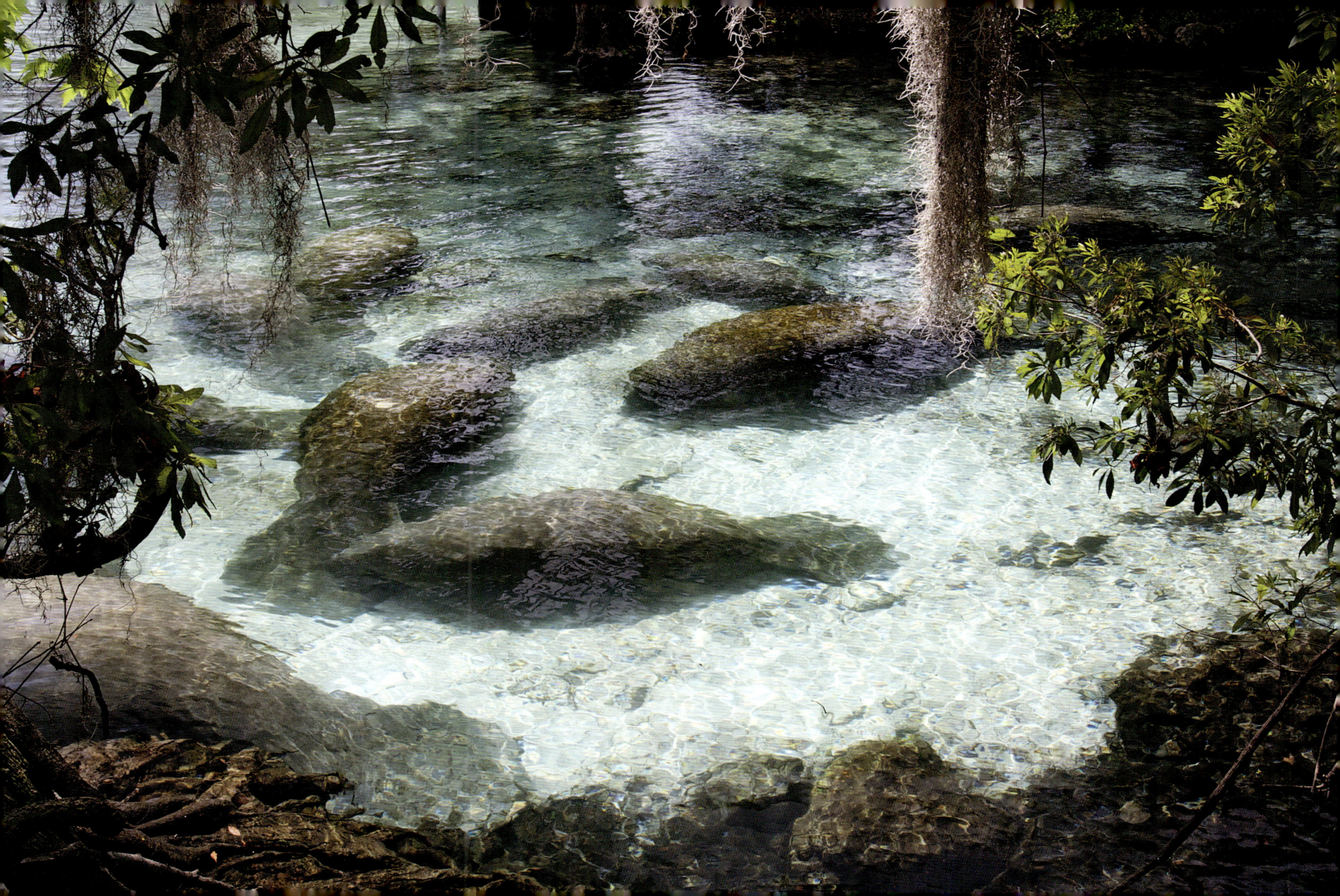

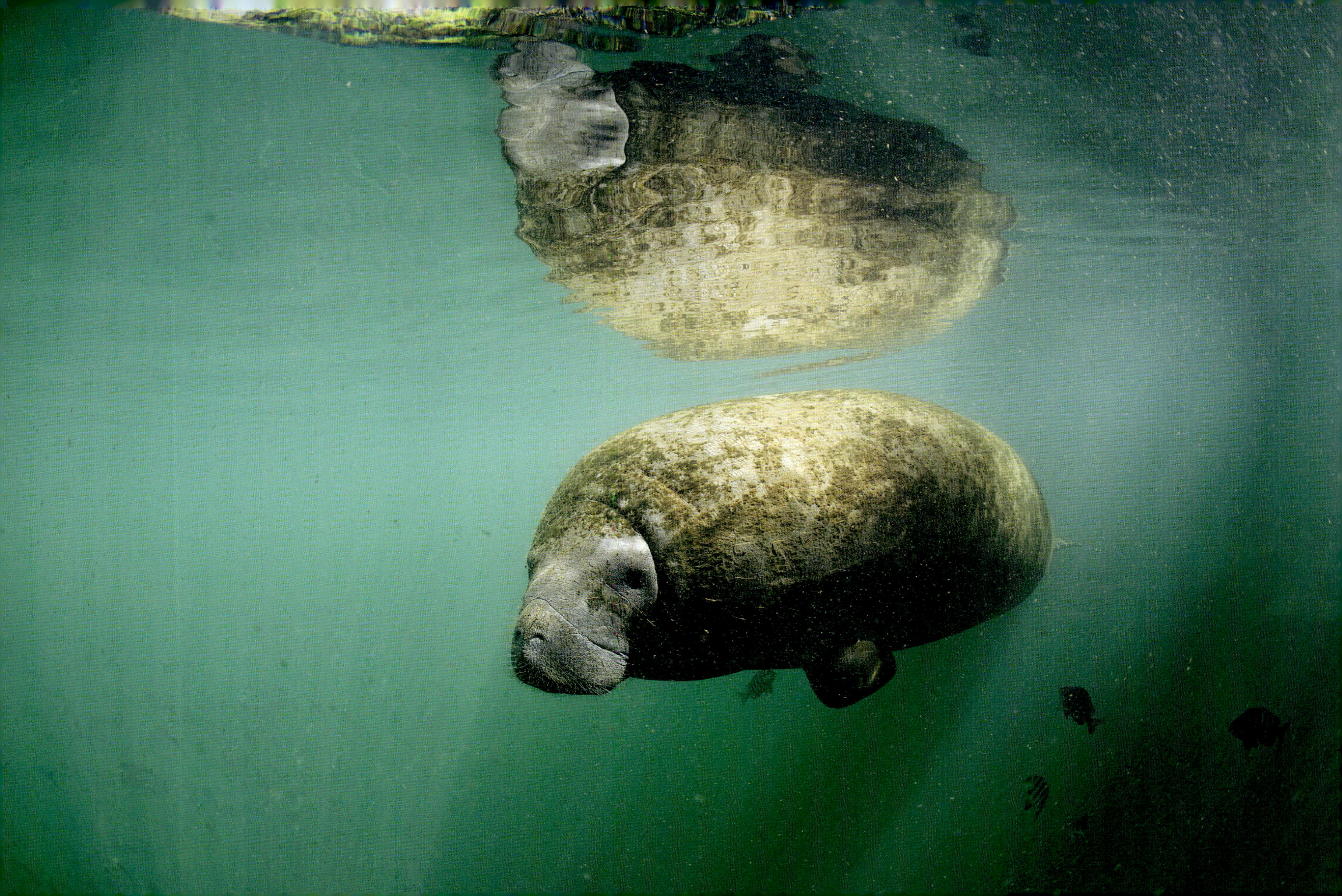

Karibik-Manati	Lamantin des Caraïbes	West Indian Manatee

Grauer Schnapper
Sarde grise
Mangrove Snapper

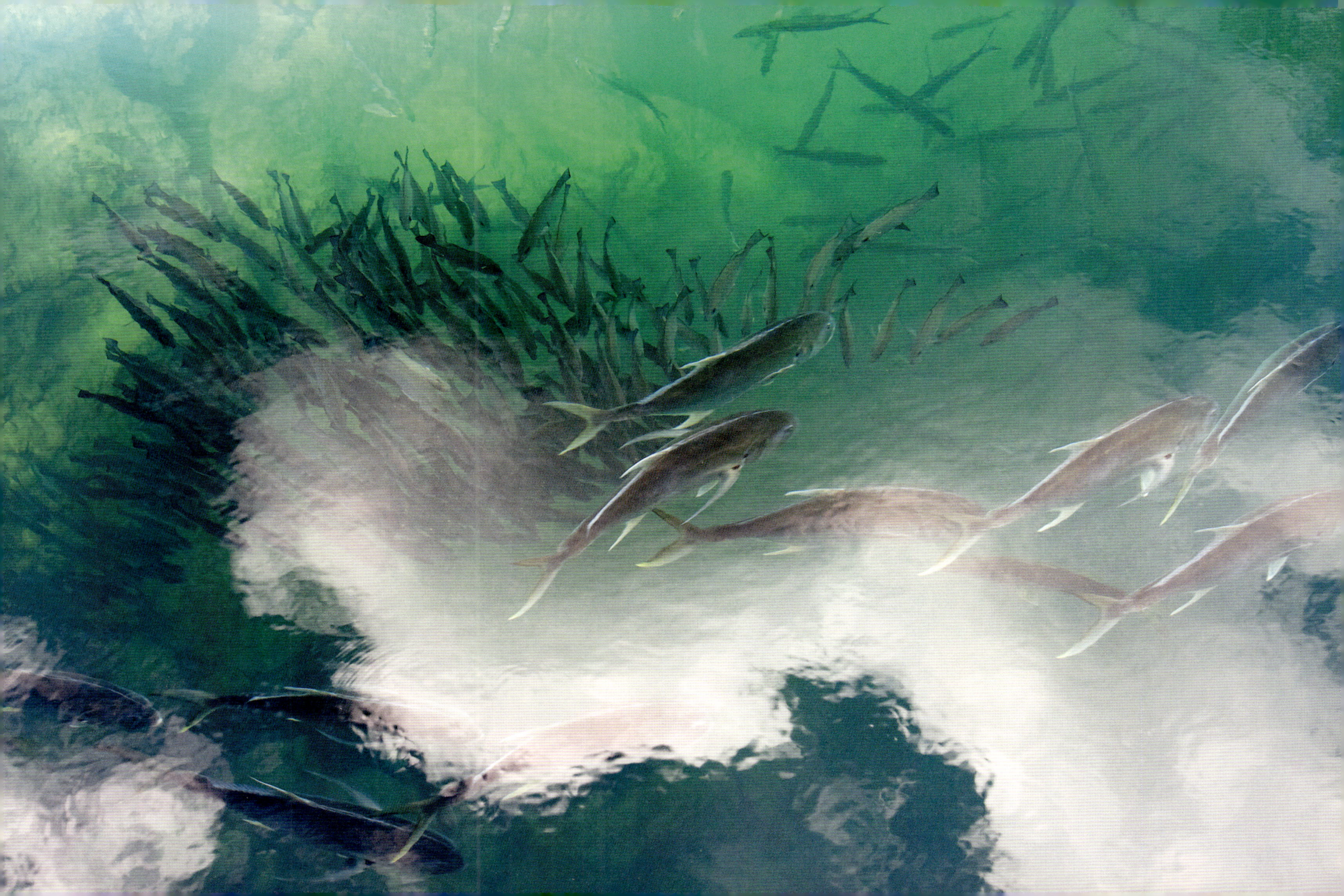

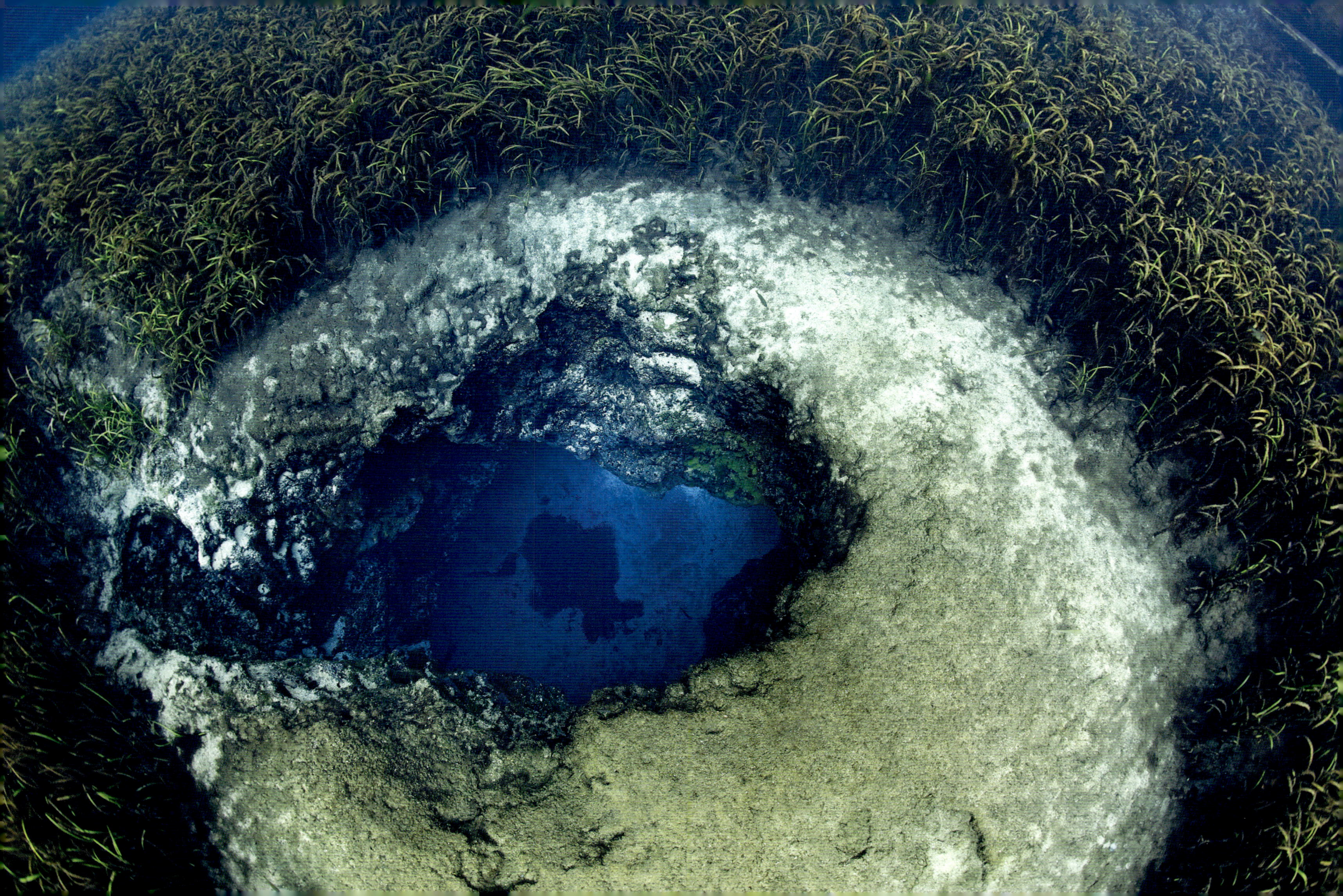

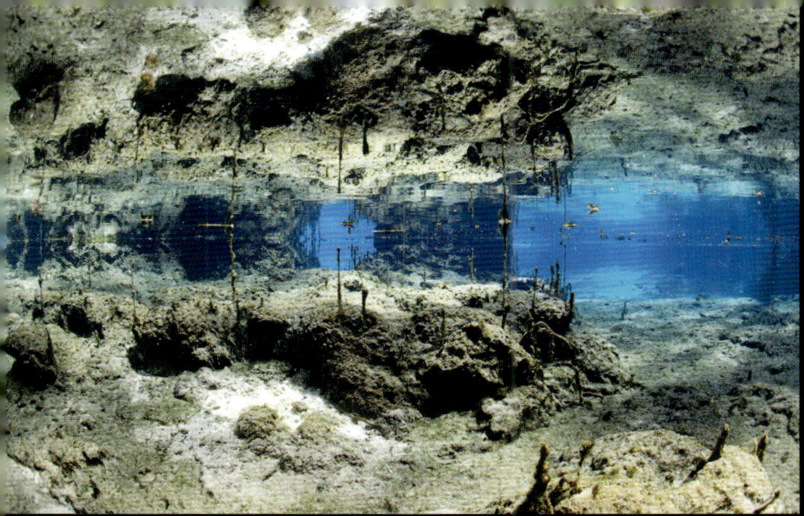
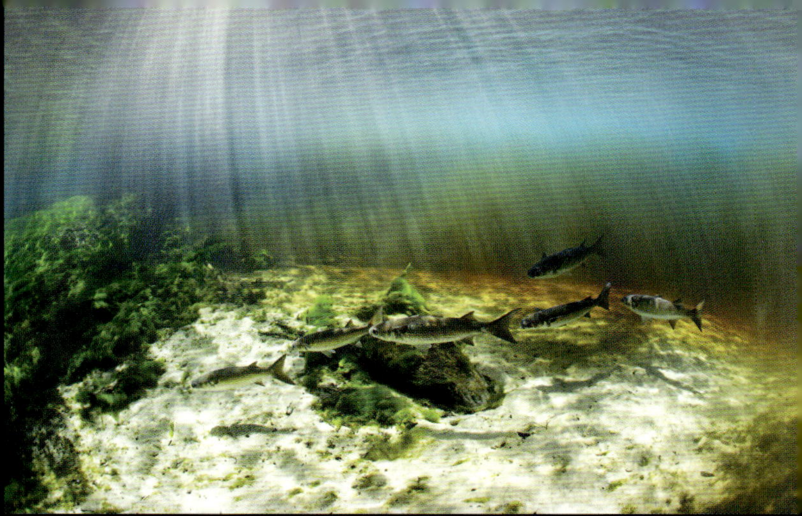
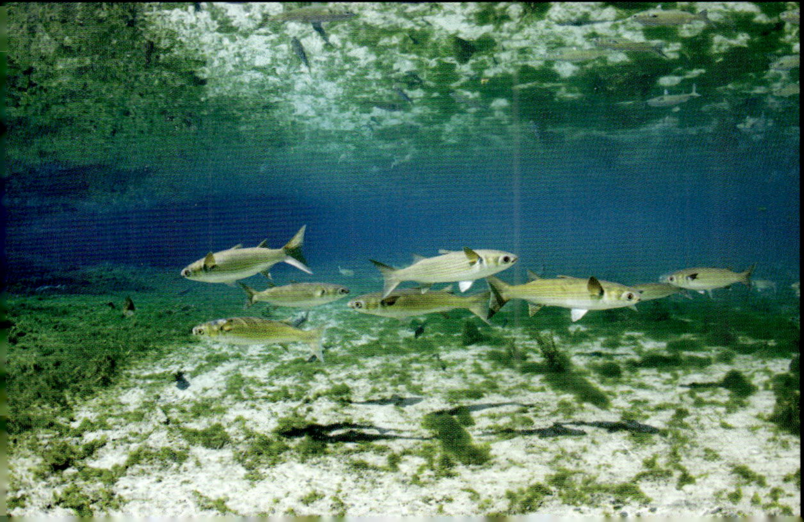
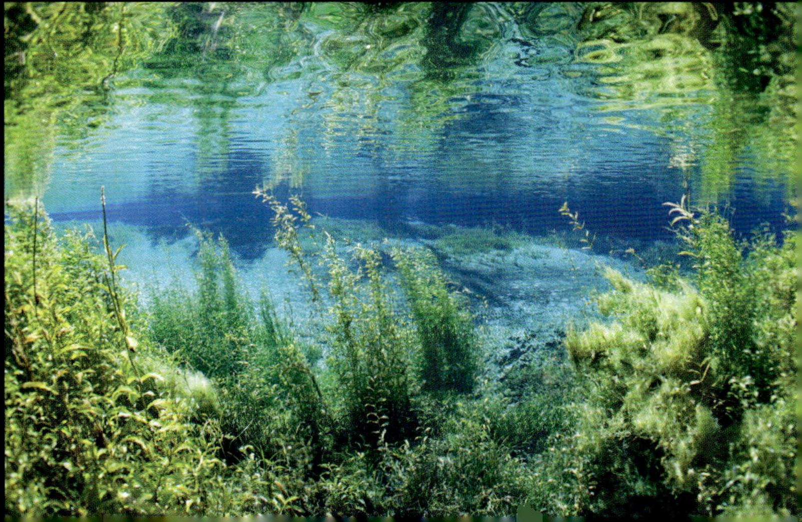

Florida-Rotbauch-Schmuckschildkröte — *Pseudemys nelsoni* — Florida Red-Bellied Turtle

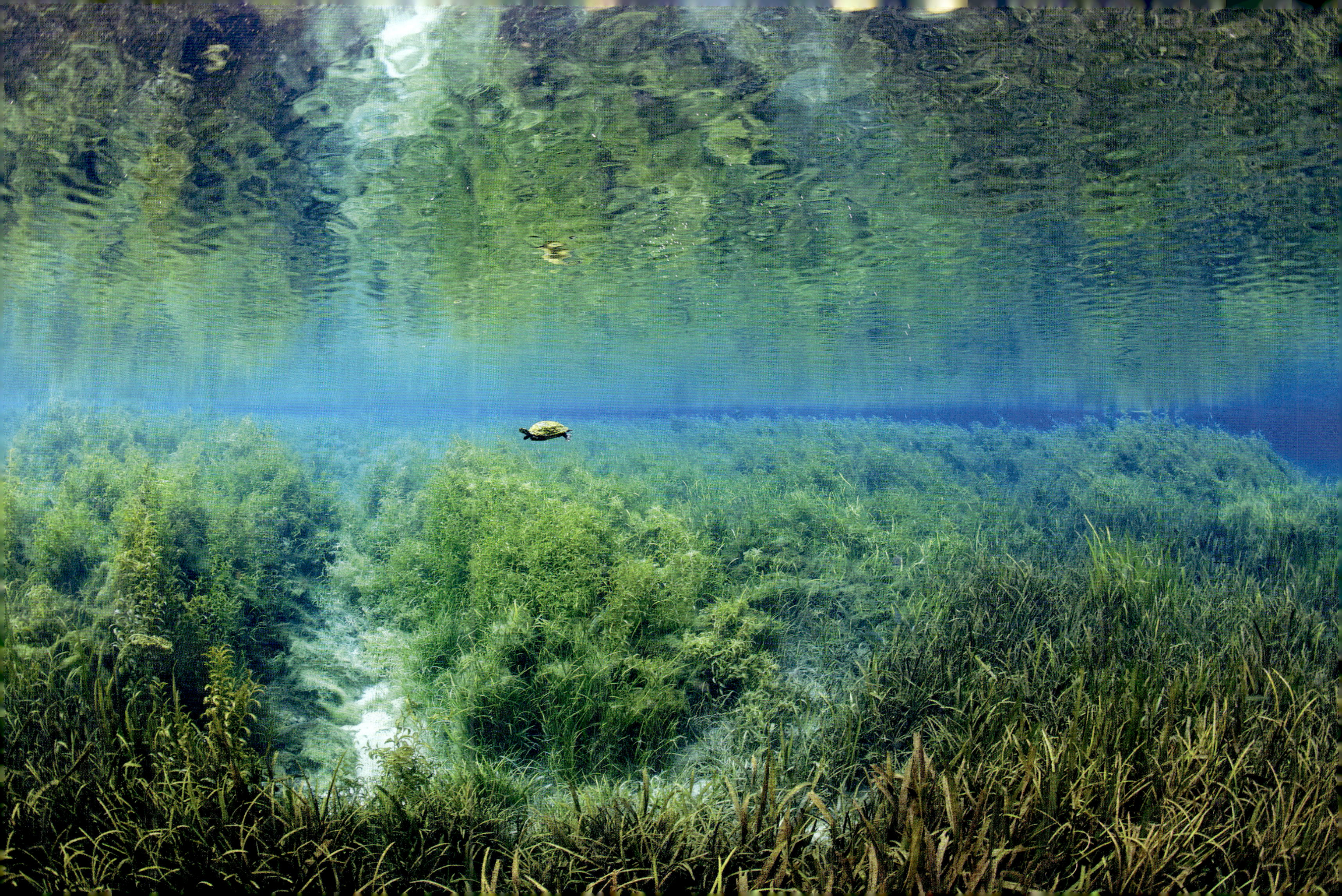

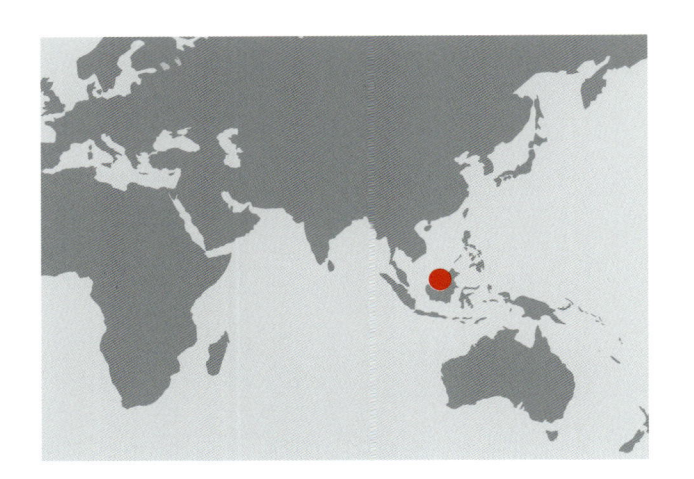

GUNUNG MULU, SARAWAK, BORNEO, **MALAYSIA**

GUNUNG MULU, SARAWAK, BORNEO, MALAYSIA

Gunung Mulu liegt in einem unglaublich artenreichen Regenwald mit bis zu 500 Baumarten pro Quadratkilometer. Dies weckte Hoffnung auf eine reiche Pflanzenwelt in den Gewässern. Doch trotz des an sich günstigen Kalkgesteins fanden sich weder Wasserpflanzen noch Kleinlebewesen. Fische ernähren sich von Nahrung, die von den Urwaldbäumen fällt. Die gewaltigen Höhlensysteme voller Fledermäuse werden durchflossen von Gewässern, auch sie ohne erkennbares Leben.

GUNUNG MULU, SARAWAK, BORNÉO, MALAISIE

Gunung Mulu se situe dans une forêt humide extraordinairement diversifiée, pouvant abriter jusqu'à 500 espèces d'arbres au km^2. On pourrait s'attendre à observer une riche végétation aquatique mais, malgré un sous-sol calcaire favorable, les eaux n'abritent ni plantes ni micro-organismes, si bien que les poissons guettent toute nourriture tombant des arbres. Les énormes réseaux de grottes, colonisées par beaucoup de chauves-souris, sont traversés par des eaux souterraines ne montrant elles aussi aucun signe de vie.

GUNUNG MULU, SARAWAK, BORNEO, MALAYSIA

Gunung Mulu is located in an incredibly rich tropical forest, which comprises up to 500 species of trees per square kilometer. I was thus hoping to find a rich aquatic flora there. Nevertheless, despite the presence of calcareous rocks, a favorable element, neither aquatic plants nor microorganisms could be found. The fish feed on debris that fall from the trees of the jungle. The immense caves full of bats are crossed by impressive water flows, which also do not show any trace of life.

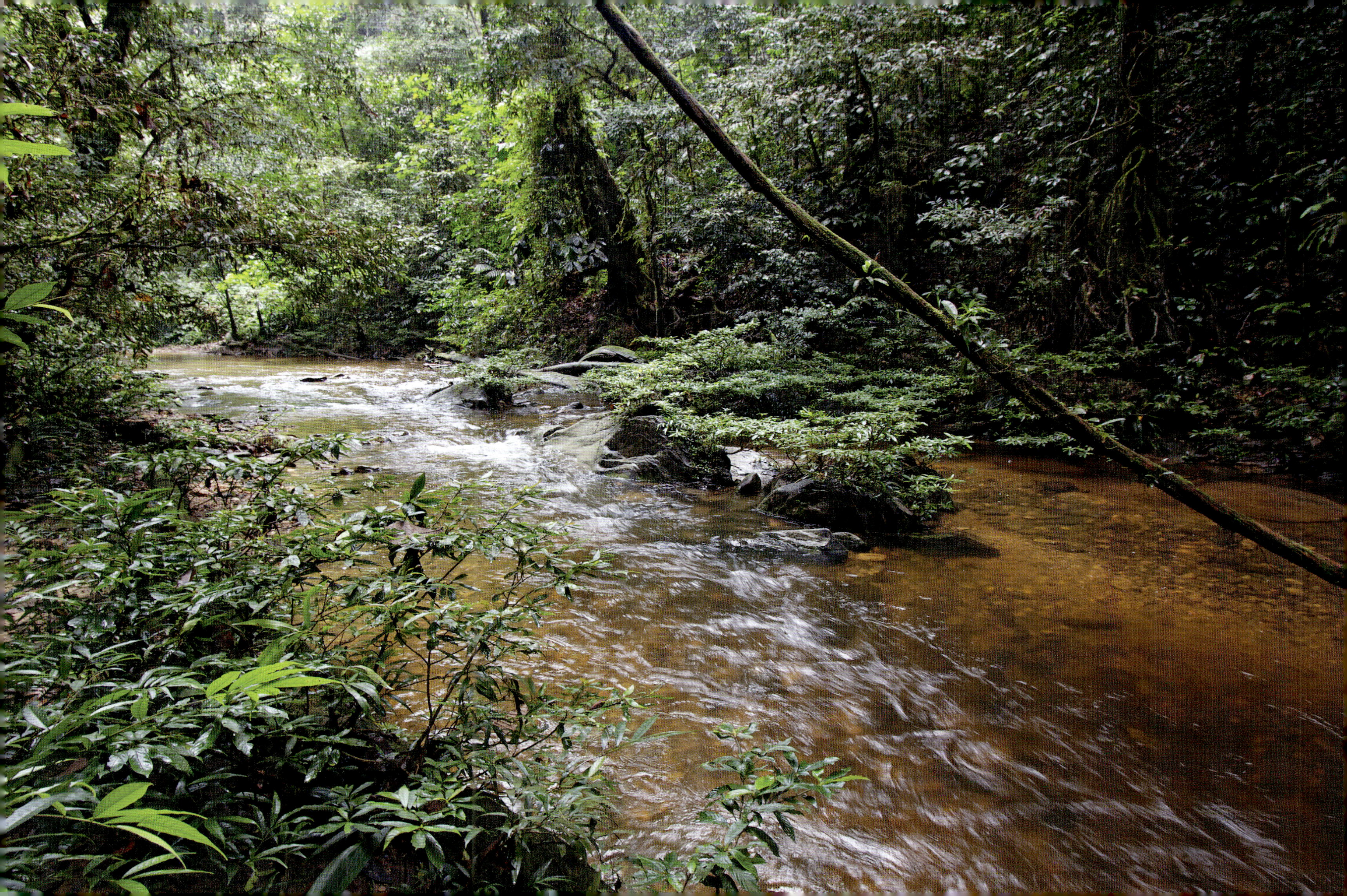

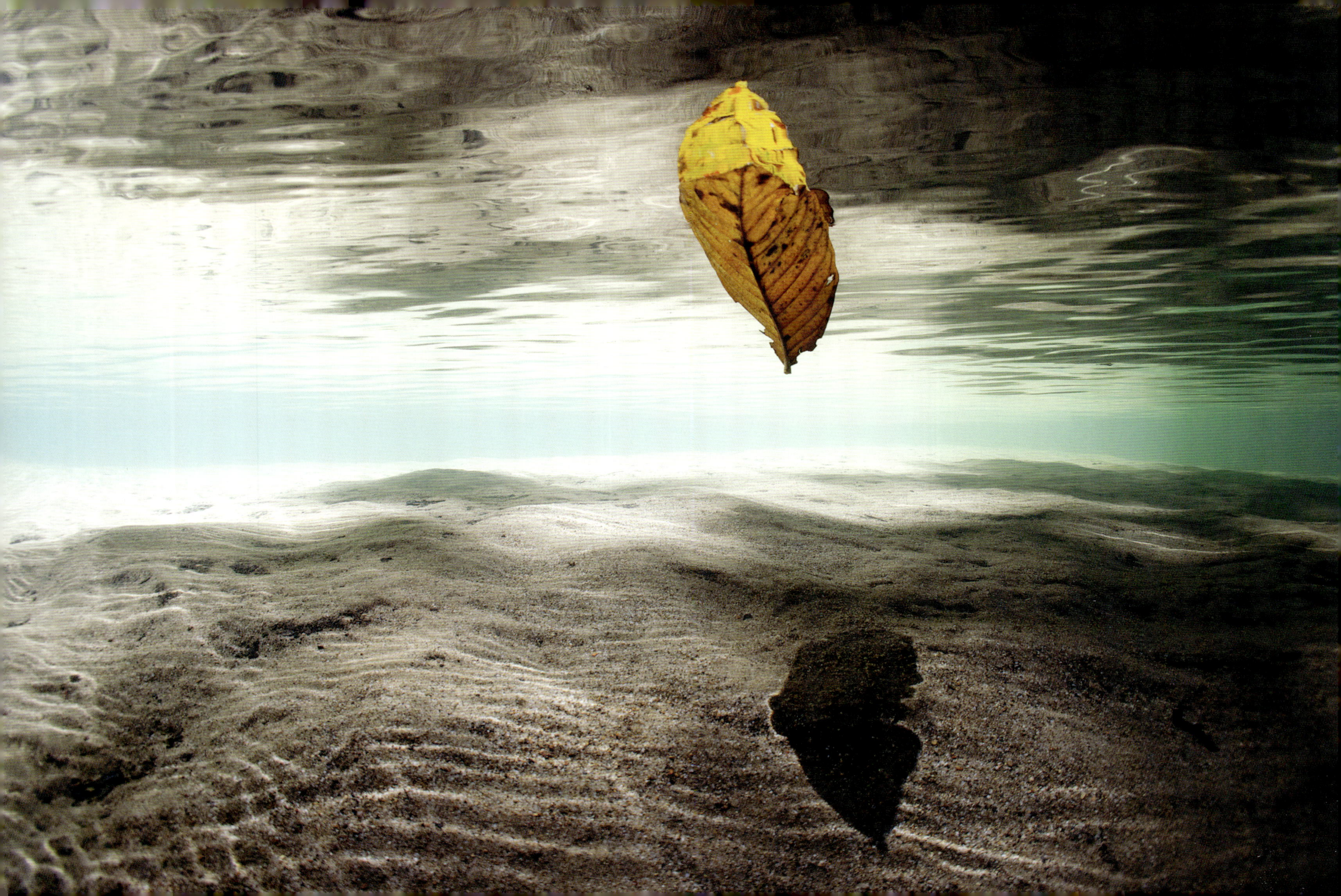

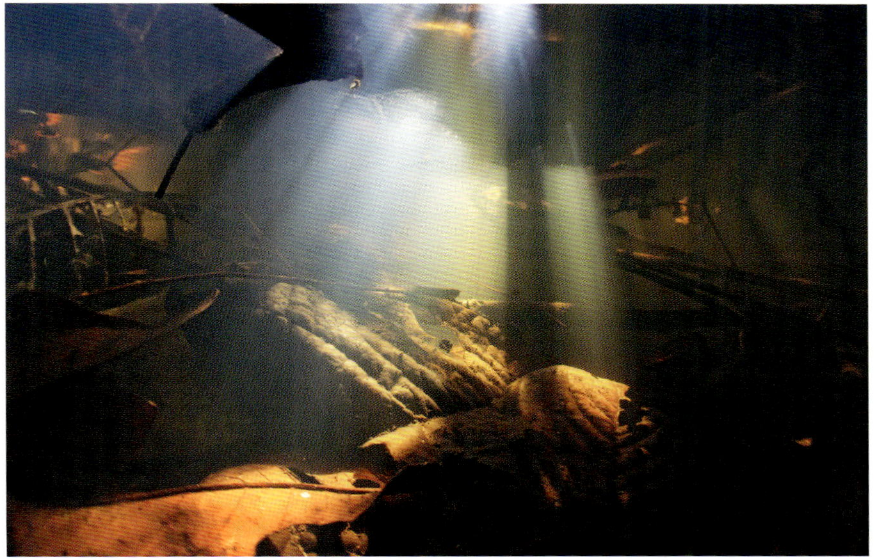

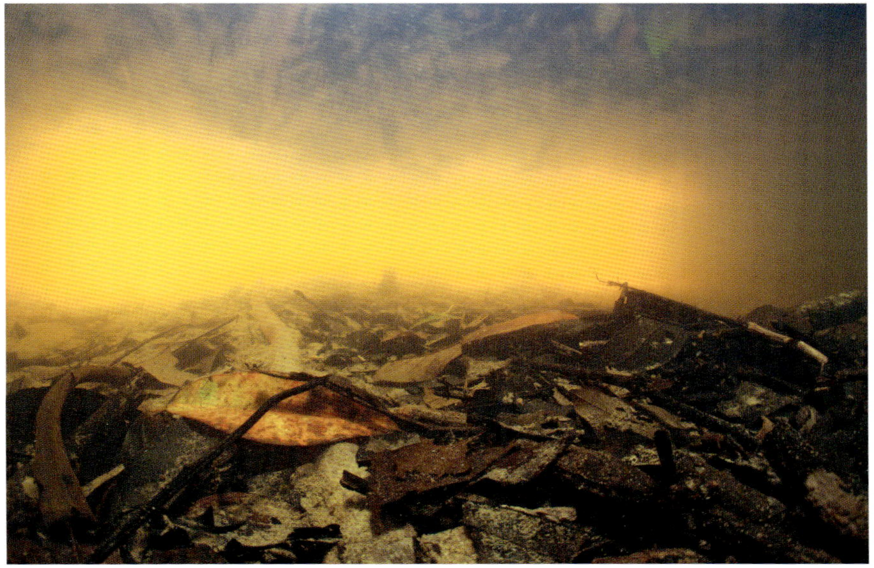

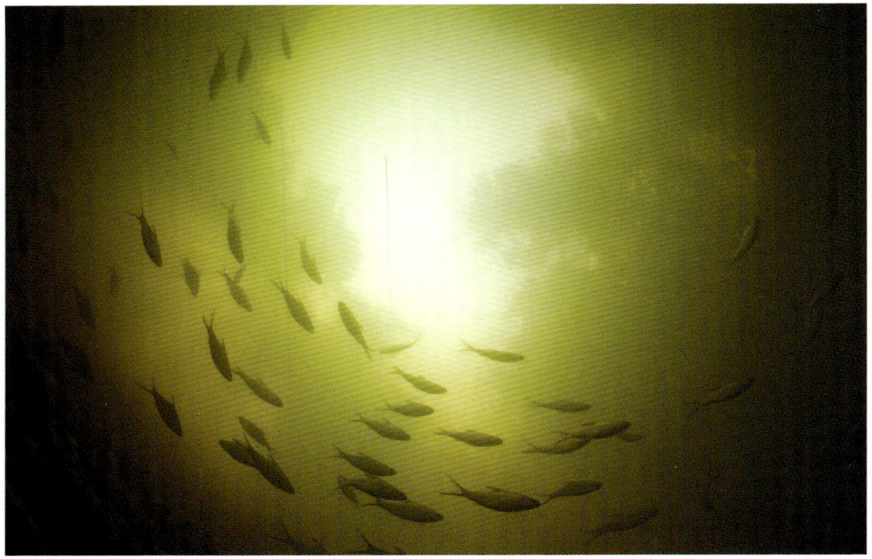

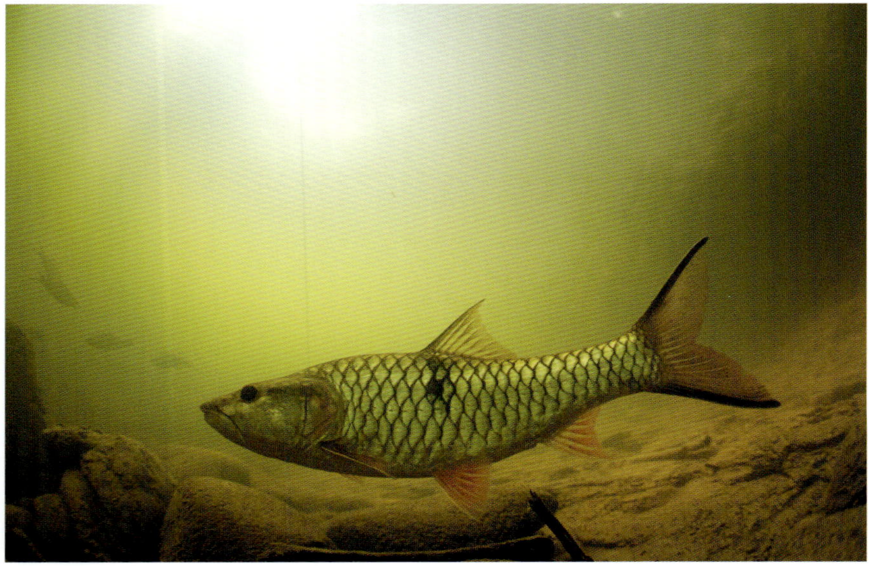

Long Lansat river

Clearwater cave

Deer cave

112

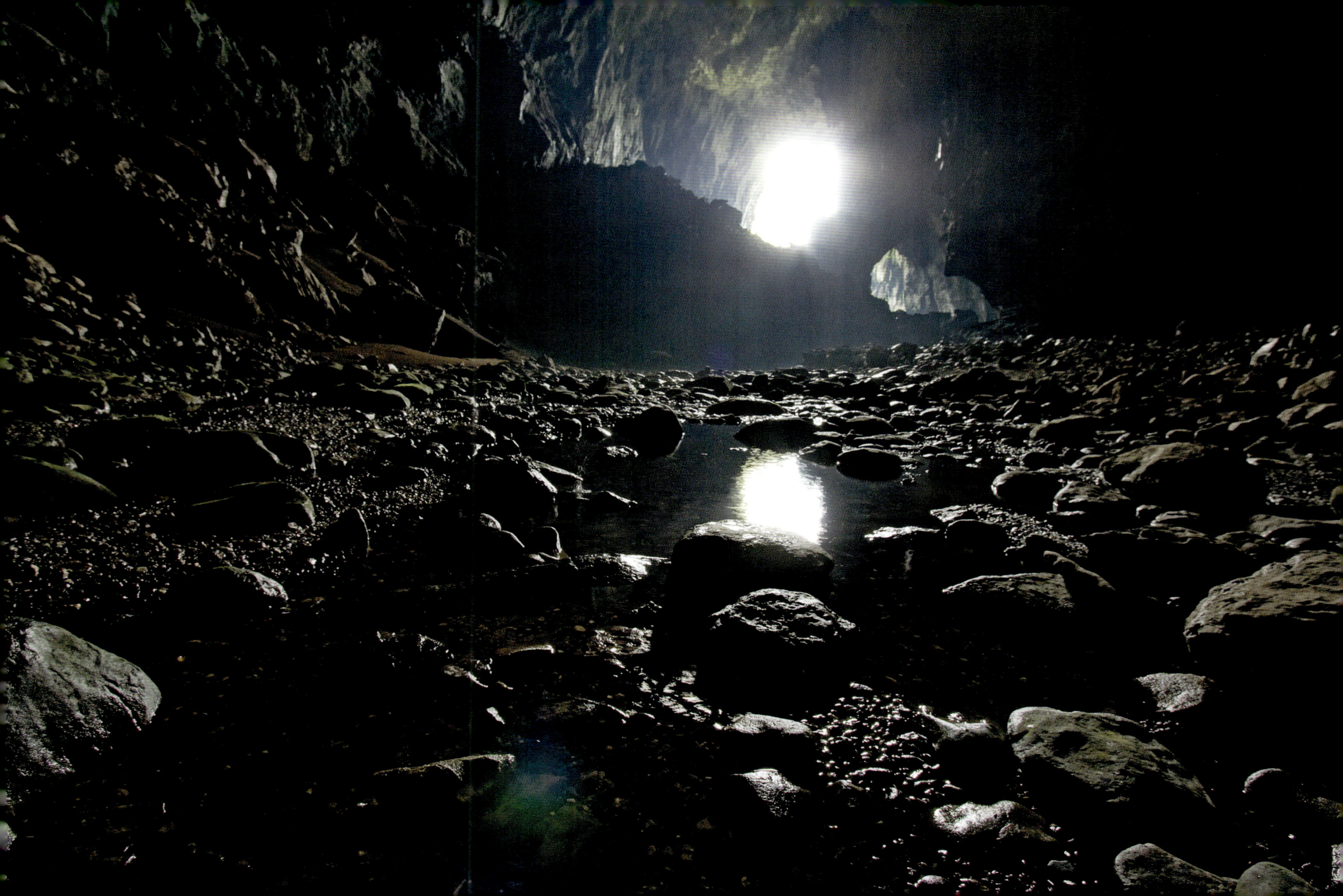

ADAMS RIVER, BRITISH COLUMBIA, **CANADA**
RIVIÈRES DE LA GASPÉSIE, QUÉBEC, **CANADA**

ADAMS RIVER UND FLÜSSE DER GASPÉSIE, KANADA

An der Pazifikküste Kanadas schwimmen alle vier Jahre Millionen von Rotlachsen über den Fraser River bis zum Adams River, um dort zu laichen und zu sterben. Dies ist wohl die weltweit spektakulärste Lachswanderung. In wesentlich bescheidenerem Ausmass spielt sich das auf der anderen Seite des Kontinents ab. Atlantische Lachse steigen in die unberührten Flüsse der Gaspésie-Halbinsel auf, um zu laichen – und dann aber in den Atlantik zurückzukehren.

RIVIÈRE ADAMS ET RIVIÈRES DE LA GASPÉSIE, CANADA

Tous les quatre ans, des millions de saumons rouges remontent le fleuve Fraser, du Pacifique à la rivière Adams, pour y frayer et mourir. C'est la migration la plus spectaculaire au monde. Une telle migration a lieu de l'autre côté du continent également, mais de façon beaucoup plus modeste. Les saumons de l'Atlantique remontent les rivières sauvages de la péninsule gaspésienne pour frayer et retournent ensuite dans l'Atlantique.

ADAMS RIVER AND RIVERS OF THE GASPÉ PENINSULA, CANADA

On the Pacific coast of Canada, every four years, millions of sockeye salmon swim upstream across the Fraser River to the Adams River to spawn and die. It is considered the most spectacular salmon migration in the world. This happens more modestly on the other side of the continent. Atlantic salmon go up the untouched rivers of the Gaspé Peninsula to spawn and then return to the Atlantic.

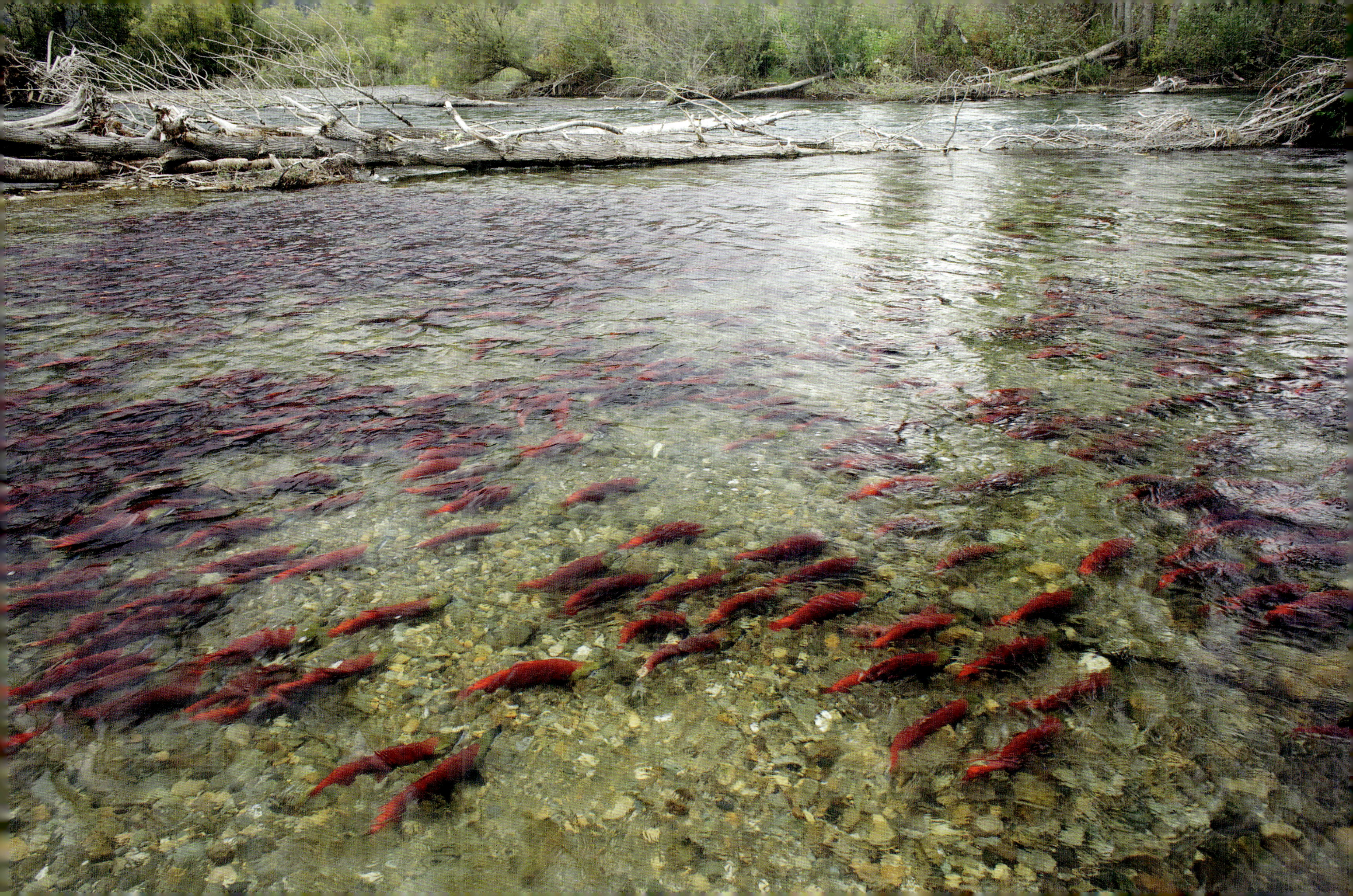

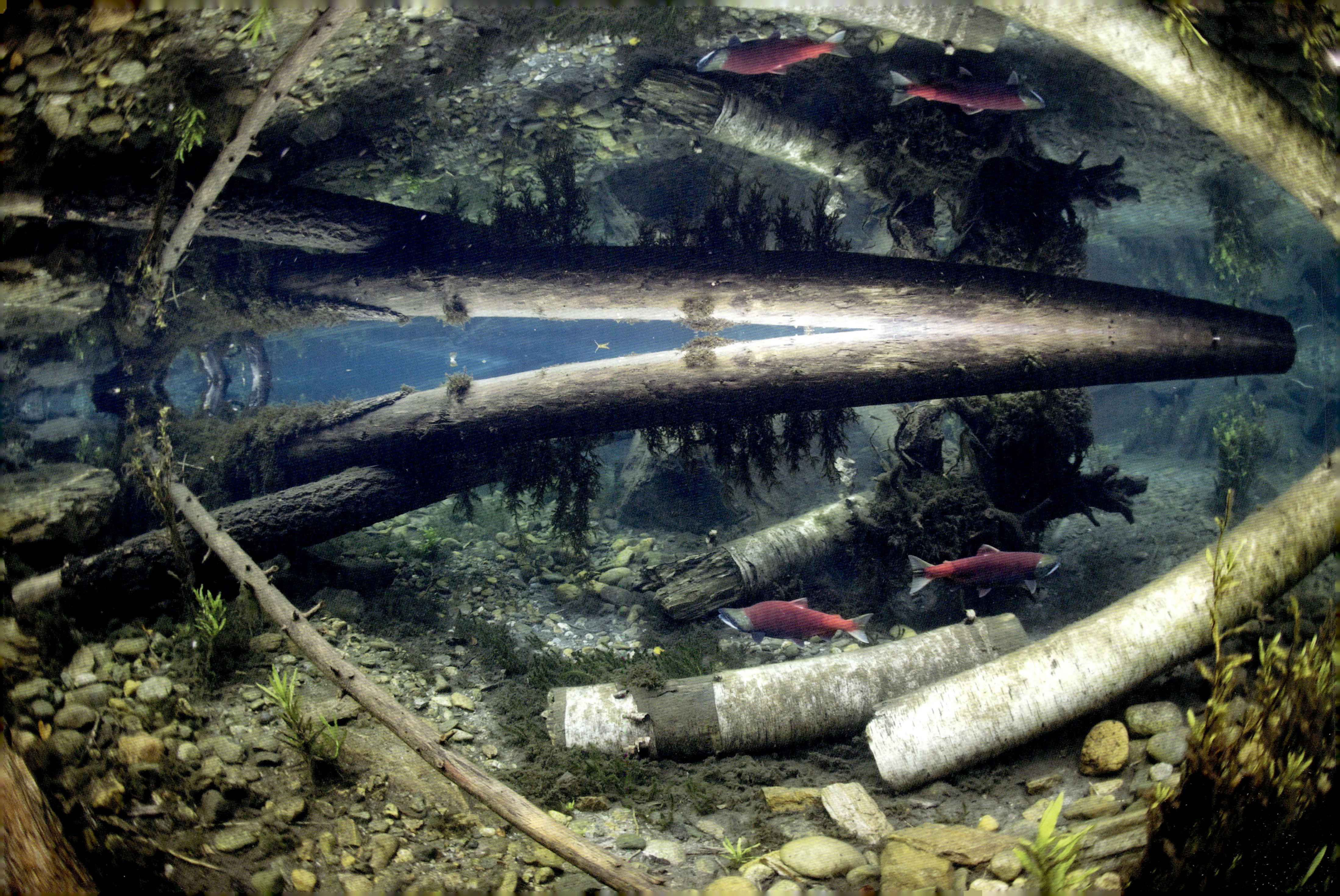

Adams River: Rotlachs　　　　　**Adams River:** Saumon rouge　　　　　**Adams River:** Sockeye Salmon

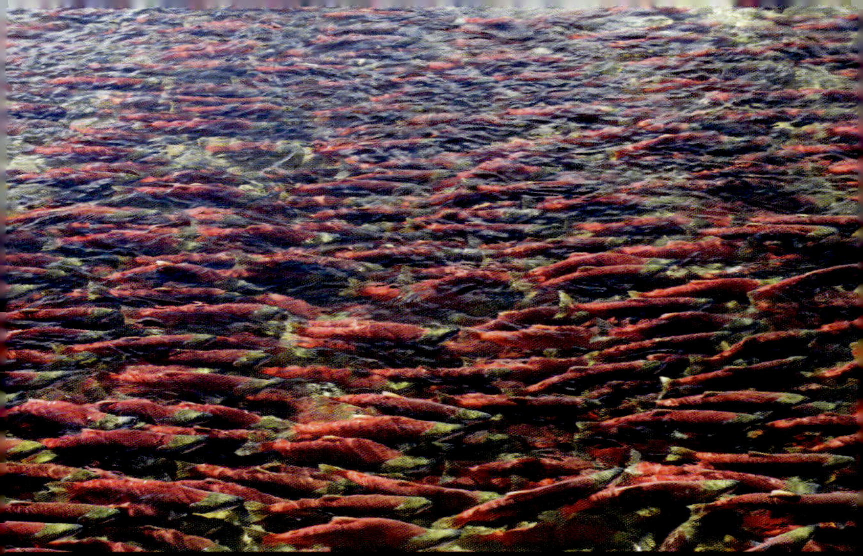

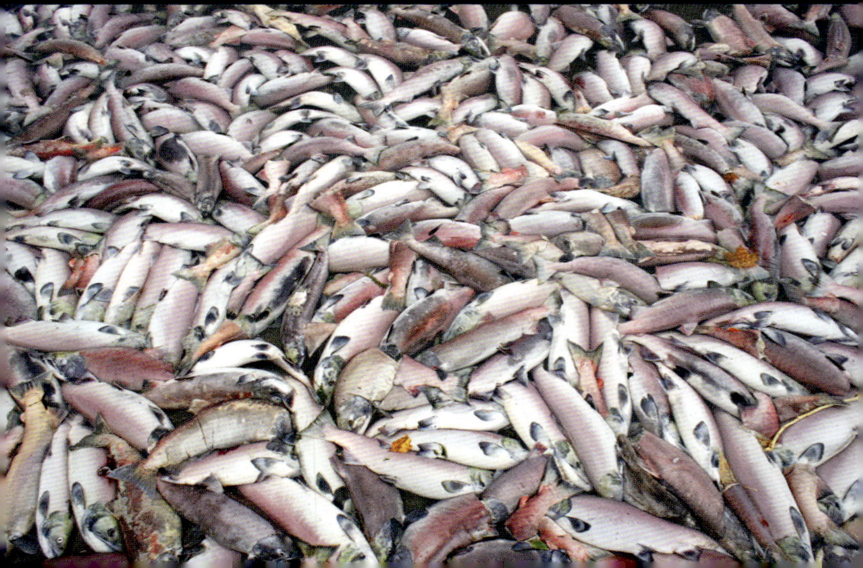

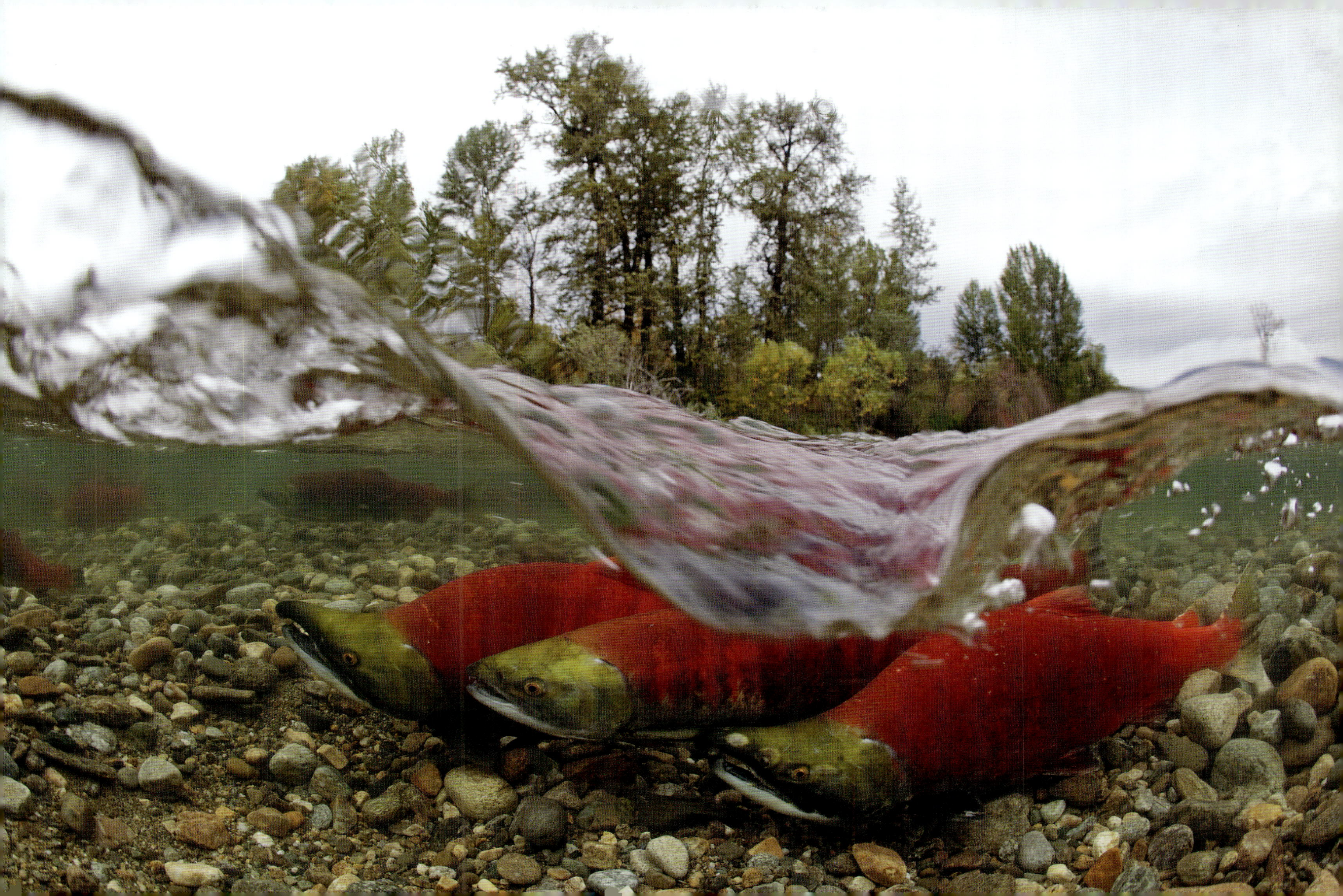

Rivières de la Gaspésie

Atlantischer Lachs

Saumon atlantique

Atlantic Salmon

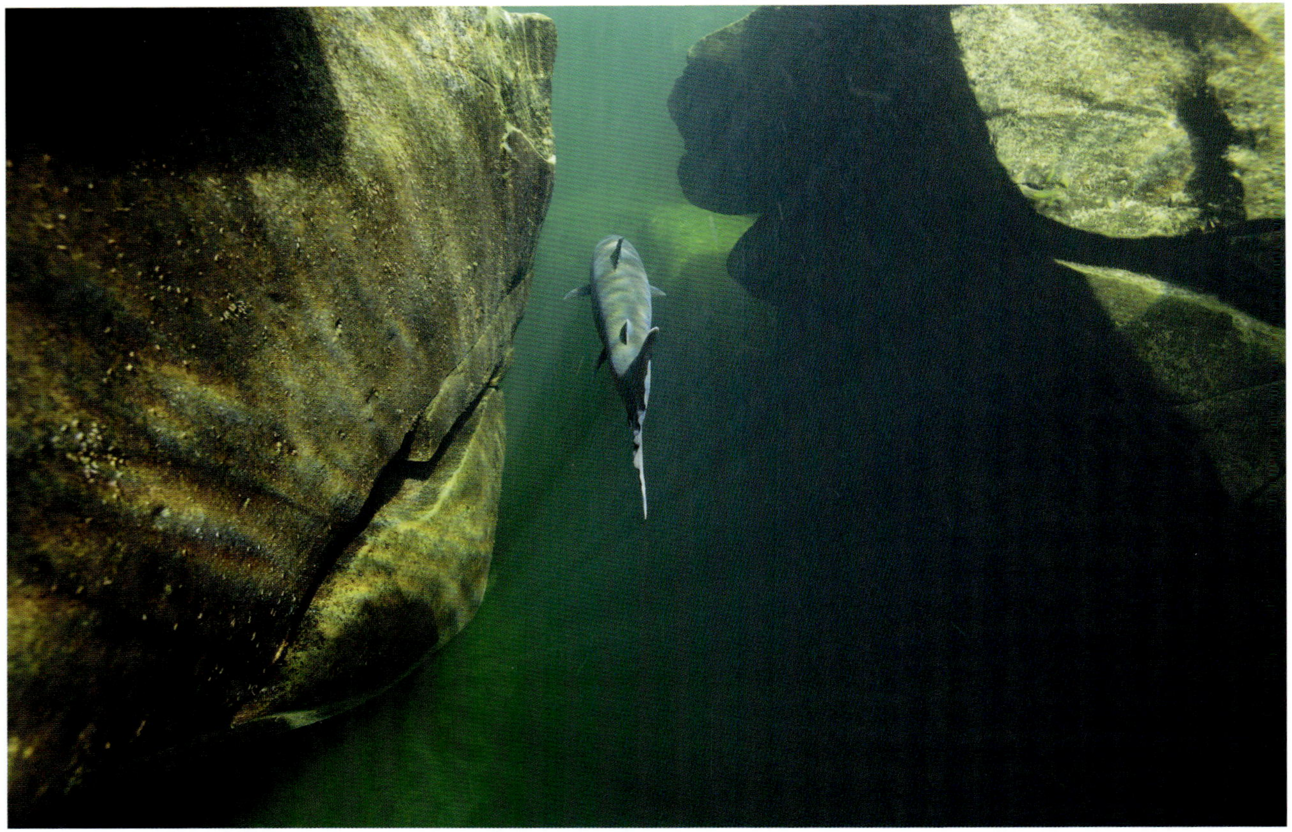

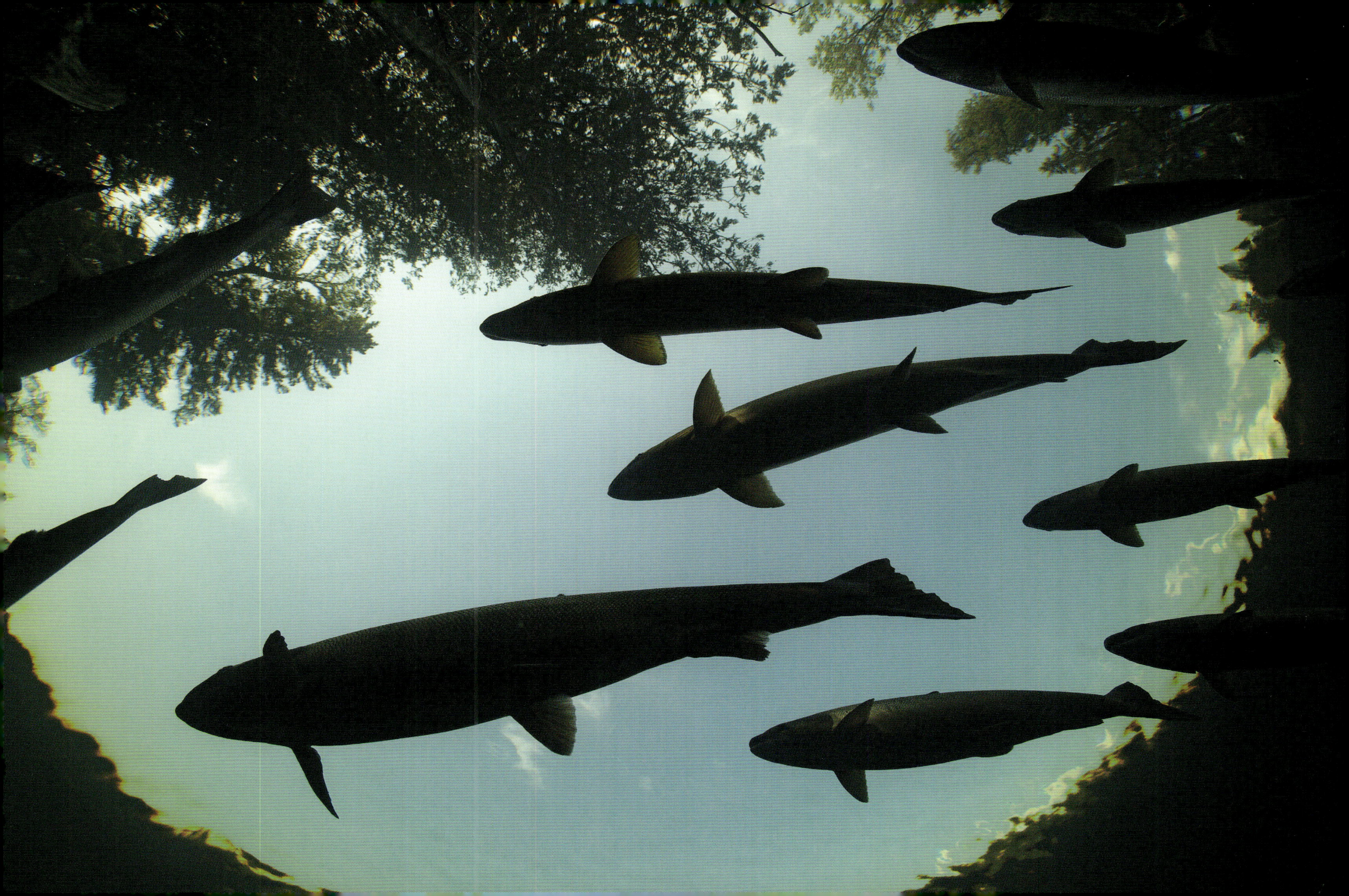

ОЗЕРО БАЙКАЛ, ТЕМНИК, СИБИРЬ, **РОССИЯ**

BAIKALSEE UND TEMNIK, SIBIRIEN, RUSSLAND

Dieser grösste, längste, tiefste und älteste See der Welt enthält einen Fünftel des nicht gefrorenen Süsswassers der Erde. Die meisten im Baikal lebenden Tiere und Pflanzen sind endemisch, wie etwa die Süsswasserschwämme. Eine Tauchexpedition führte mich an den Temnik im Khamar-Daban-Gebirge. Laichende Fische sollten fotografiert werden und Bären, doch kein einziges Tier zeigte sich. Stattdessen konnte ich unter dem Eis eines Nebenflusses erstaunliche Bilder machen.

LAC BAÏKAL ET TEMNIK, SIBÉRIE, RUSSIE

Le lac Baïkal contient un cinquième de l'eau douce liquide de la terre. C'est le plus grand, le plus long, le plus profond et le plus vieux lac du monde. La plupart des espèces qui y vivent sont endémiques. C'est le cas par exemple des éponges d'eau douce. Une expédition de plongée m'a conduit dans le Temnik, une rivière des monts Khamar-Daban. Il s'agissait de photographier les ours et la fraie des ombres, mais aucun animal ne s'est laissé entrevoir. Je pus malgré tout réaliser des photos surprenantes d'un affluent sous la glace.

LAKE BAIKAL AND TEMNIK, SIBERIA, RUSSIA

This lake, the largest, longest, deepest and oldest in the world, comprises one-fifth of non-frozen fresh water on earth. Most species of plants and animals that live in Lake Baikal are endemic, such as freshwater sponges. A diving expedition took me to Temnik in the Chamar-Daban mountain range. I was supposed to take pictures of spawning fish and bears, yet no animal could be found. Instead, I was able to take extremely beautiful photos under the ice of a tributary stream.

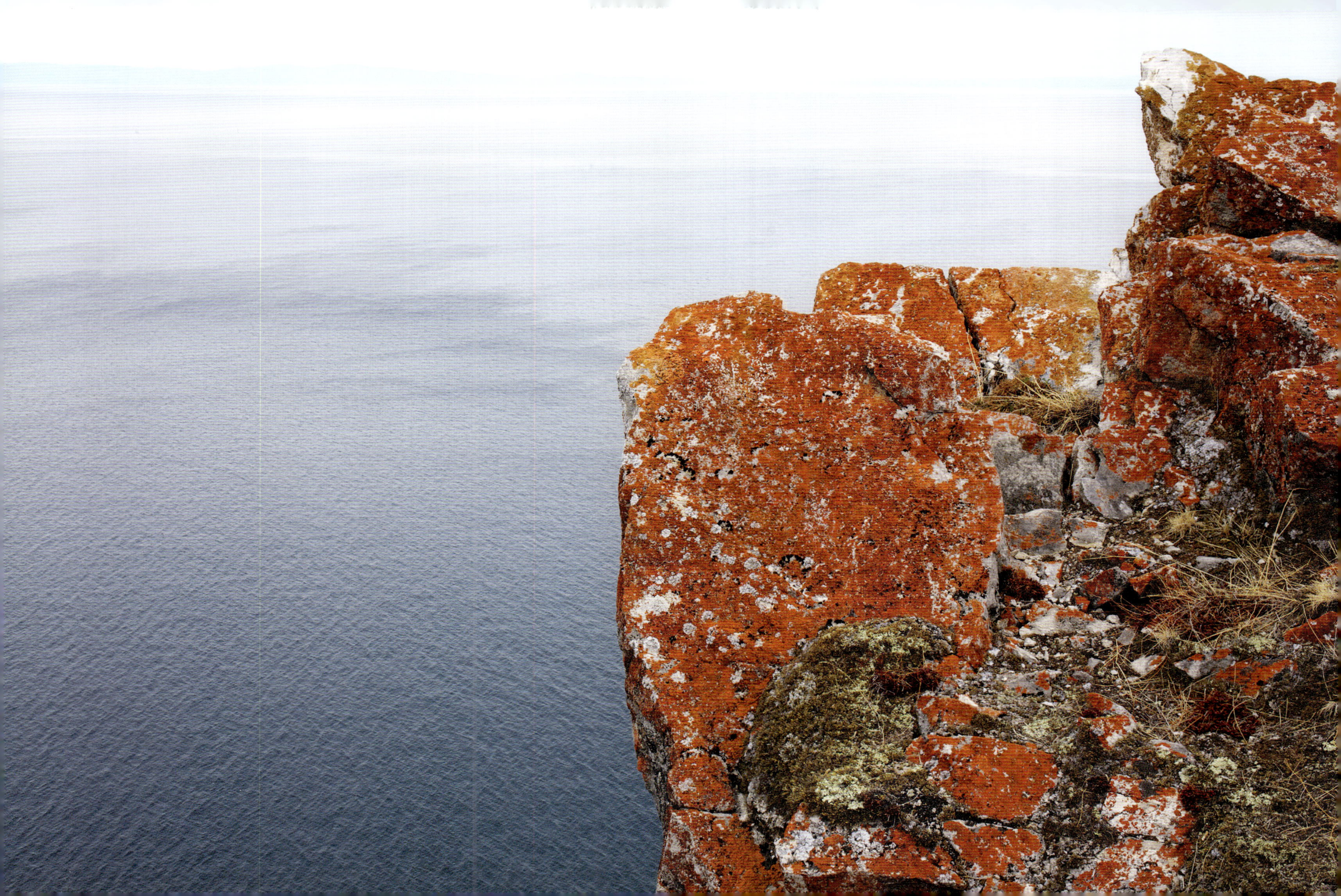

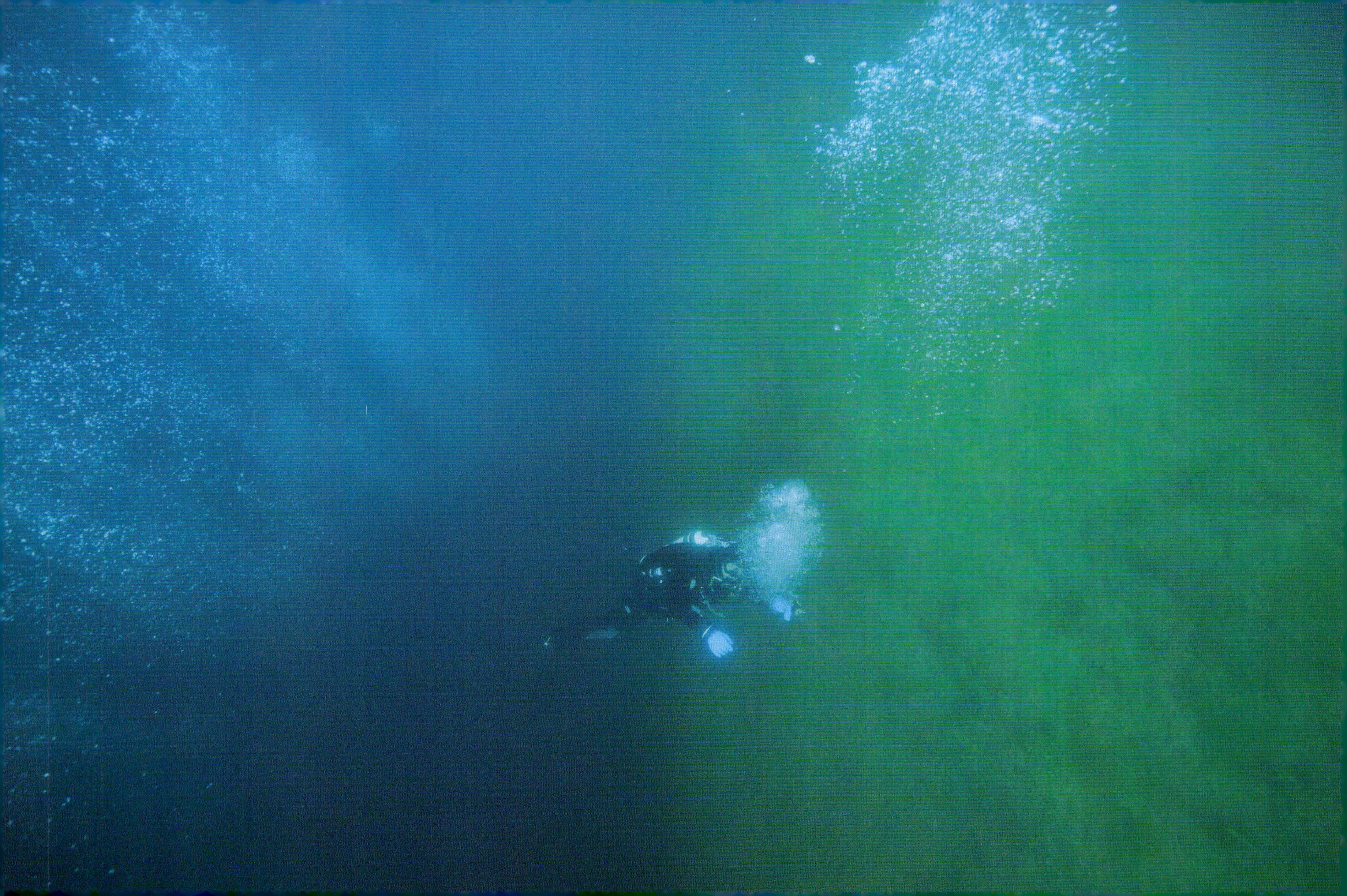

Ozero Baykal

Lubomirskia baicalensis

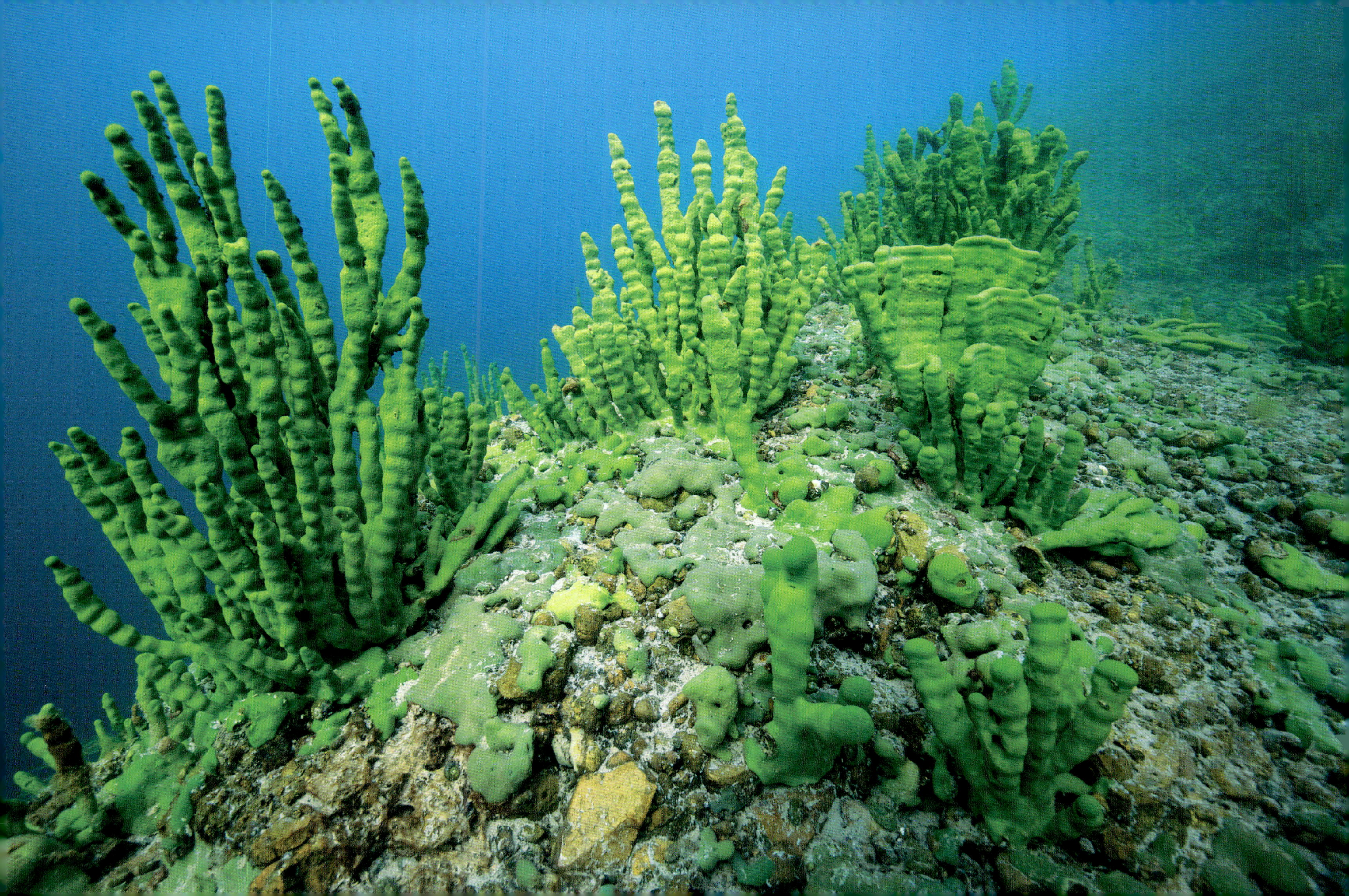

Making of:

131

Temnik

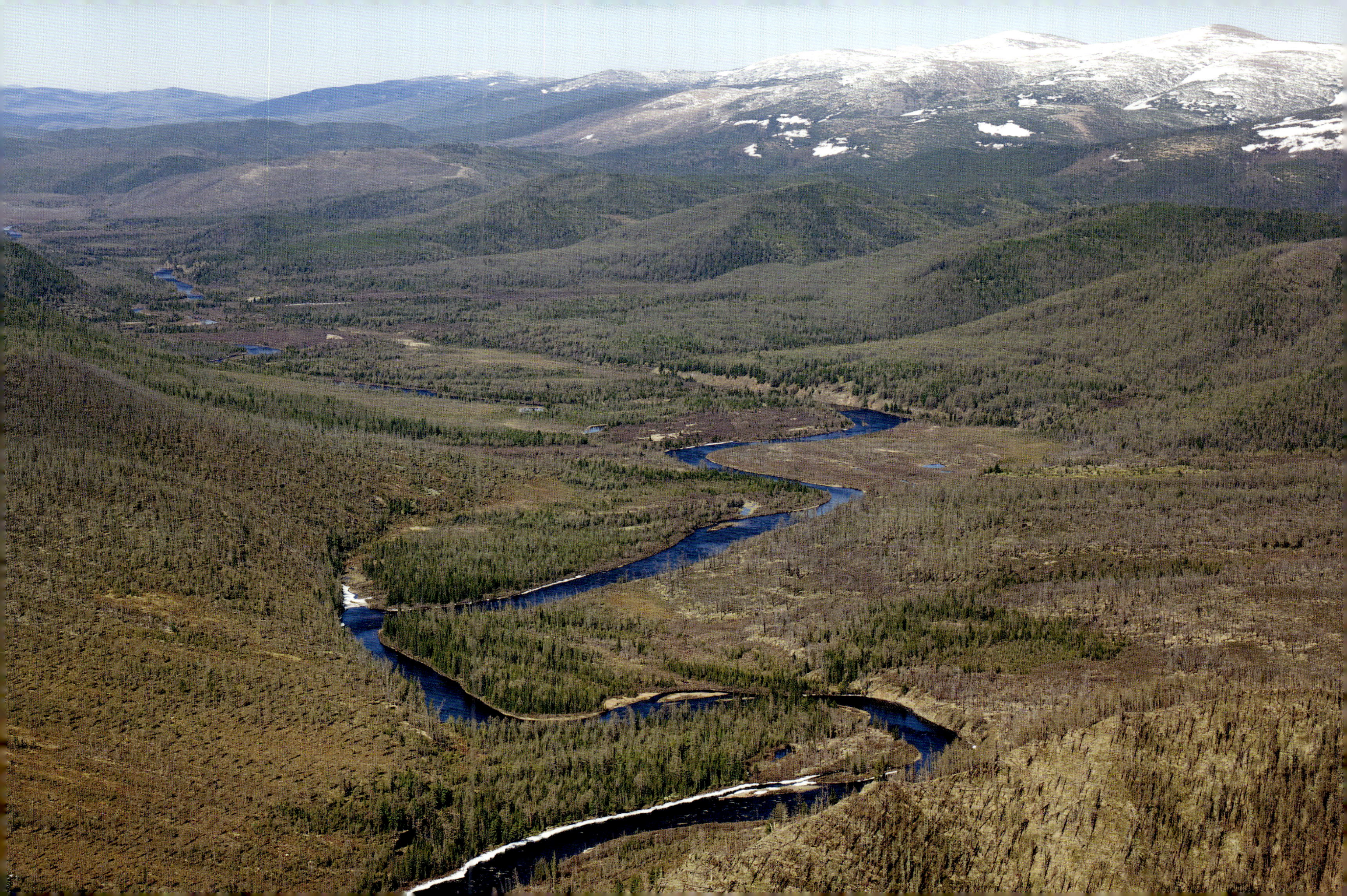

Making of:

134

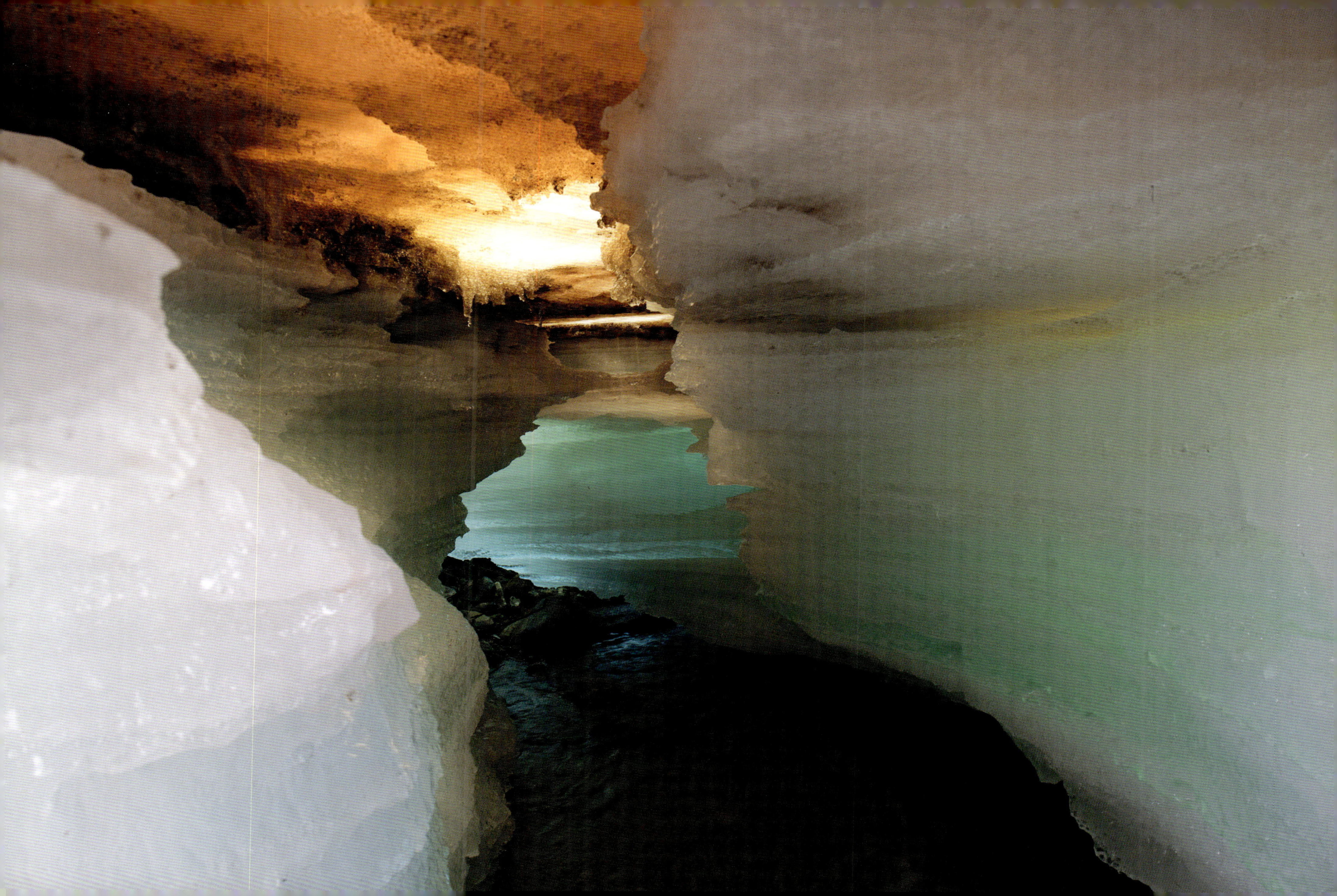

MAKGÔBÔKGÔBÔ A OKAVANGO, **BOTSWANA**
MOSI-OA-TUNYA, **ZIMBABWE, ZAMBIA**

OKAVANGO-DELTA, BOTSWANA; VICTORIAFÄLLE, SIMBABWE UND SAMBIA

Der Okavango versickert in einem riesigen Inlanddelta inmitten der Kalahari. Jährliche Hochwasser prägen die Landschaft von Kanälen, Seen und Sümpfen. Inmitten dichter aquatischer Pflanzen tummeln sich Fische, Flusspferde und Nilkrokodile. Der Sambesi stürzt sich auf einer Breite von 1700 Metern in eine rund 100 Meter tiefe Basalt-Schlucht und bildet dabei den wohl spektakulärsten Wasserfall der Erde. Bis zu 10 Millionen Liter Wasser können pro Sekunde hinunterdonnern.

DELTA DE L'OKAVANGO, BOTSWANA; CHUTES VICTORIA, ZIMBABWE ET ZAMBIE

L'Okavango disparaît dans un gigantesque delta intérieur au milieu du Kalahari. Les crues annuelles inondent le paysage de canaux, lacs et marais, où la dense végétation aquatique grouille de poissons, d'hippopotames et de crocodiles du Nil. Le Zambèze se précipite sur une largeur de 1700 m dans une gorge de basalte de 100 m de profondeur. Cataracte la plus spectaculaire au monde, son débit atteint près de 10 millions de litre par seconde.

OKAVANGO DELTA, BOTSWANA; VICTORIA FALLS, ZIMBABWE AND ZAMBIA

The Okavango disappears into a gigantic inland delta in the middle of the Kalahari Desert. Yearly floods leave their mark on this landscape full of canals, lakes and swamps. Fish, hippos and Nile crocodiles live among this dense aquatic flora. Over a length of 1700 meters, the Zambezi River throws itself into a 100-meter-deep basalt gorge and thus forms perhaps the most spectacular waterfall on earth. Up to 10 million liters of water roar into this gorge each second.

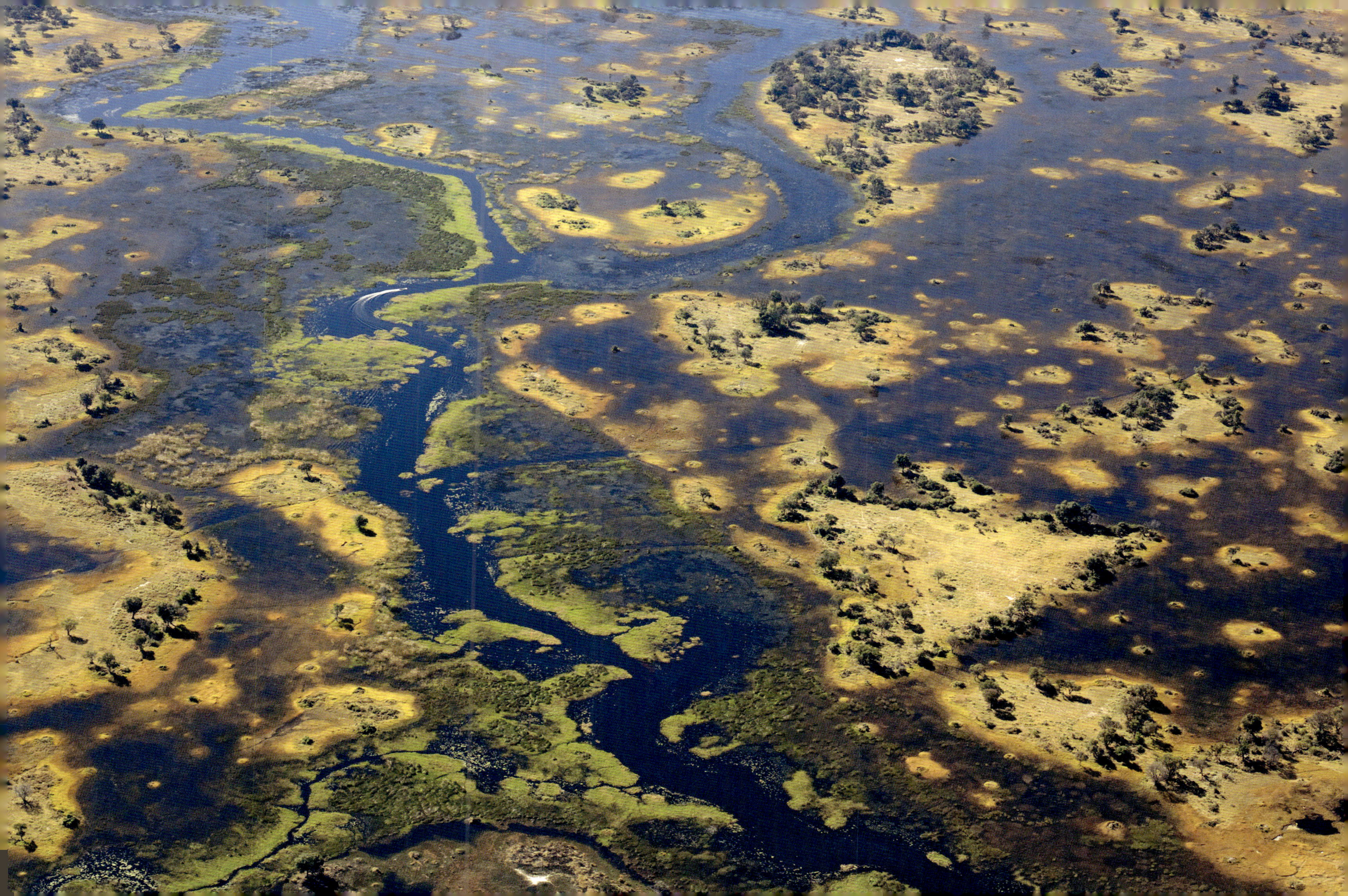

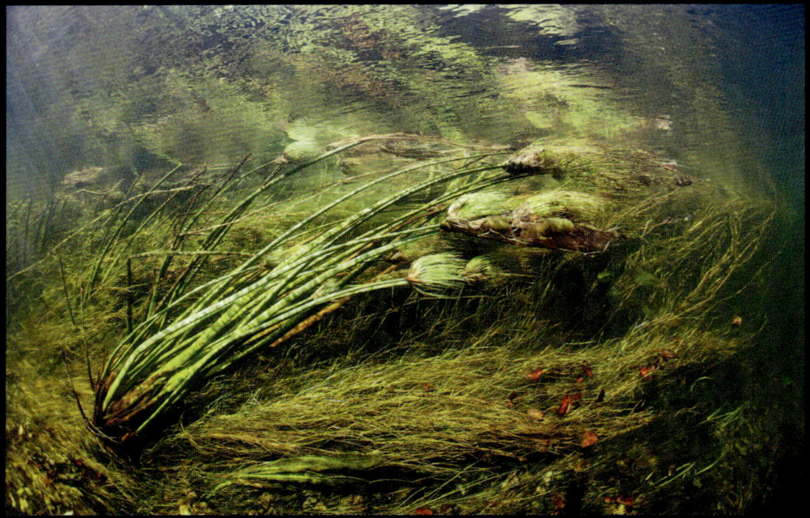
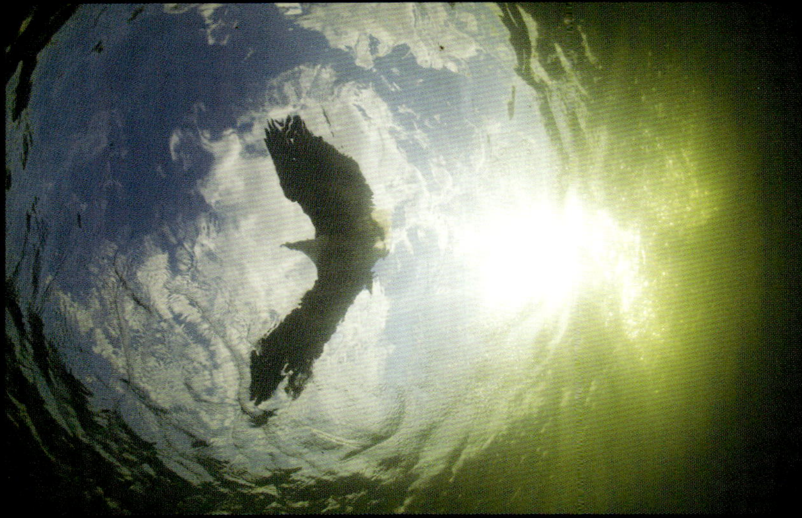
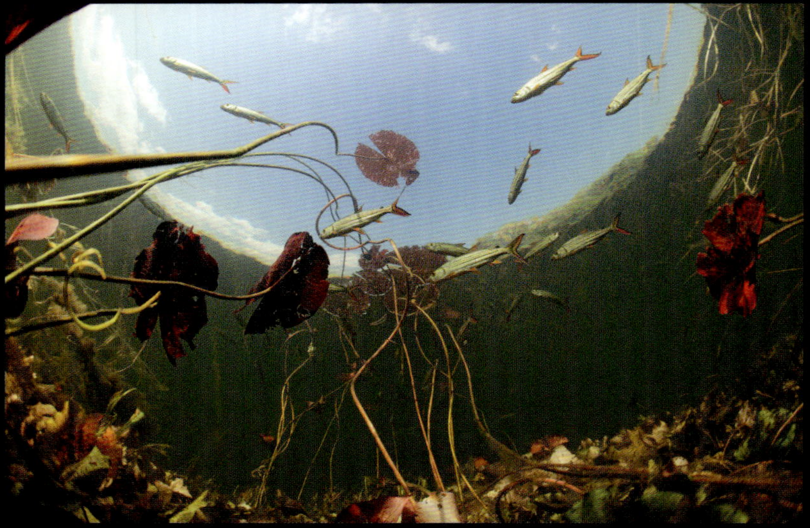
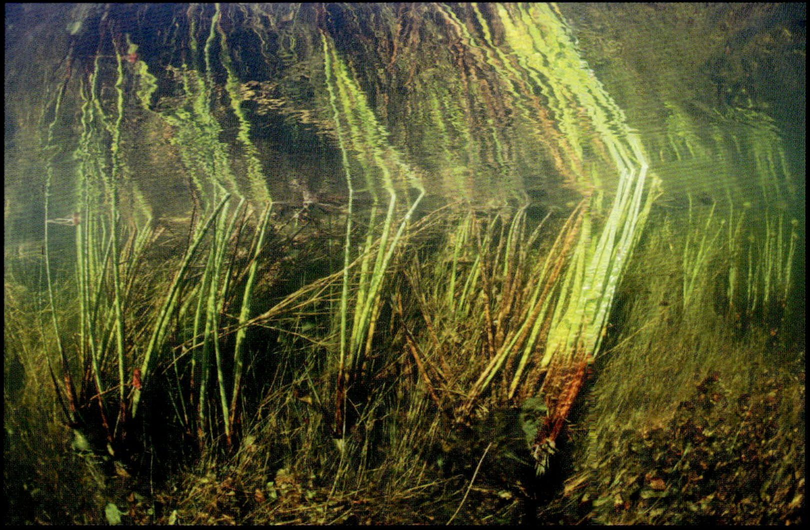

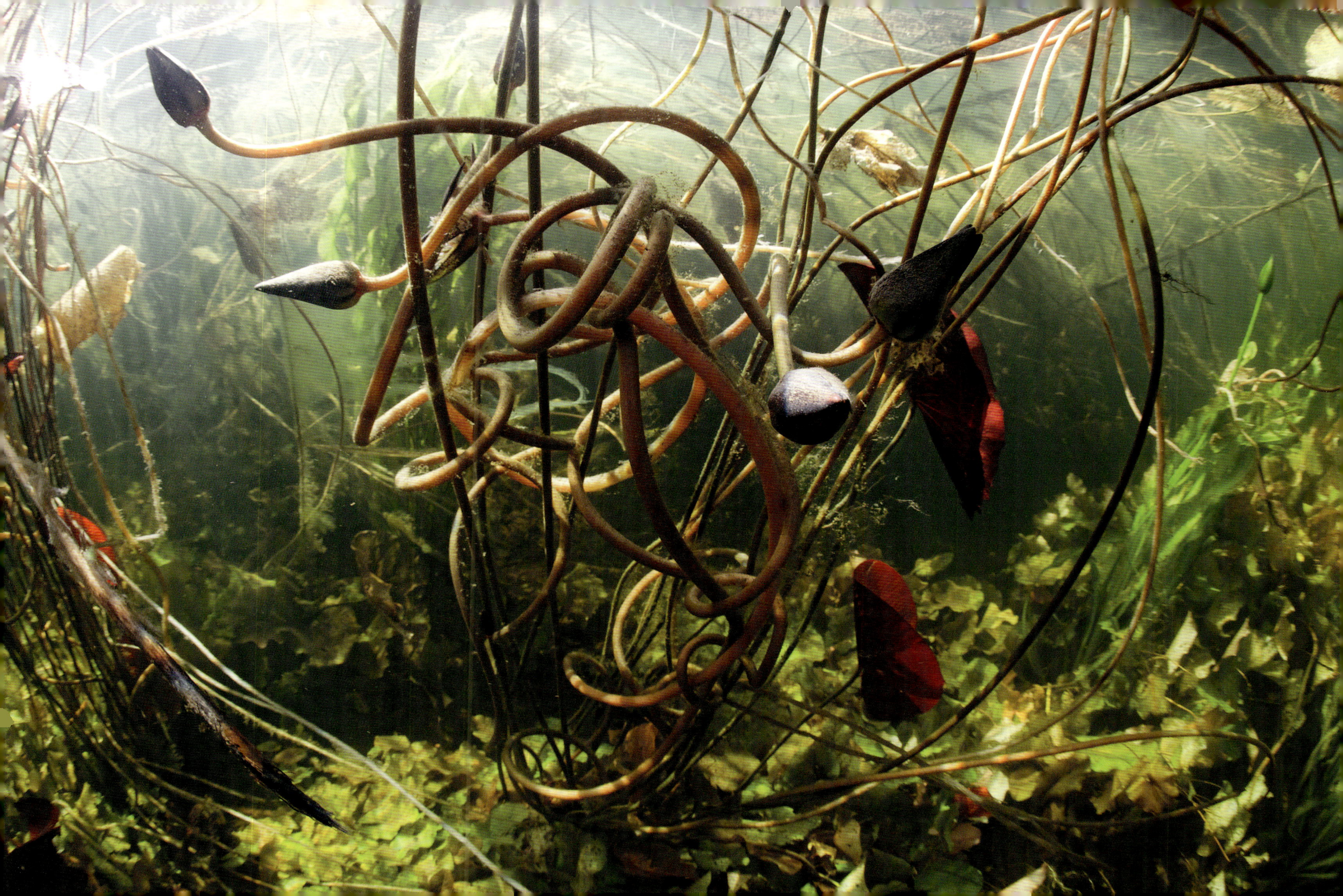

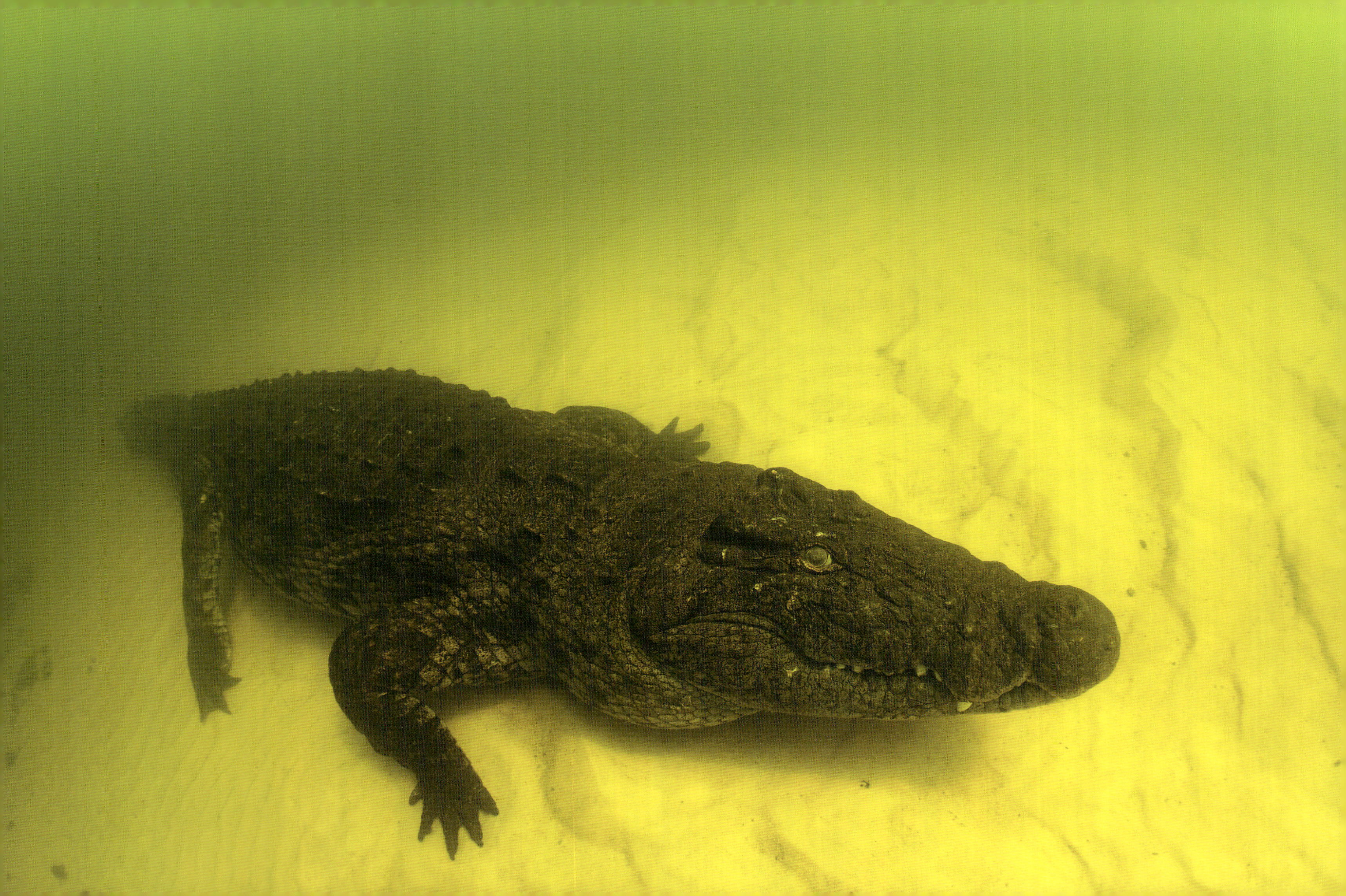

Nilkrokodil

Crocodile du Nil

Nile Crocodile

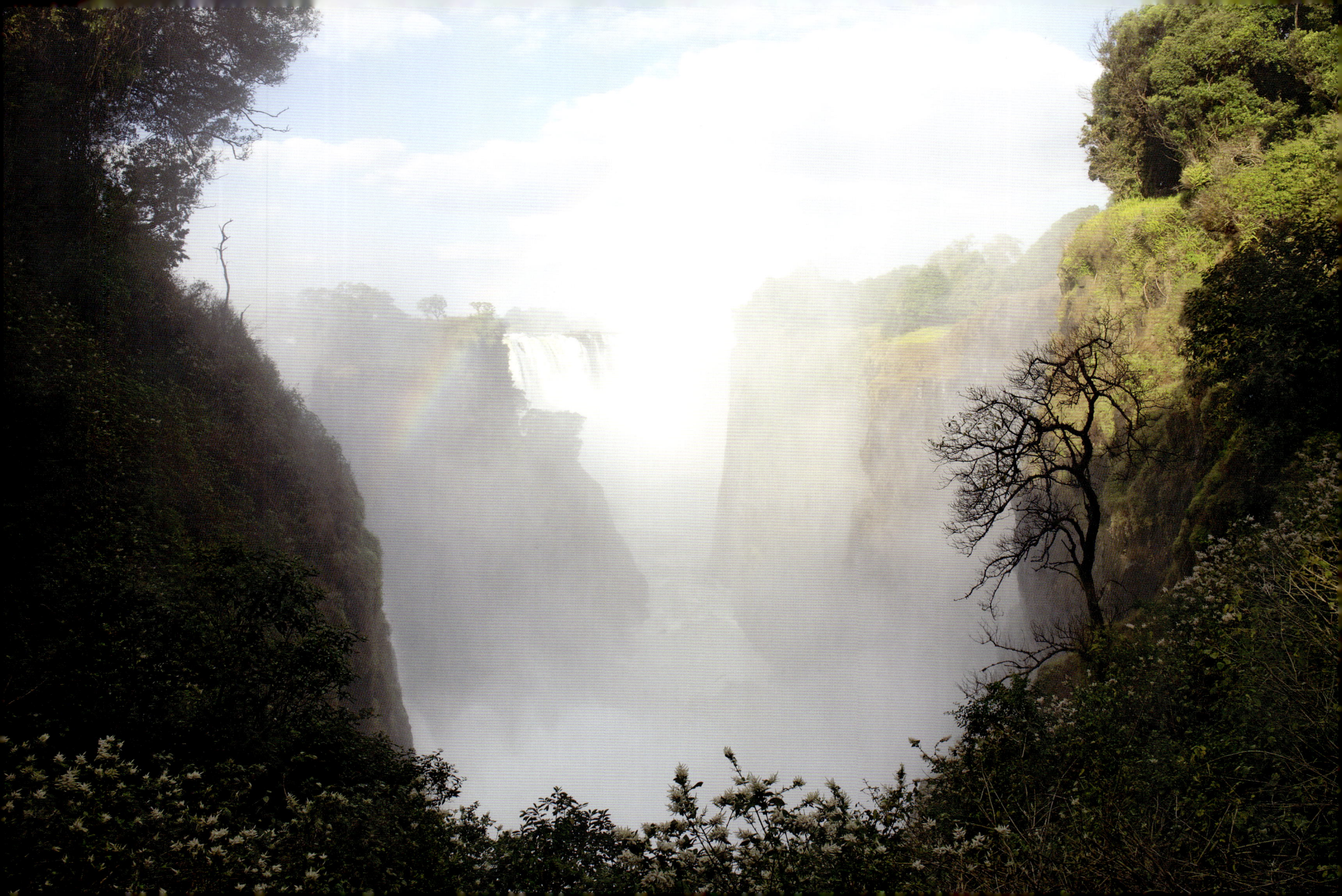

Mosi-oa-Tunya

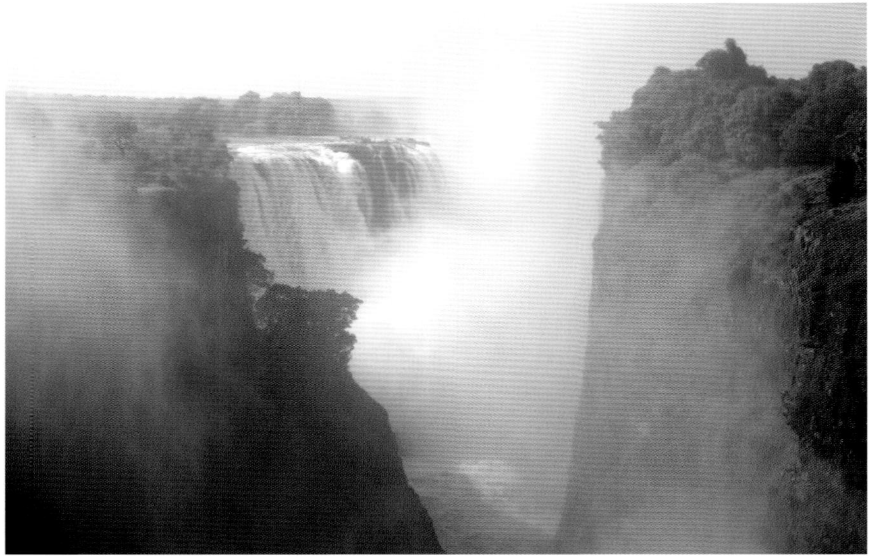

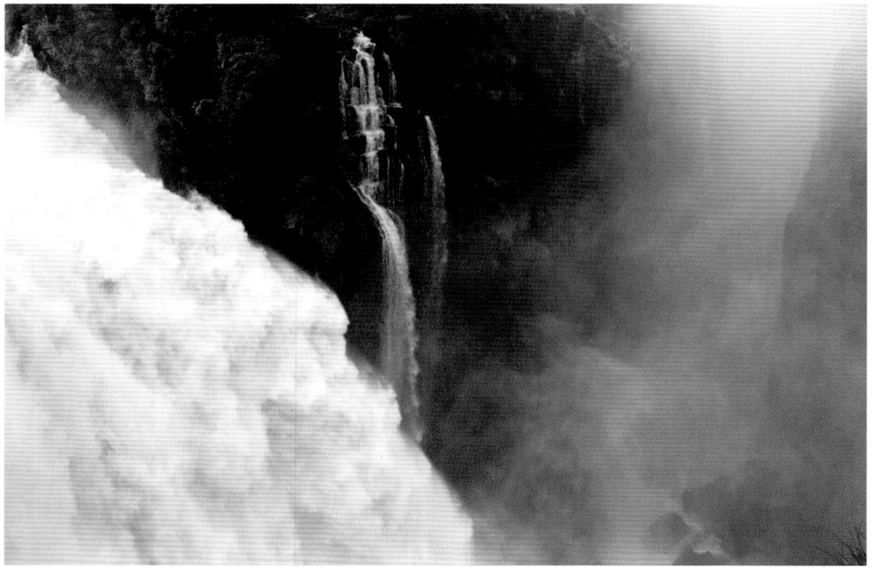

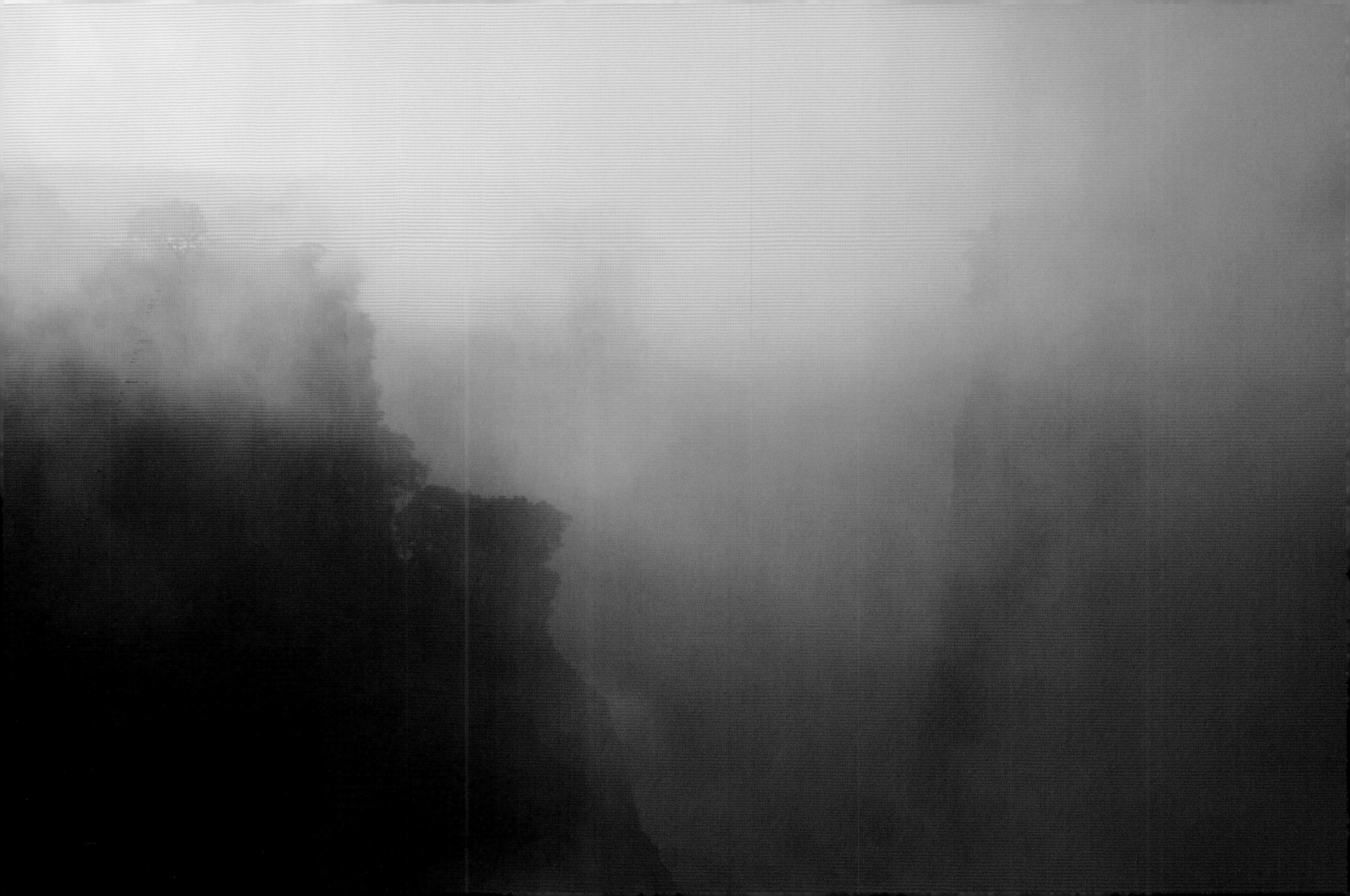

PLITVIČKA JEZERA, GACKA, **HRVATSKA**; SAVA, **SLOVENIJA**

PLITVICER SEEN UND GACKA, KROATIEN; SAVA, SLOWENIEN

In Plitvice stauen Travertin-Barrieren Karstflüsse und schaffen so 16 kristallklare Seen. Diese Seen und zahlreiche Wasserfälle prägen die Landschaft. Aus einem 18 Meter tiefen Quelltopf voller Algen und Wasserpflanzen schiesst ein Nebenarm der Gacka mit voller Wucht aus dem Kalkgrund. Die beiden Quellflüsse der Sava könnten unterschiedlicher nicht sein: eine traumhaft schöne Karstquelle, und ein Wasserfall, der sich aus einer Felswand stürzt.

LACS DE PLITVICE ET GACKA, CROATIE; SAVE, SLOVÉNIE

À Plivitce, des rivières karstiques forment des barrières de travertin, créant 16 lacs aux eaux cristallines. Le paysage est caractérisé par ces lacs et de nombreuses cascades. Un bras secondaire de la Gacka jaillit avec puissance du sol calcaire par une exsurgence de 18 m de profondeur pleine d'algues et de plantes aquatiques. Les deux sources de la Save ne pourraient pas être plus différentes: une exsurgence paradisiaque et une cascade se jetant d'une falaise.

PLITVICE LAKES AND GACKA, CROATIA; SAVA, SLOVENIA

In Plivitce, travertine barriers dam up karstic rivers, leading to the formation of 16 lakes with perfectly clear water. The landscape is characterized by this multitude of lakes and waterfalls. A tributary of the Gacka shoots powerfully from an 18-meter-deep Vauclusian spring filled with algae and aquatic plants. The two sources of the Sava could not be more different: a heavenly karst spring and a waterfall which tumbles down a cliff.

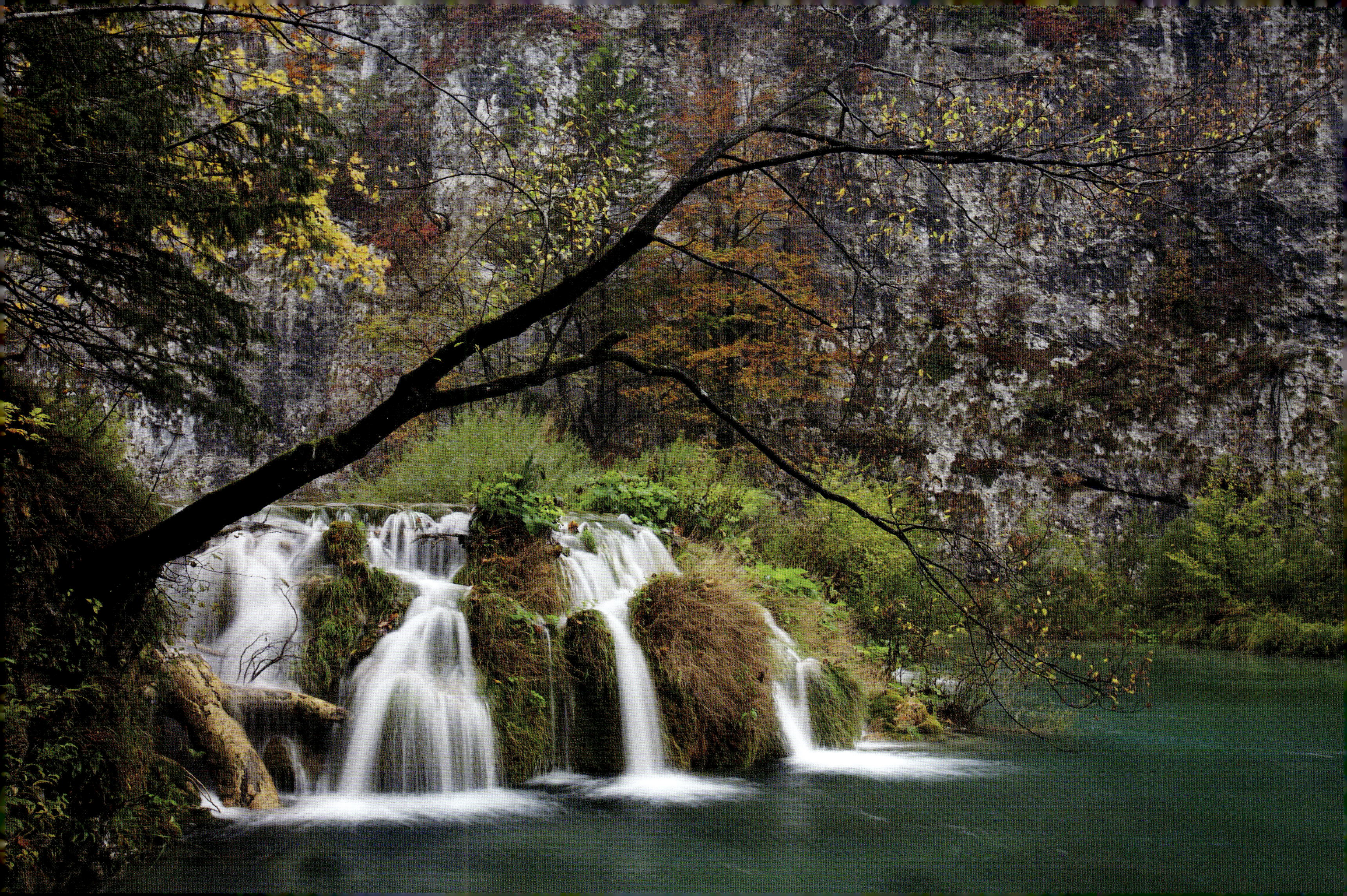

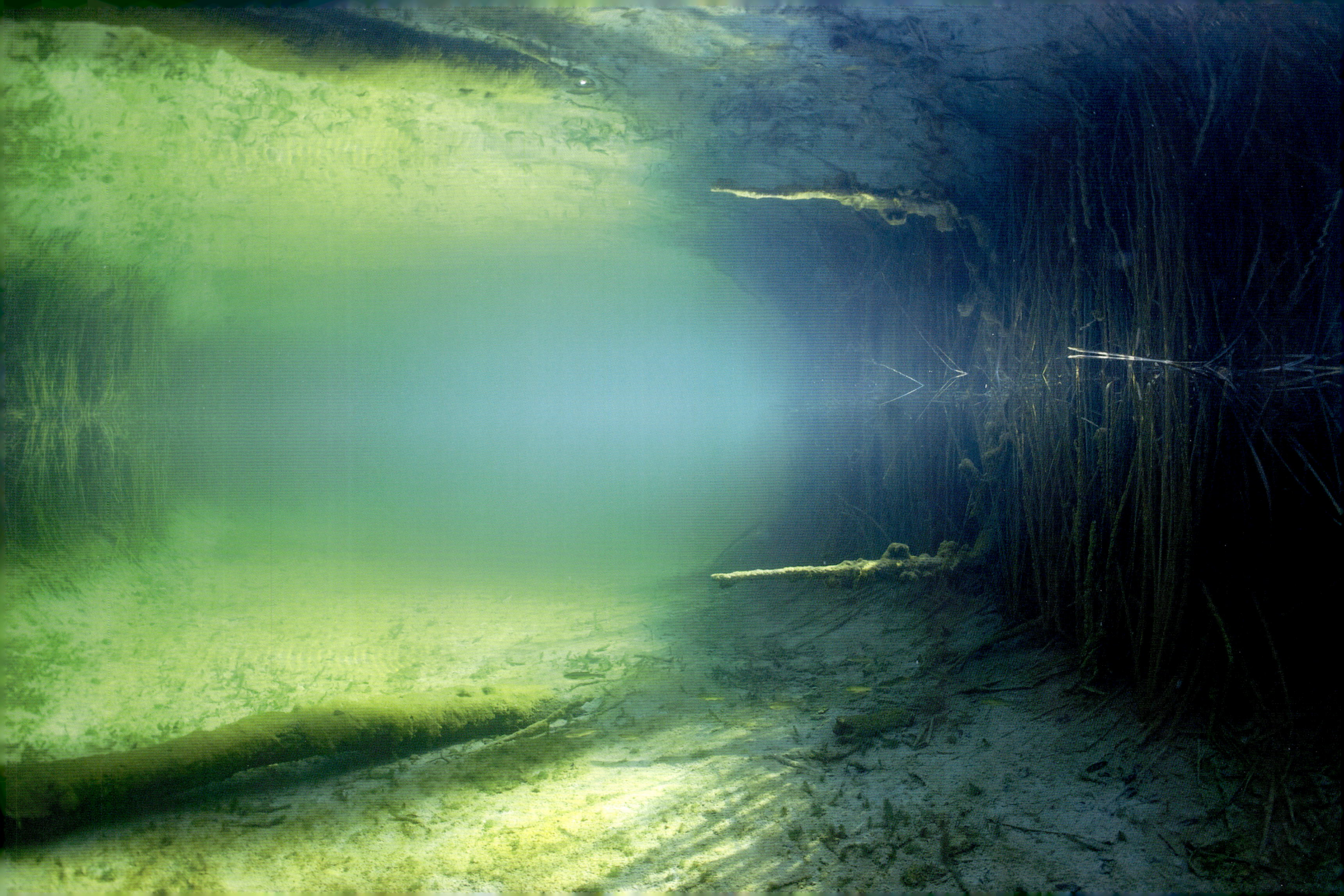

Plitvička jezera

Gacka

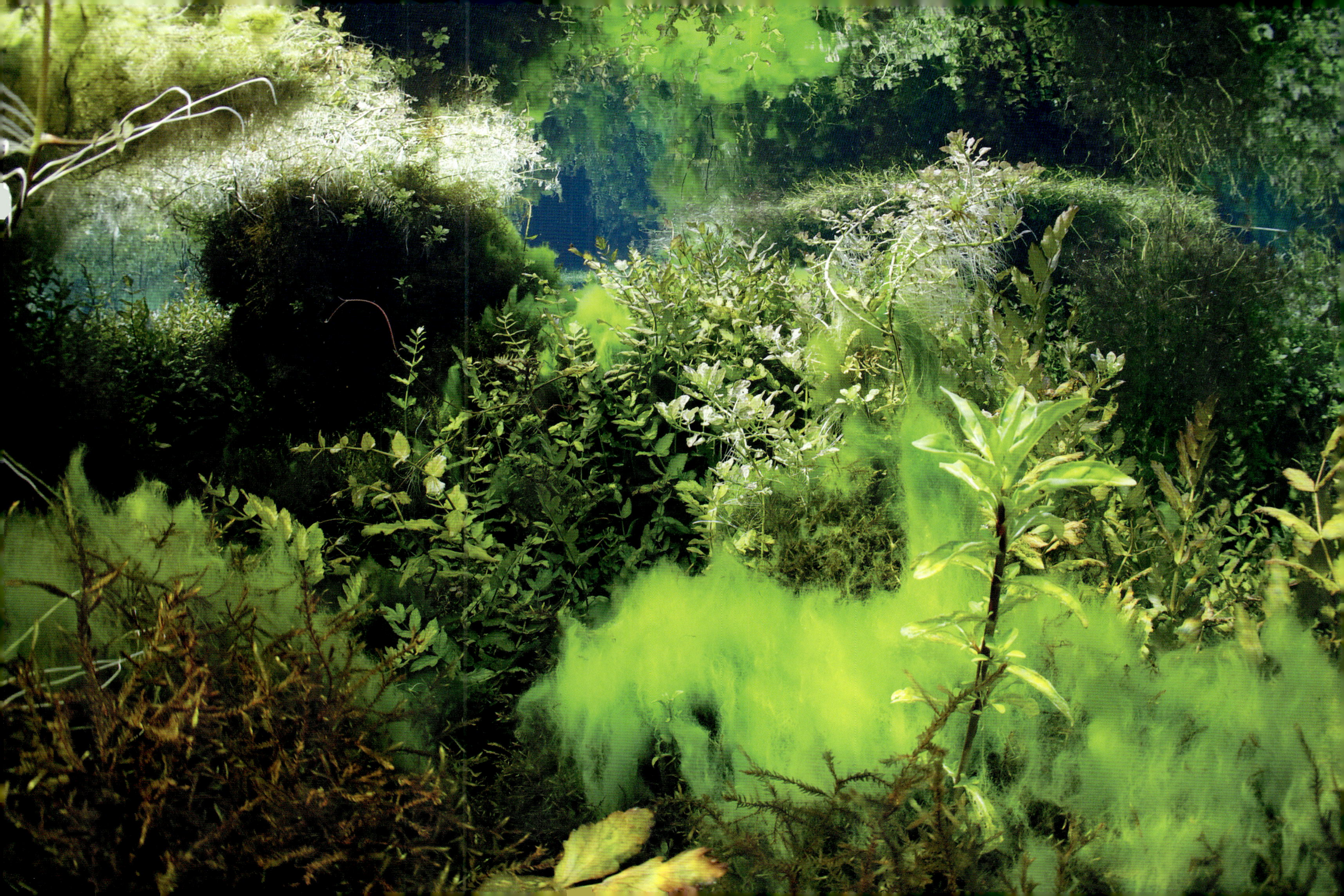

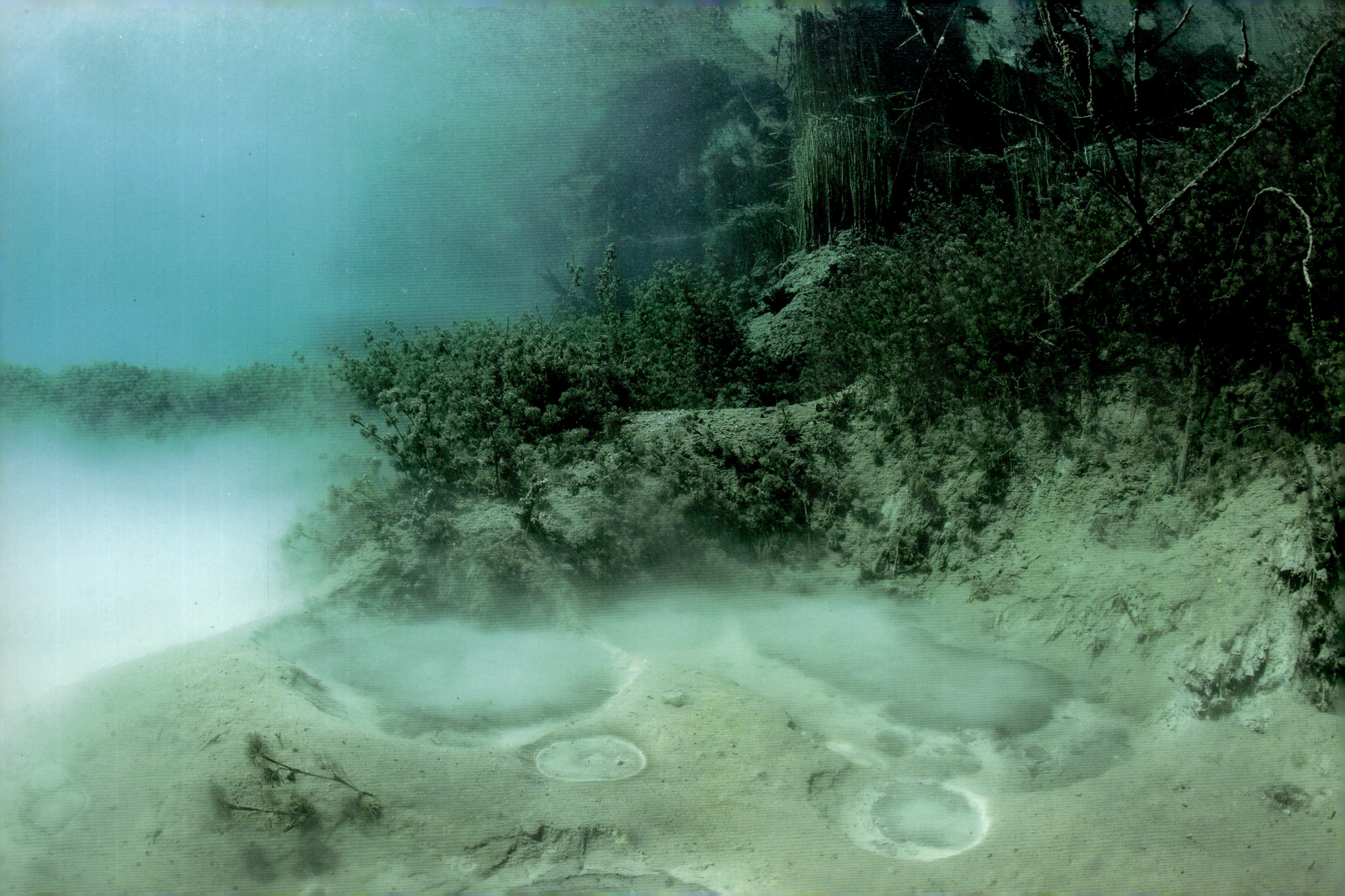

Sava Dolinka

Sava Bohinjka
Alet, Chevaine, Chub

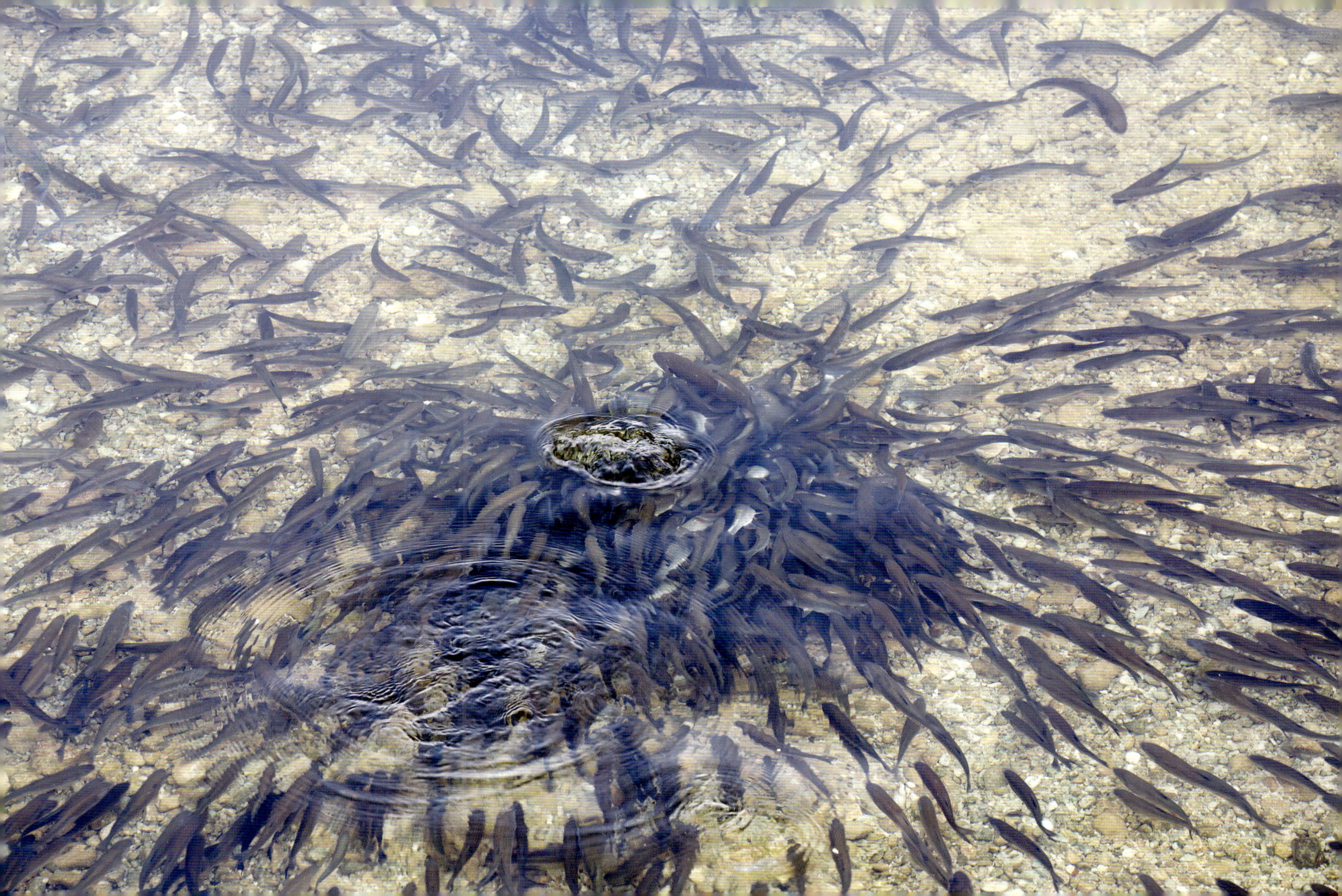

CENOTES Y LAGUNAS, QUINTANA ROO, **MEXICO**

CENOTEN UND LAGUNEN, QUINTANA ROO, MEXIKO

Im Untergrund der Halbinsel Yucatan strömt Süsswasser Richtung Meer. Wo die Kalkdecke einbricht, entstehen kreisrunde Cenotes. Diese können untereinander verbunden sein durch hunderte von Kilometern lange Höhlensysteme. Die Maya siedelten sich nahe dieses lebensnotwendigen Wassers an. Im Küstenbereich fliesst das Süsswasser auch offen ab und bildet von Mangroven begrenzte Lagunen. Meerfische dringen in dieses zunehmend brackige Wasser ein.

CÉNOTES ET LAGUNES, QUINTANA ROO, MEXIQUE

Dans le Yucatan, un flux d'eau douce souterrain s'écoule en direction de la mer. Là où les plafonds de calcaire se sont effondrés, sont apparus des cénotes circulaires, reliés par des centaines de kilomètres de galeries. Les Mayas s'étaient établis à proximité de ces réserves d'eau vitales. Dans les régions côtières, l'eau douce ressort en surface, formant des lagunes délimitées par des mangroves. Les poissons marins pénètrent dans cette eau saumâtre.

CENOTES AND LAGOONS, QUINTANA ROO, MEXICO

In the underground of the Yucatan peninsula, fresh water flows towards the sea. Where the limestone layer collapses, circular cenotes appear. These can be connected by hundreds of kilometers of caves. The Mayans settled near these vital water sources. In coastal areas, fresh water flows freely and forms mangrove-studded lagoons. Seafish may penetrate into these increasingly brackish waters.

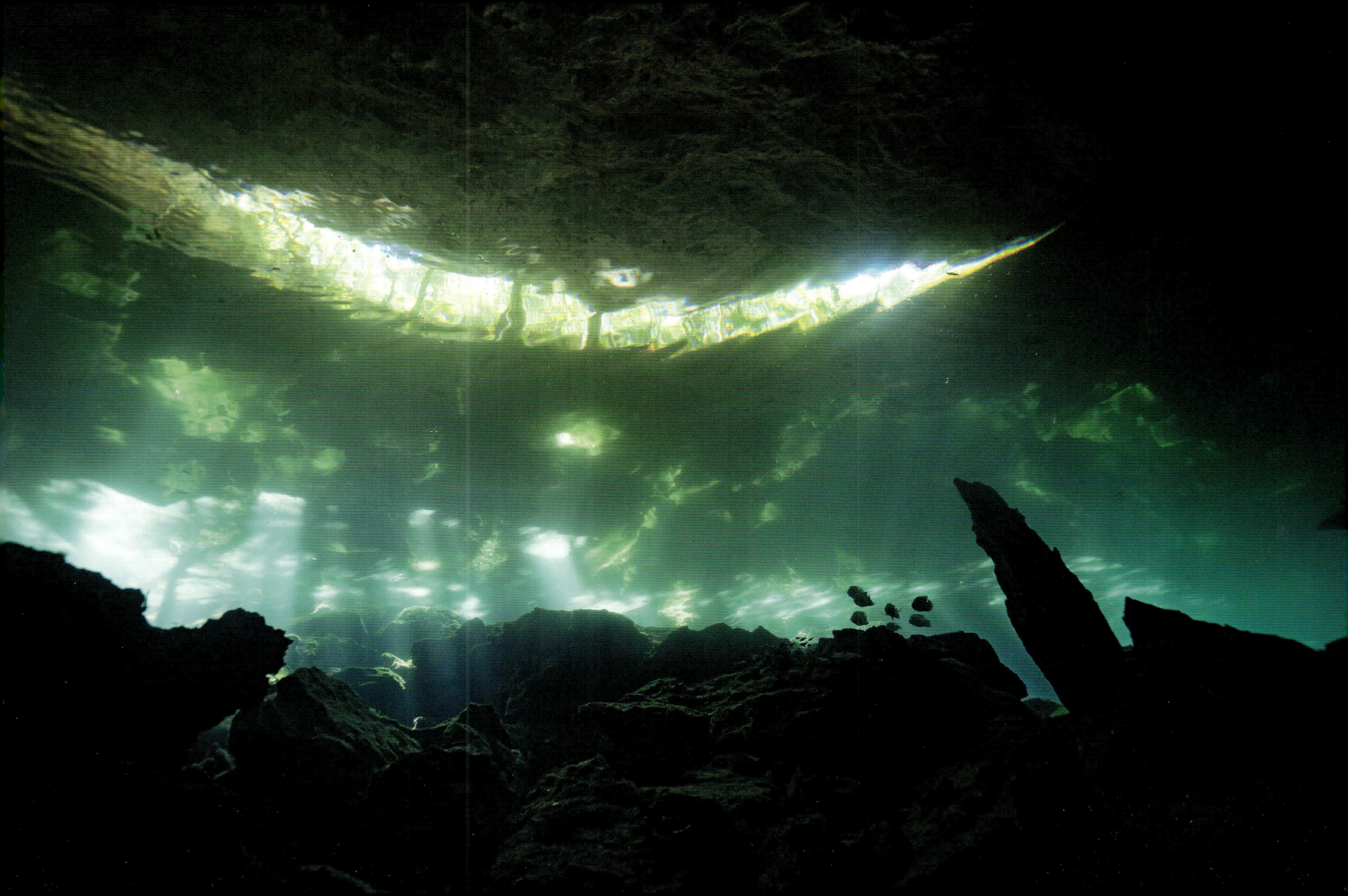

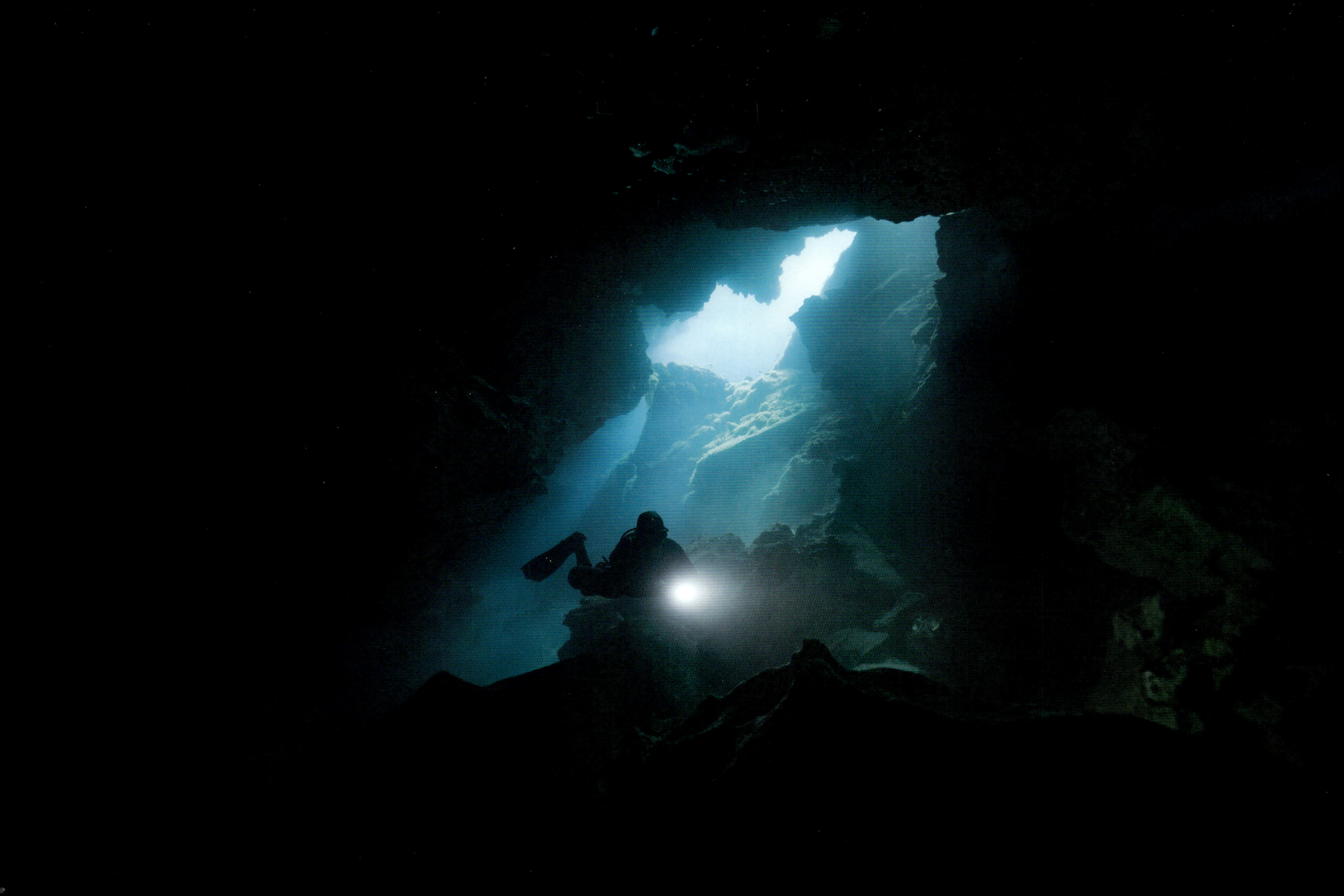

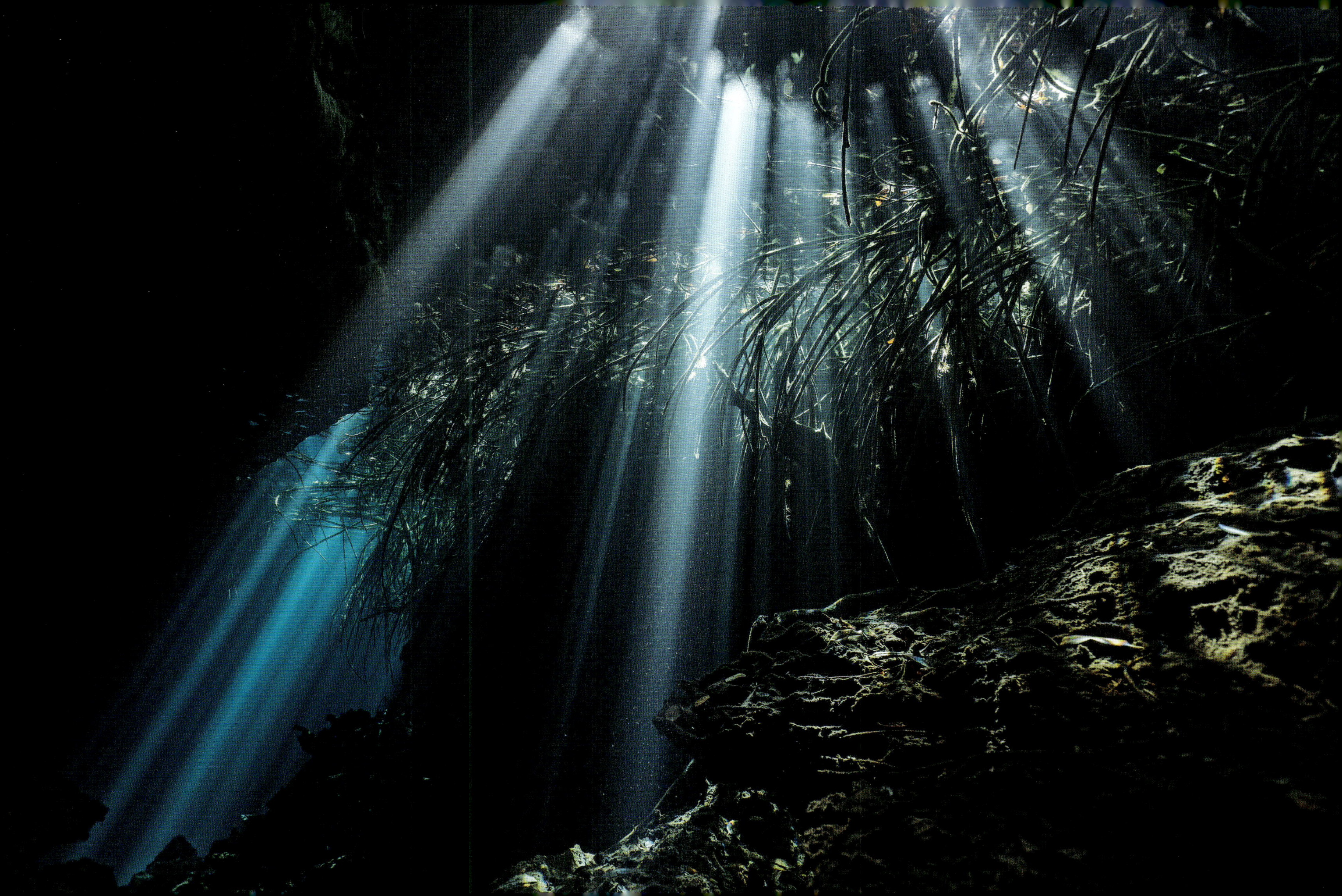

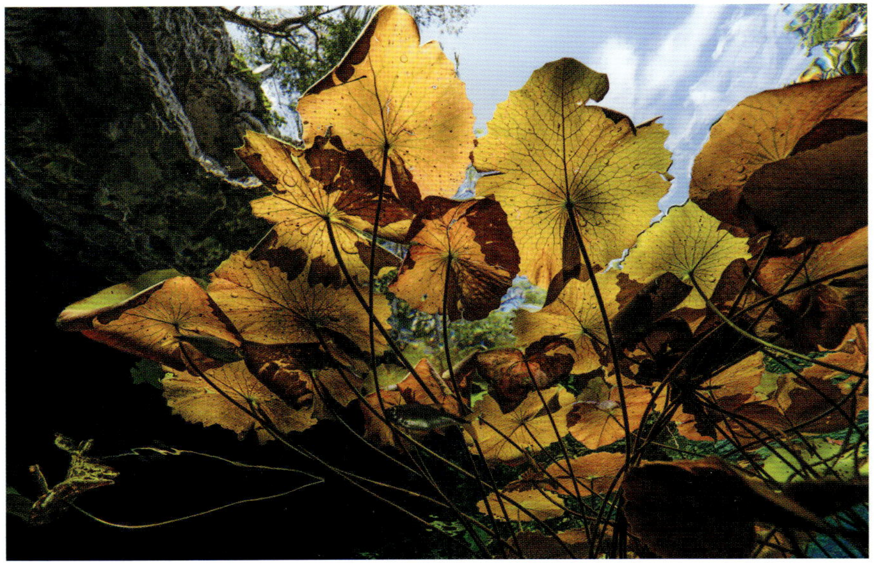

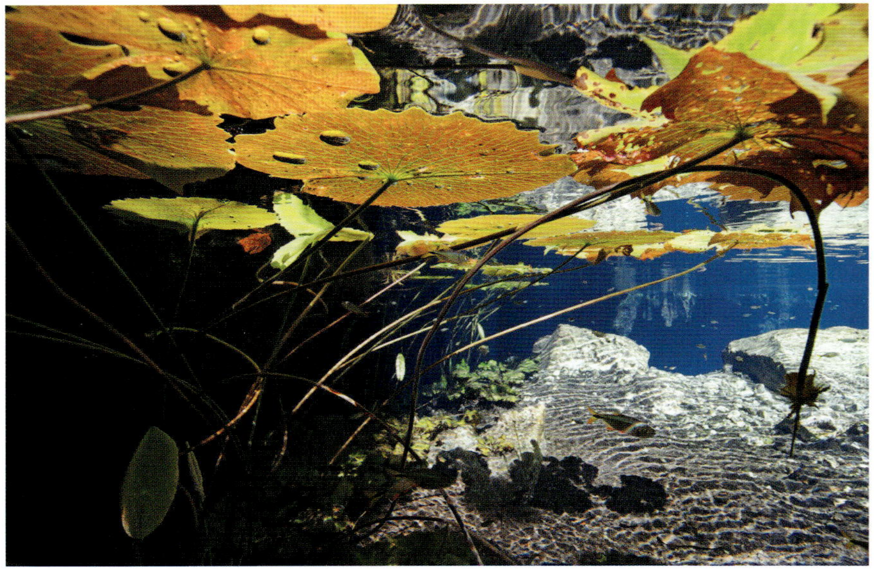

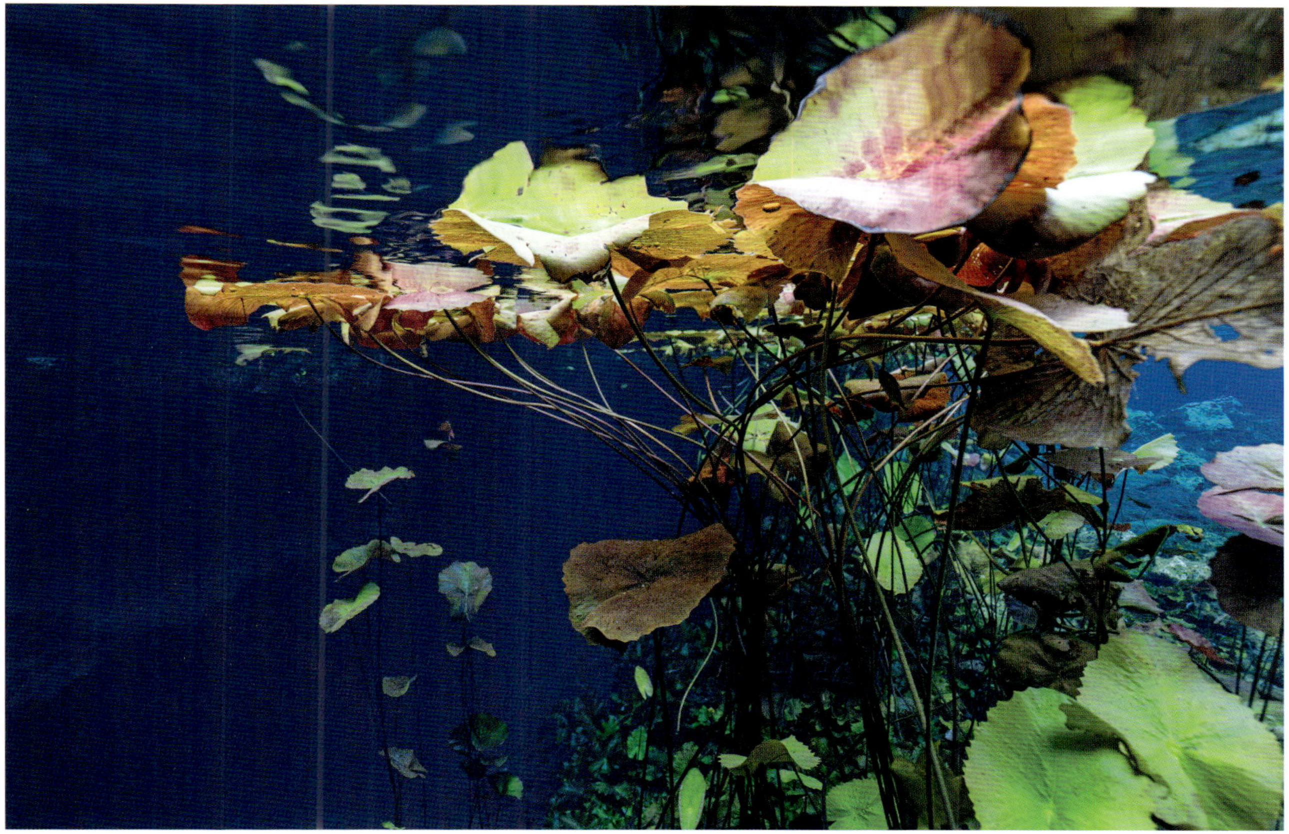

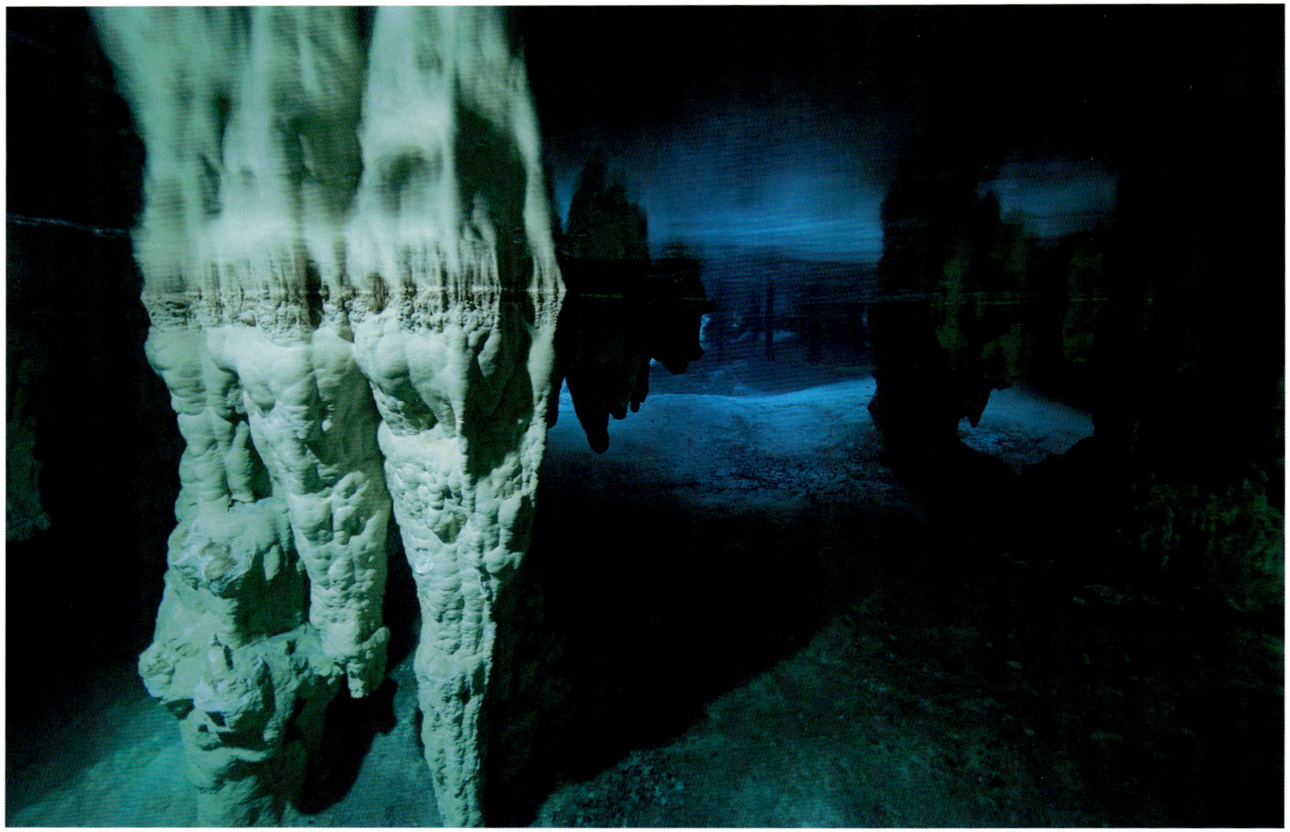

Making of:

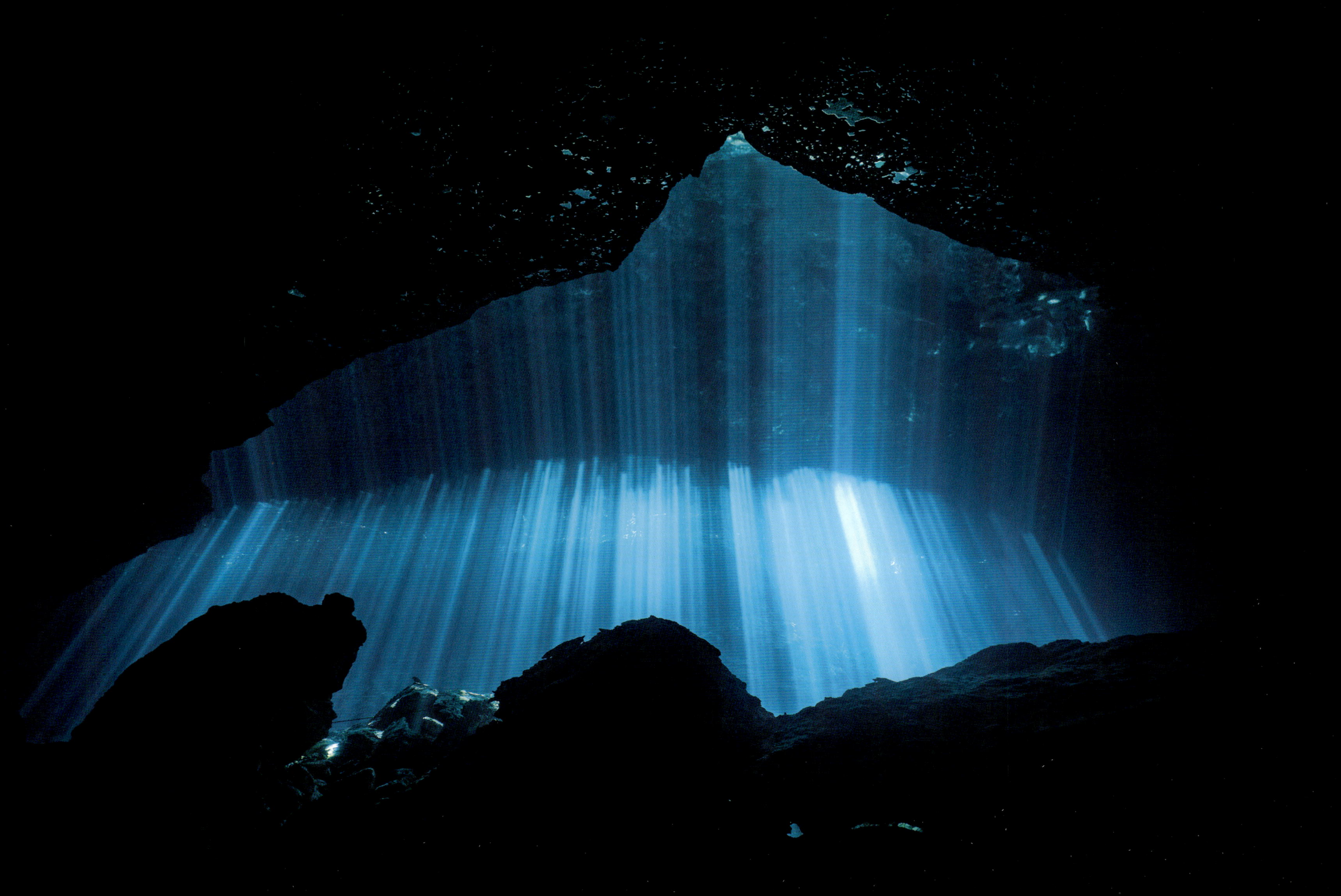

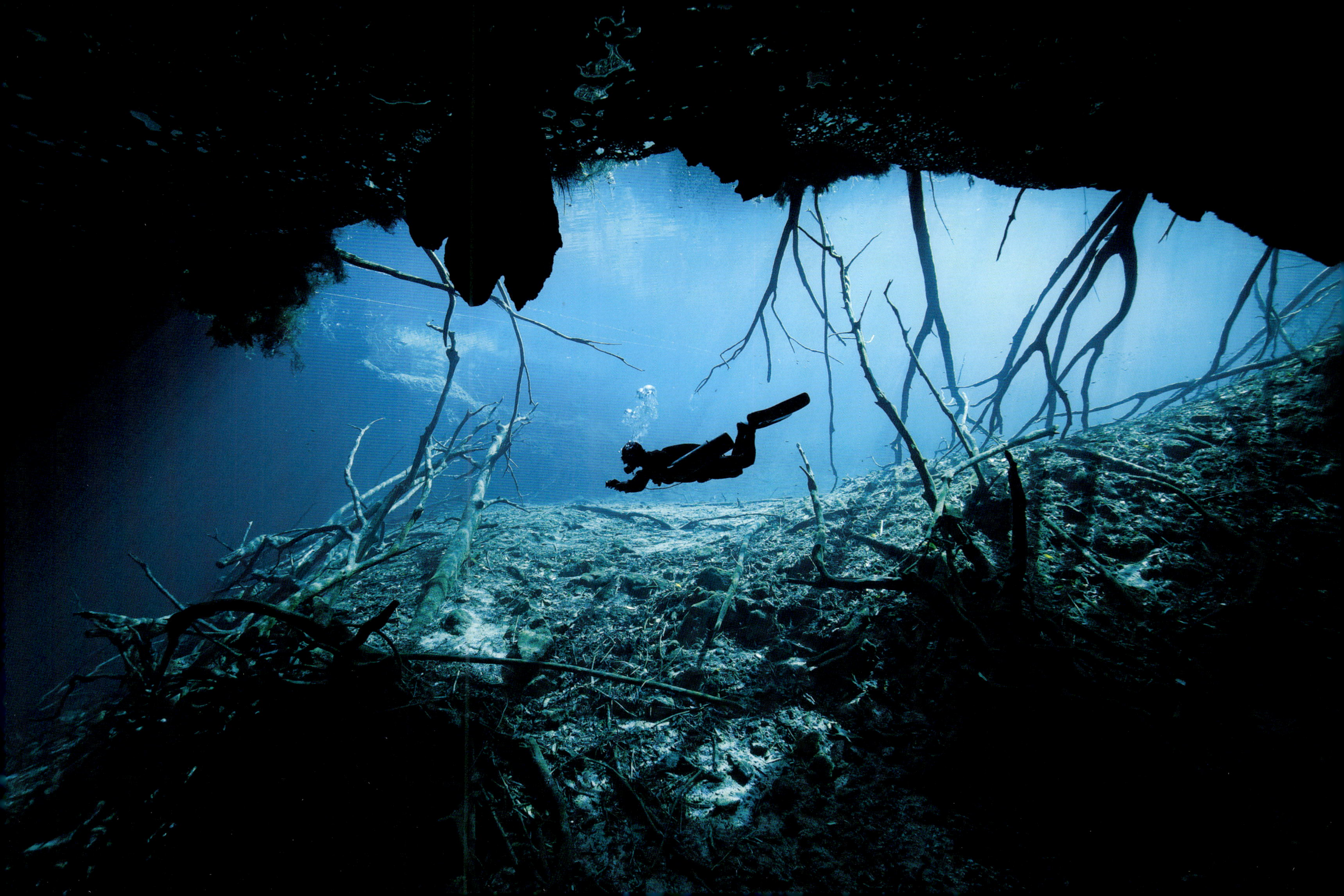

Lagunas: Harengula clupeola

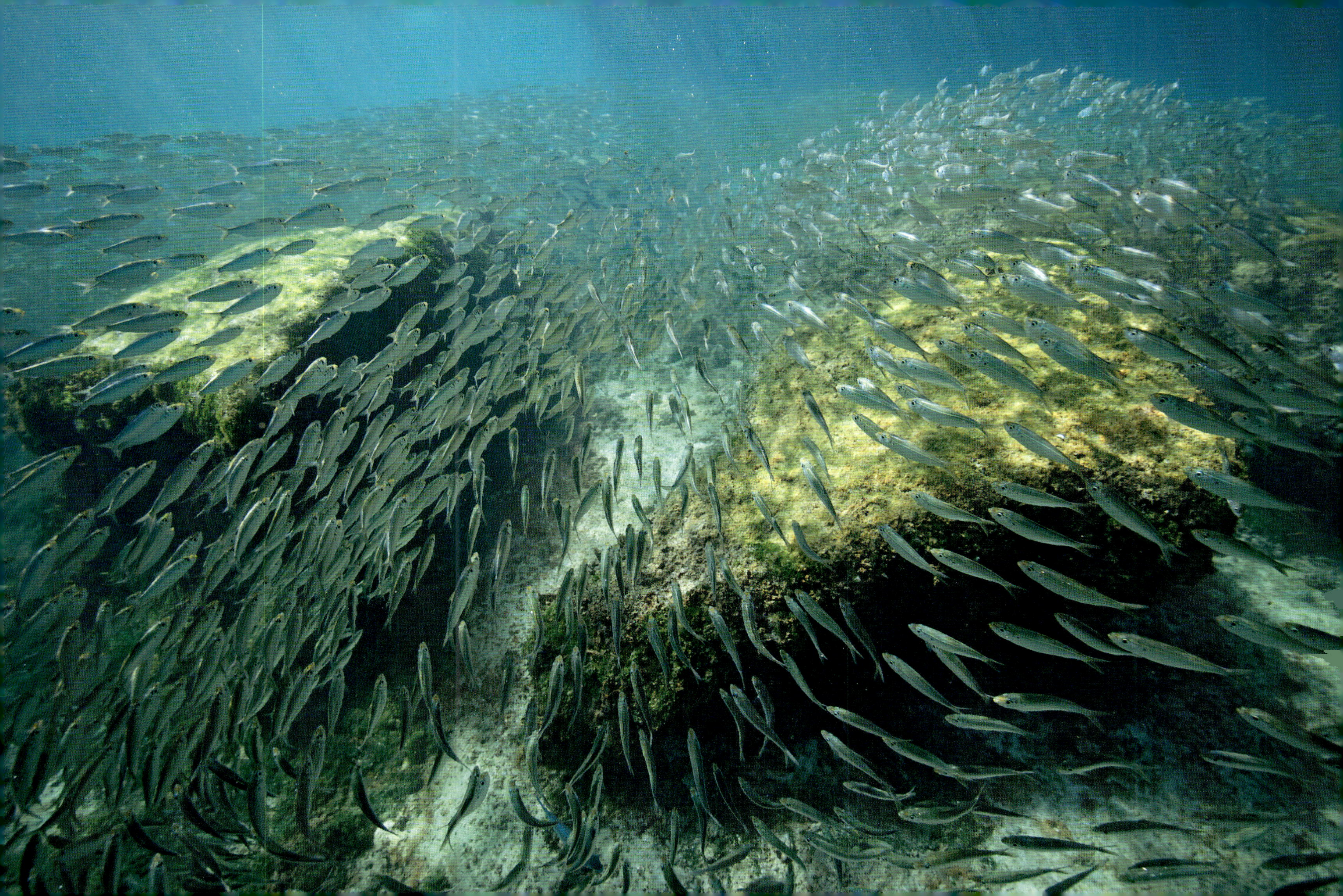

UMEÄLVEN, LAPPLAND, **SVERIGE**

UMEÄLVEN, LAPPLAND, SCHWEDEN

Der schwedische Naturforscher Carl von Linné unternahm 1732 eine Reise entlang des Umeälven. In seiner «Lappländischen Reise» beschrieb er diese schwer zugängliche Landschaft als «Hölle auf Erden». Aus heutiger Sicht ist diese Region von unglaublicher Schönheit: endlose Seenlandschaften, blutrote Waldflüsse, zu Eis erstarrte Stromschnellen, überflutete Wälder, tosende Wasserfälle. Zehn Jahre lang verbrachte ich dort mit meiner Frau den Sommer.

UMEÄLVEN, LAPONIE, SUÈDE

Le naturaliste suédois Carl von Linné entreprit en 1732 un voyage au fleuve Umeälven. L'enfer sur terre, telle est la description qu'il fit de cette région difficilement accessible dans son ouvrage «Voyage en Laponie». Cette région est pourtant d'une beauté incroyable: paysages lacustres infinis, forêts inondées, rapides figés dans la glace, cascades rugissantes. J'y ai passé les étés avec ma femme pendant 10 ans.

UMEÄLVEN, LAPLAND, SWEDEN

The Swedish natural scientist Carl von Linné undertook a journey along the Ume River in 1732. In his book called «Expedition to Lapland», he describes this inaccessible landscape as «hell on earth». From our modern perspective, this region is incredibly beautiful: endless seascapes, blood-red forest rivers, frozen rapids, flooded forests and roaring torrents. For ten years, my wife and I spent our summers there.

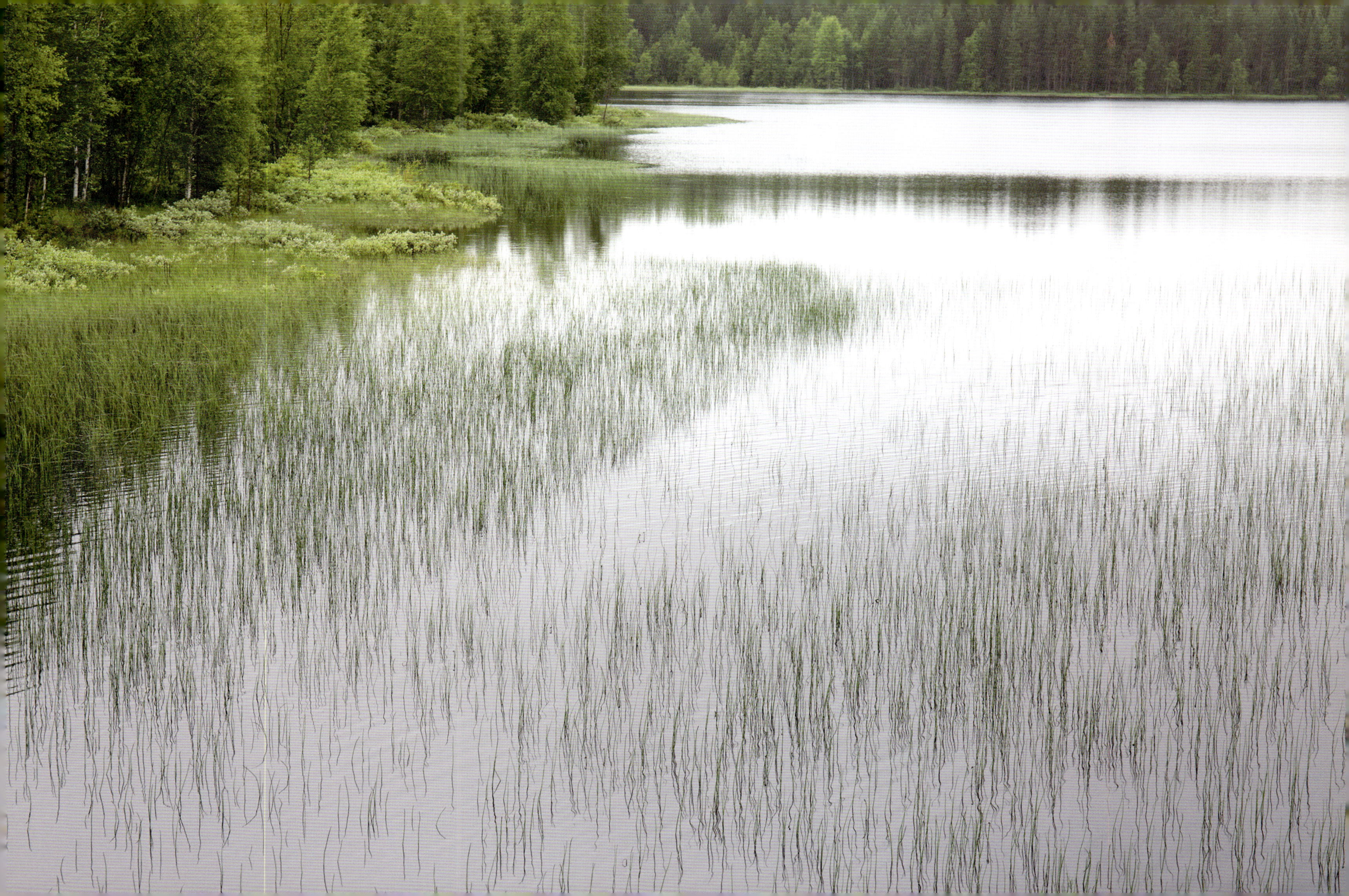

Juktån: Weisse Seerose   **Juktån:** Nénuphar blanc   **Juktån:** European White Water Lily

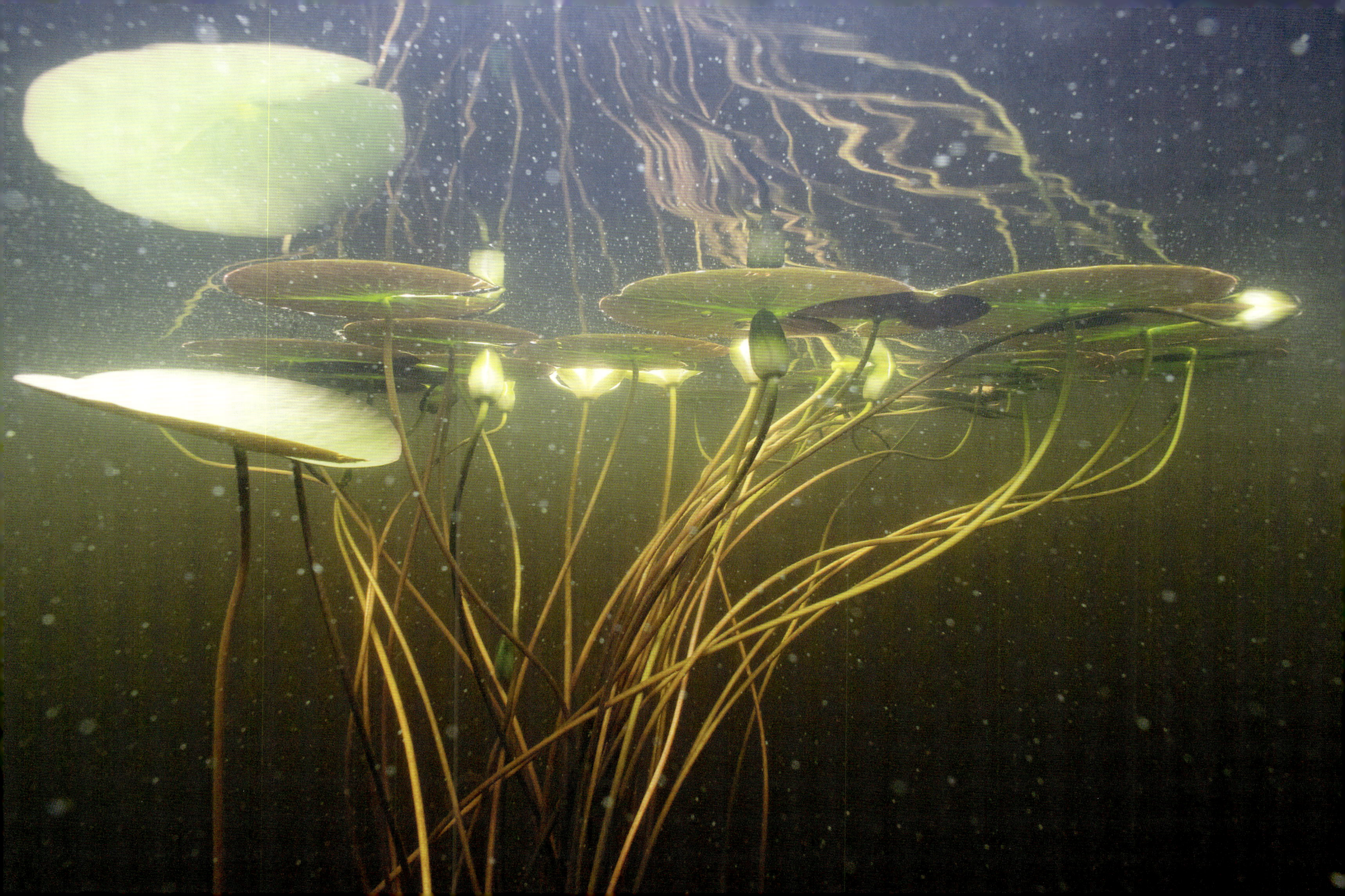

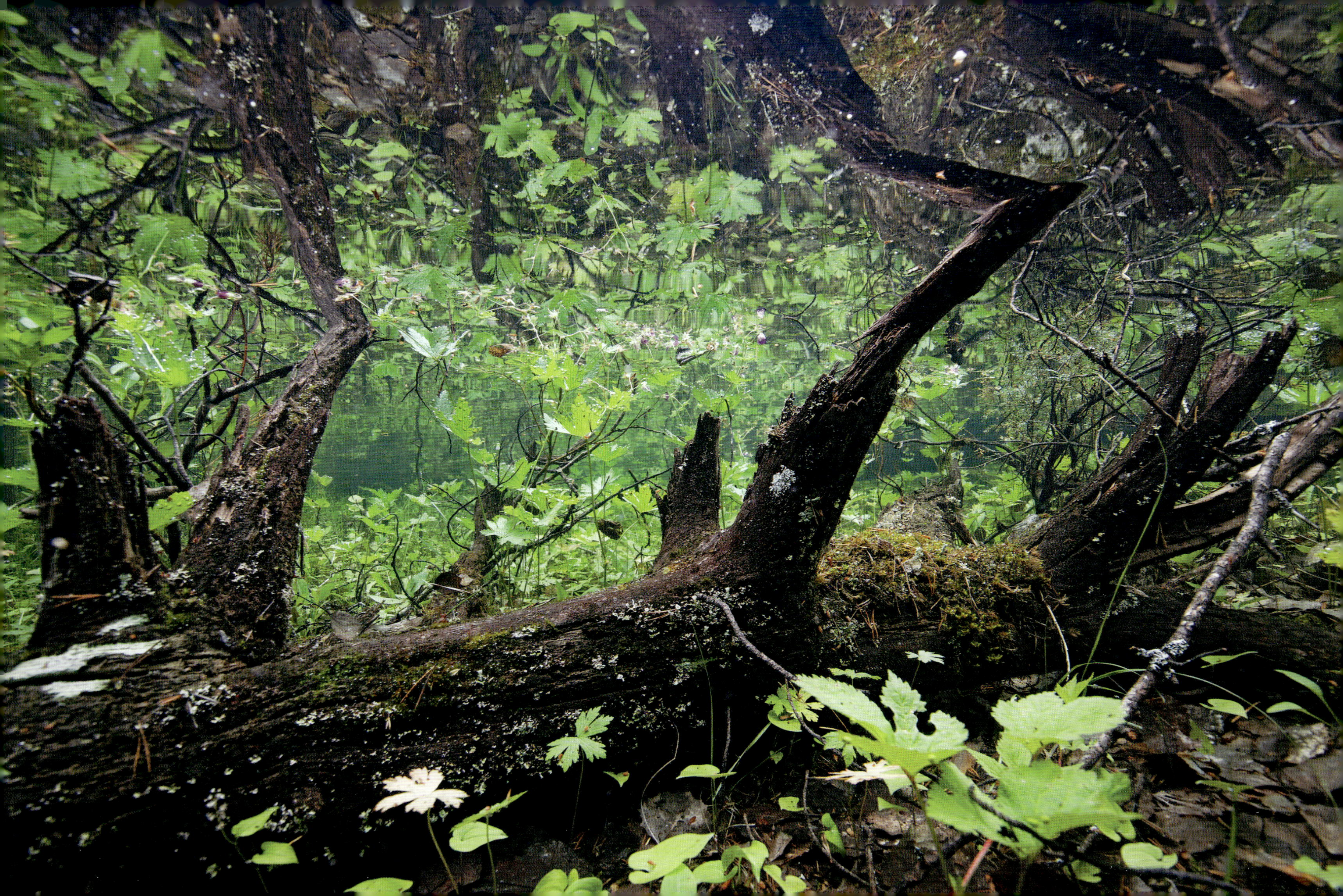

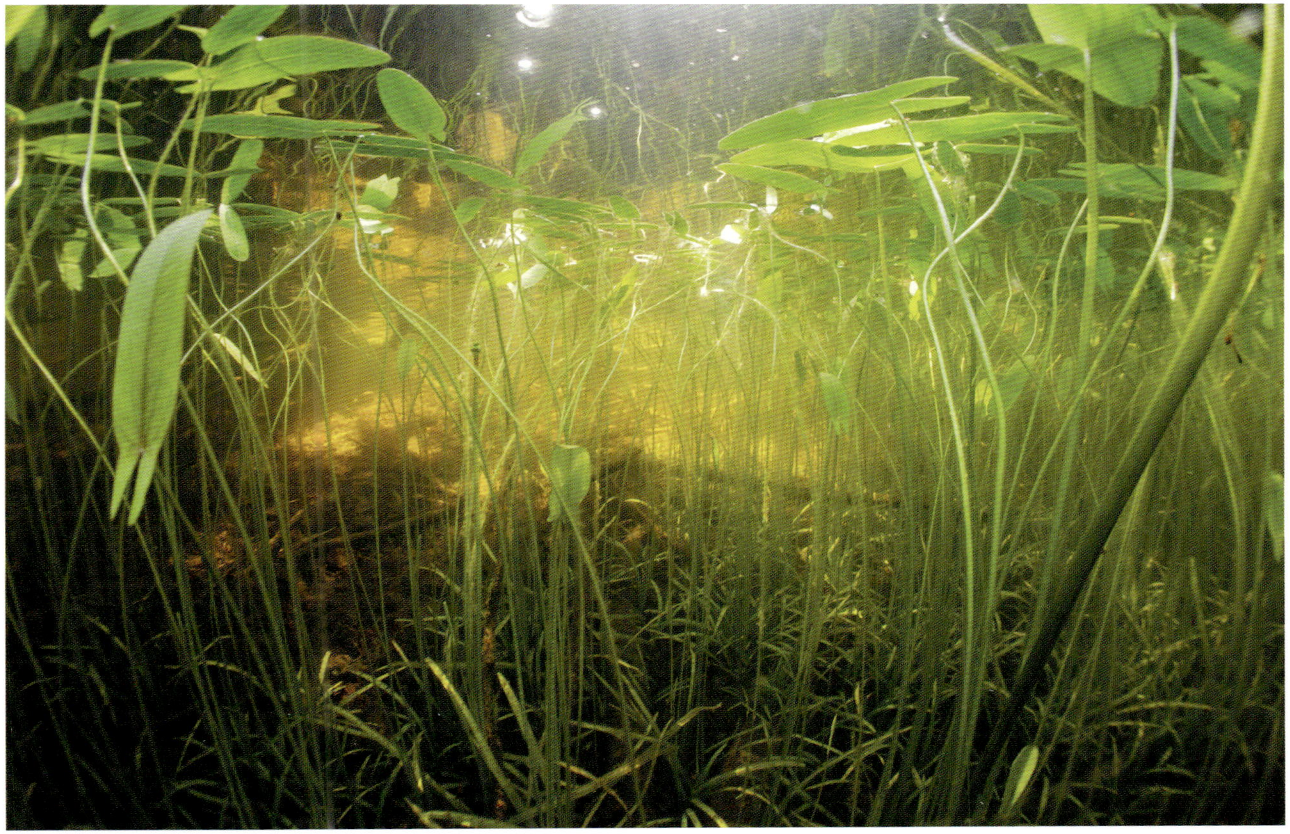

Umeälven: Atlantischer Lachs **Umeälven:** Saumon atlantique **Umeälven:** Atlantic Salmon

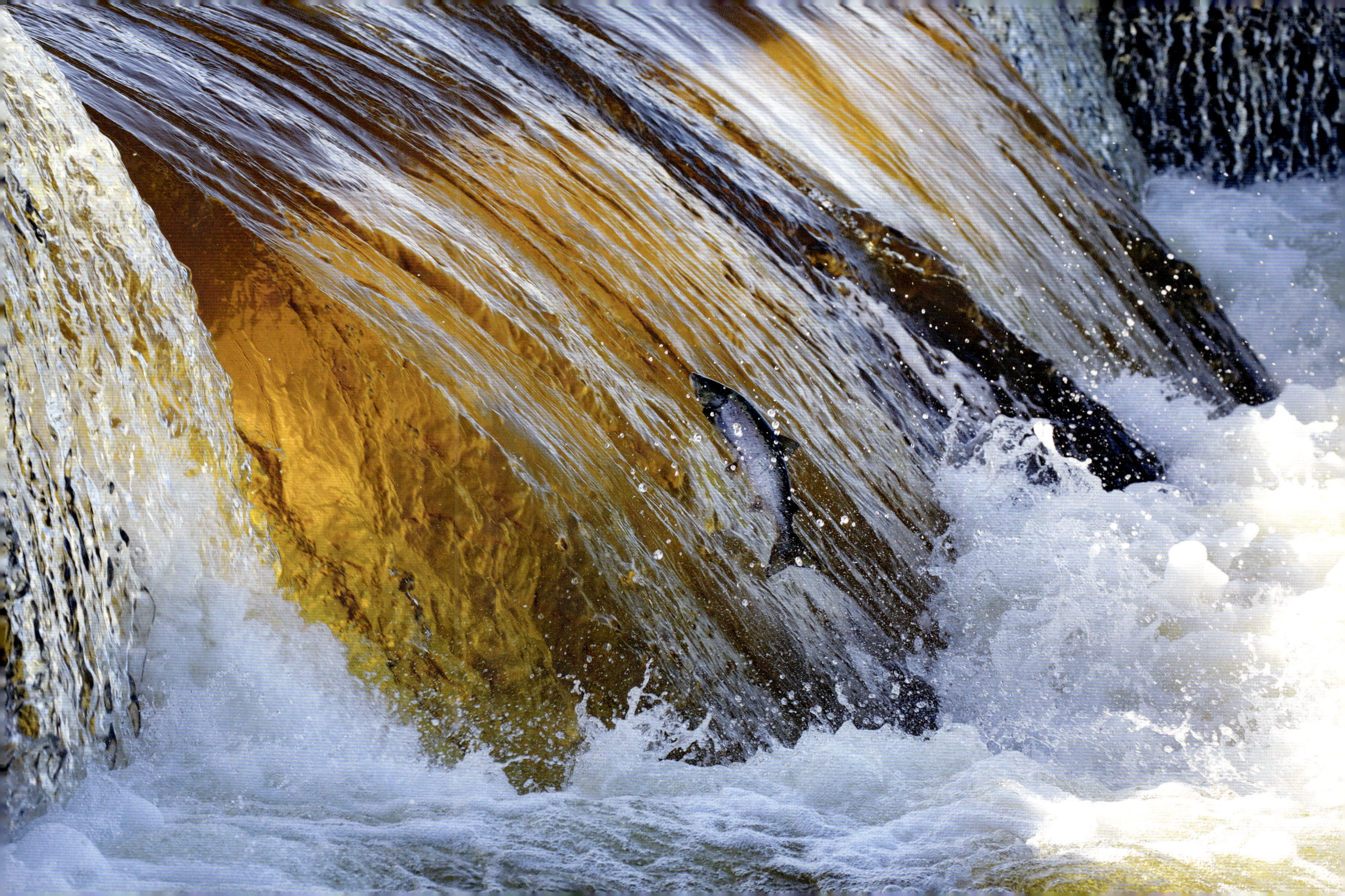

Vindelälven

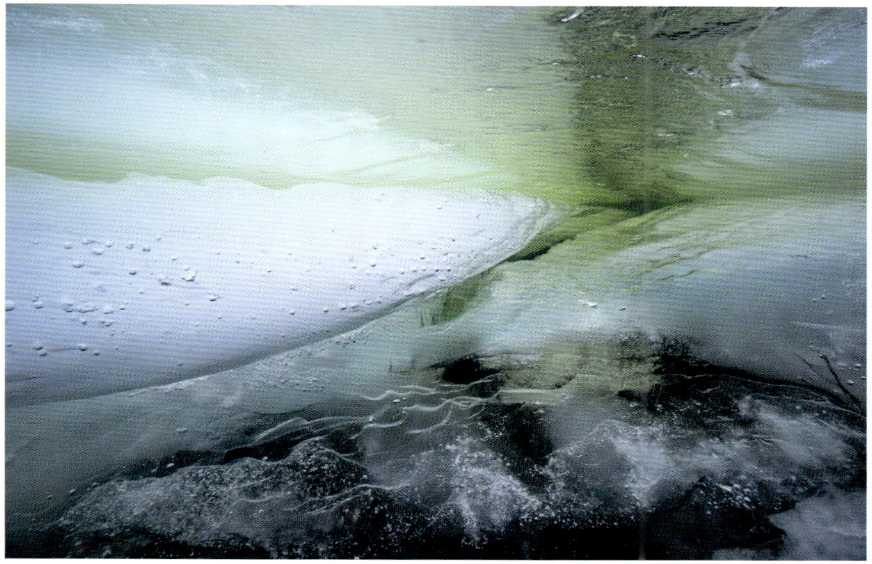

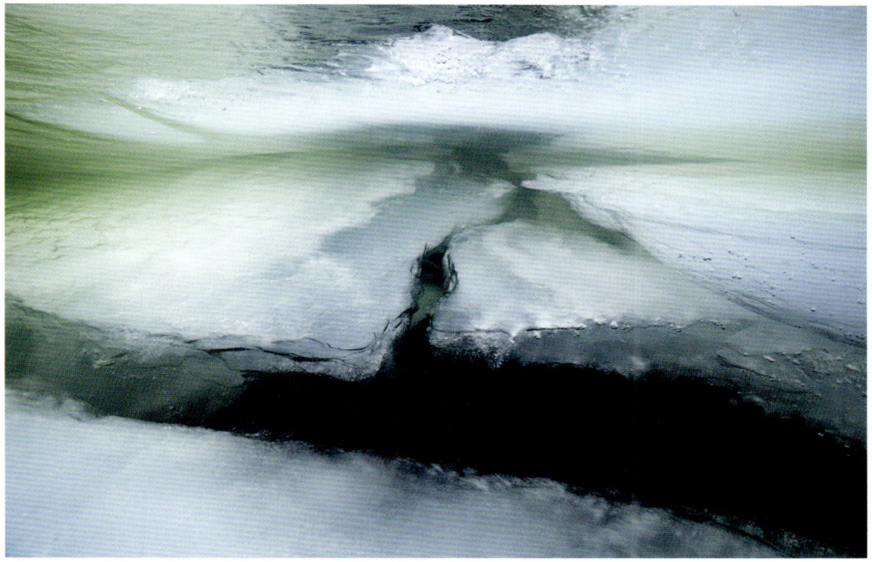

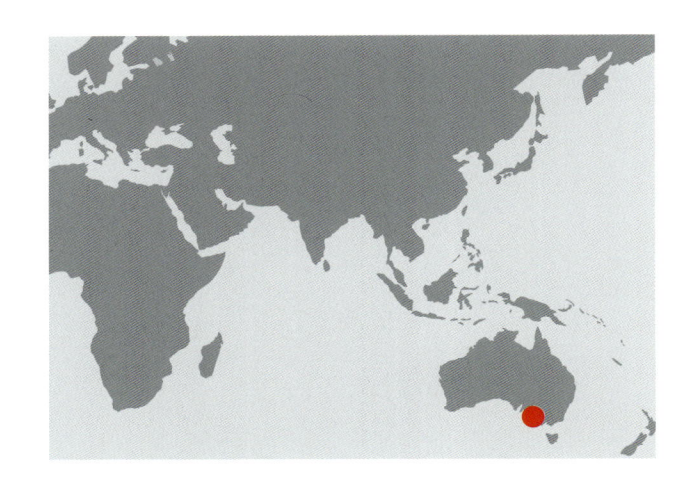

LIMESTONE COAST, **SOUTH AUSTRALIA**

LIMESTONE COAST, SÜDAUSTRALIEN

Die von Kalkgestein gebildete Küstenregion ist geprägt von abgrundtiefen Karstquellen, Sinklöchern und Kraterseen. Wogende Algen und Wasserpflanzen verwandeln sie in einen aquatischen Garten Eden. Gespeist werden die Gewässer von Grundwasser, welches durch die porösen Kalkschichten eindringt. Zum Teil ergiessen sich Quellen auch ins Meer, sei es als Unterwasserquellen oder am Sandstrand in der Gezeitenzone. Dort geht dann auch mal ein Känguru trinken.

LIMESTONE COAST, AUSTRALIE-MÉRIDIONALE

La région côtière calcaire se caractérise par ses puits profonds, ses lacs de cratères et ses sources karstiques. Des algues mouvantes et des plantes aquatiques les transforment en véritables jardins d'Eden. Leurs eaux sont alimentées par la nappe phréatique qui sourd des couches calcaires. Les sources se déversent parfois dans la mer, sous l'eau, ou sur les plages dans la zone de balancement des marées. Il arrive qu'un kangourou vienne s'y abreuver.

LIMESTONE COAST, SOUTH AUSTRALIA

This coastal region formed from limestone is characterized by abyssal karst springs, sinkholes and crater lakes. Waving algae and aquatic plants turn it into an aquatic Garden of Eden. Groundwater passing through porous limestone layers feed these waters. To a certain extent, springs also flow into the sea, either in the form of submarine wells or on sandy beaches in intertidal areas. Kangaroos occasionally go there to quench their thirst.

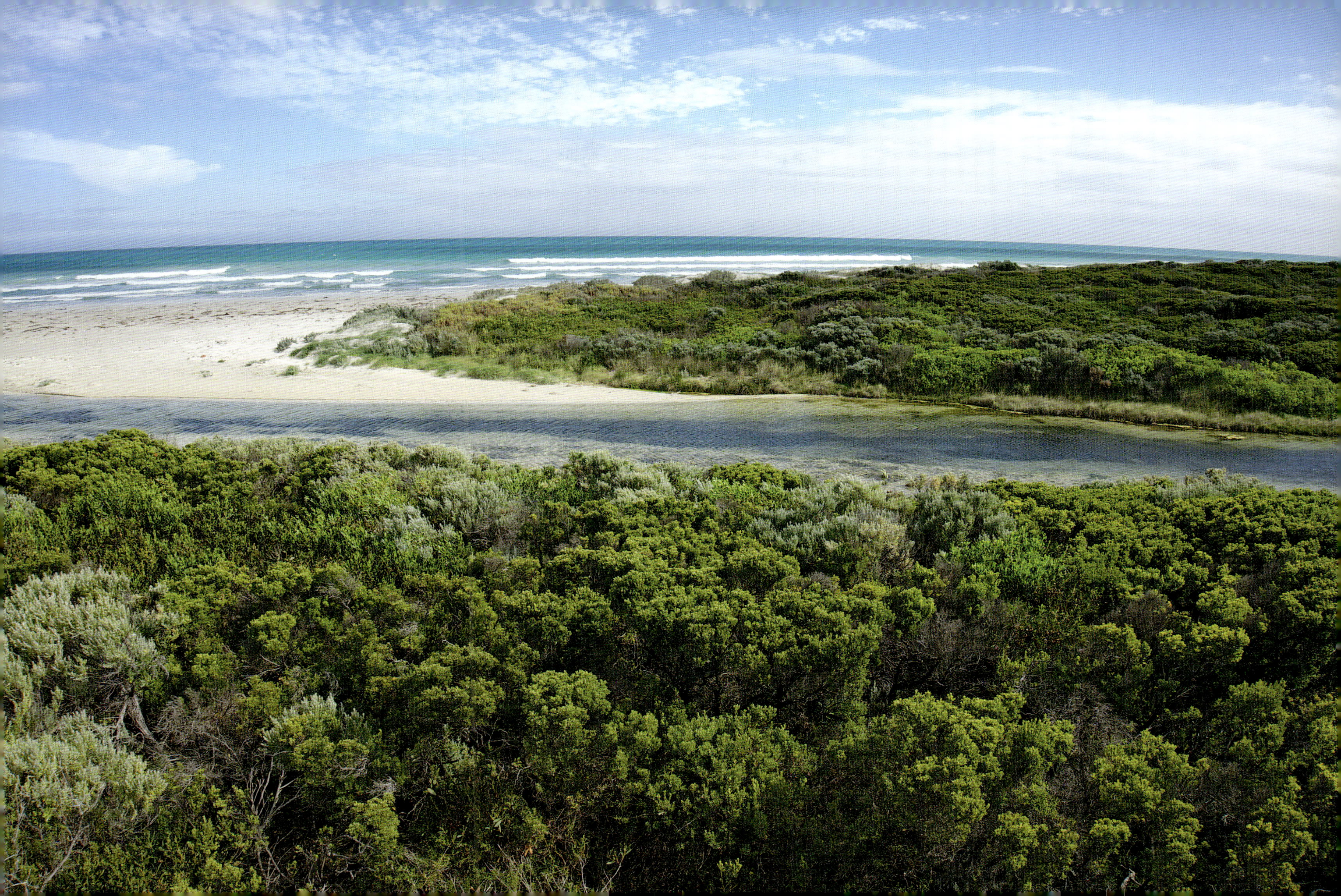

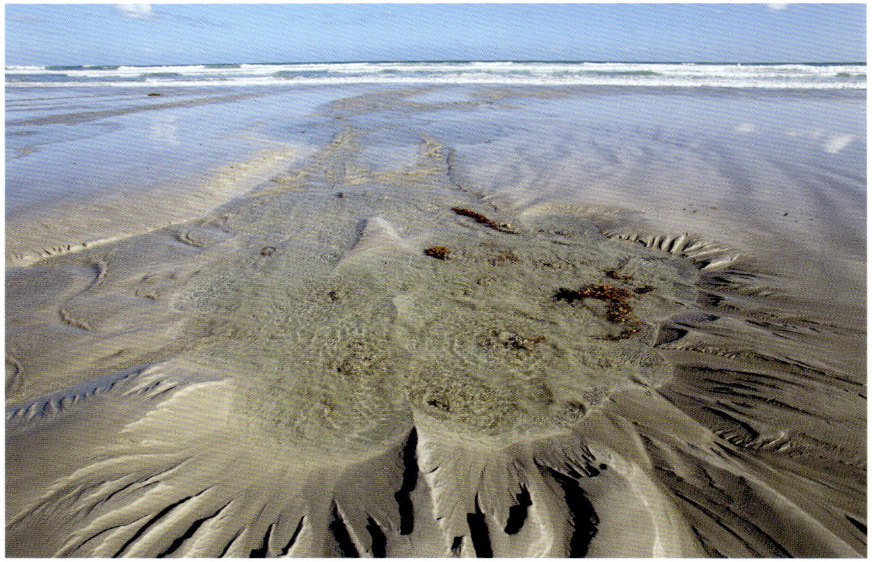

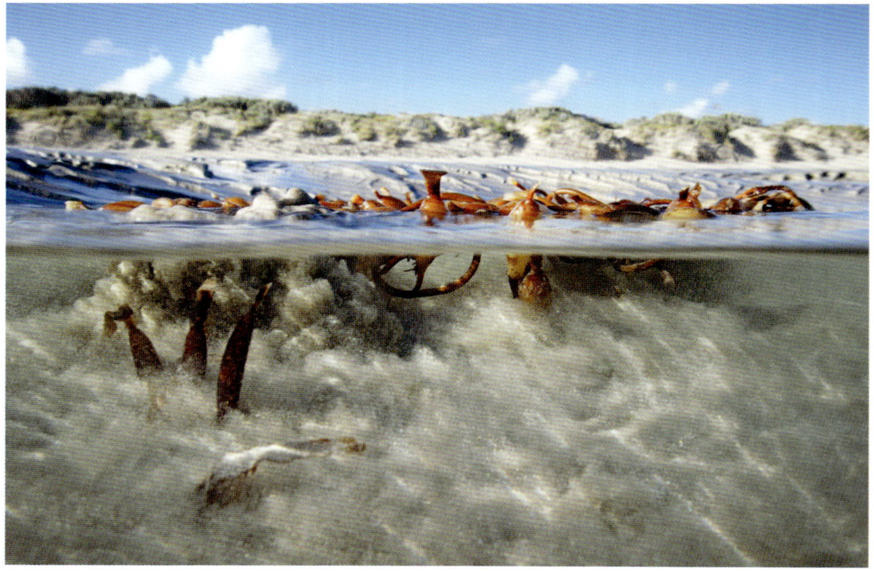

Blue Lake

Ewens Ponds

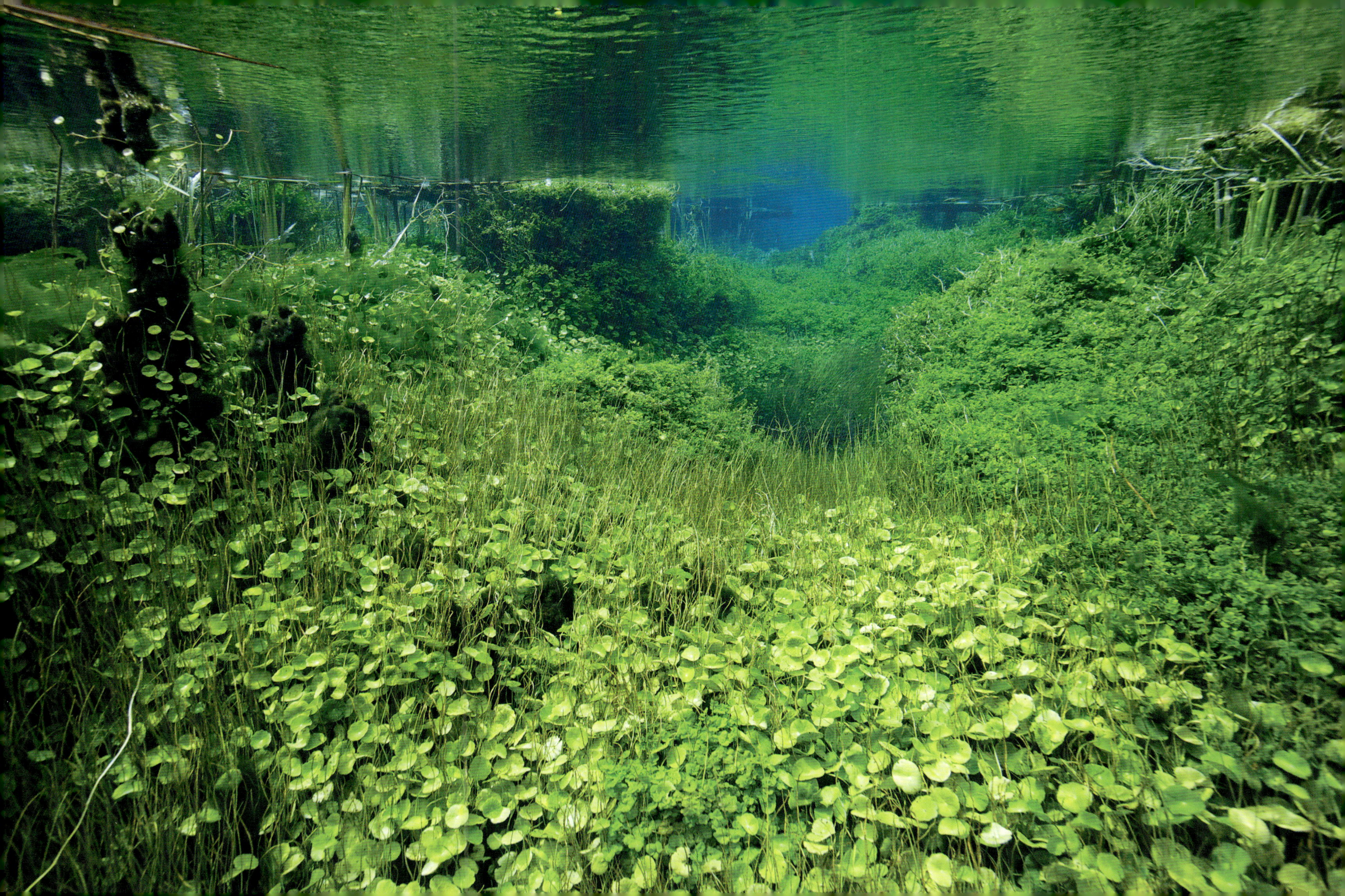

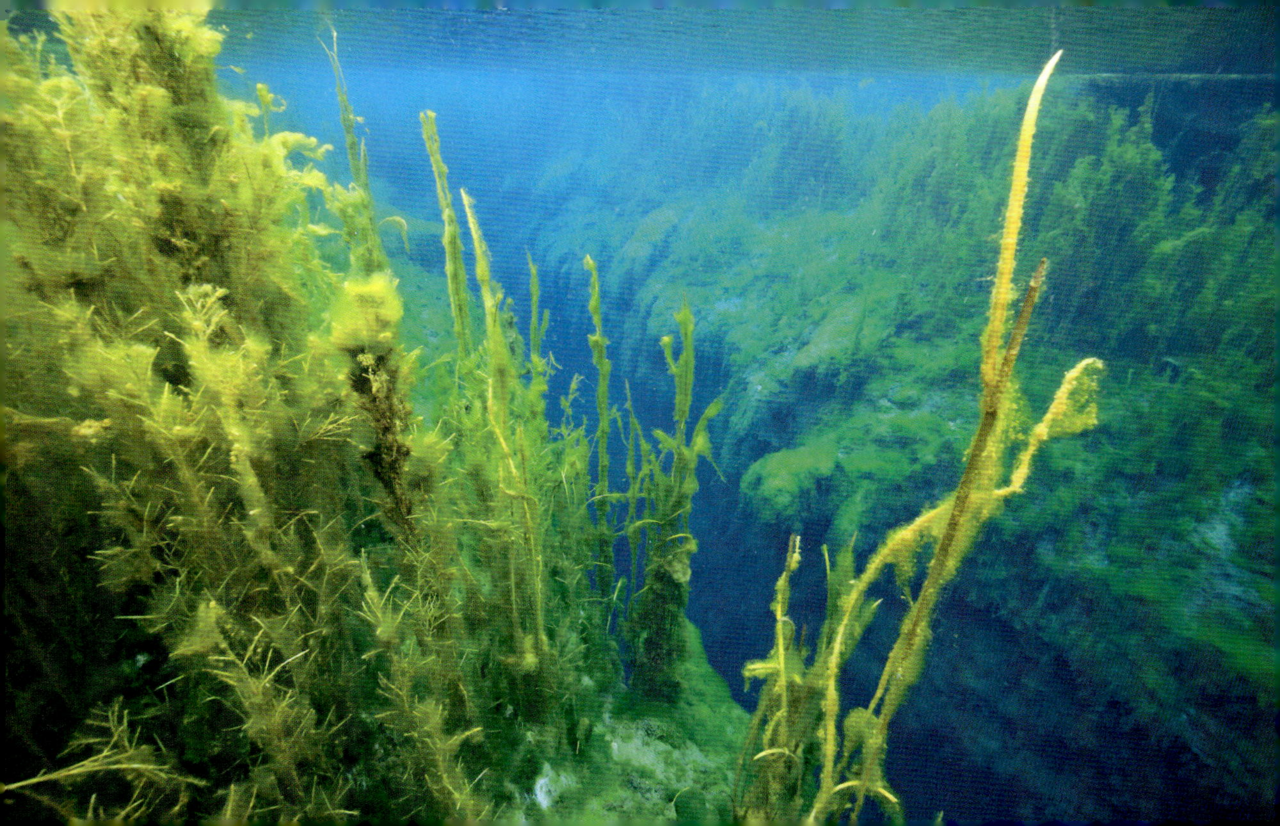

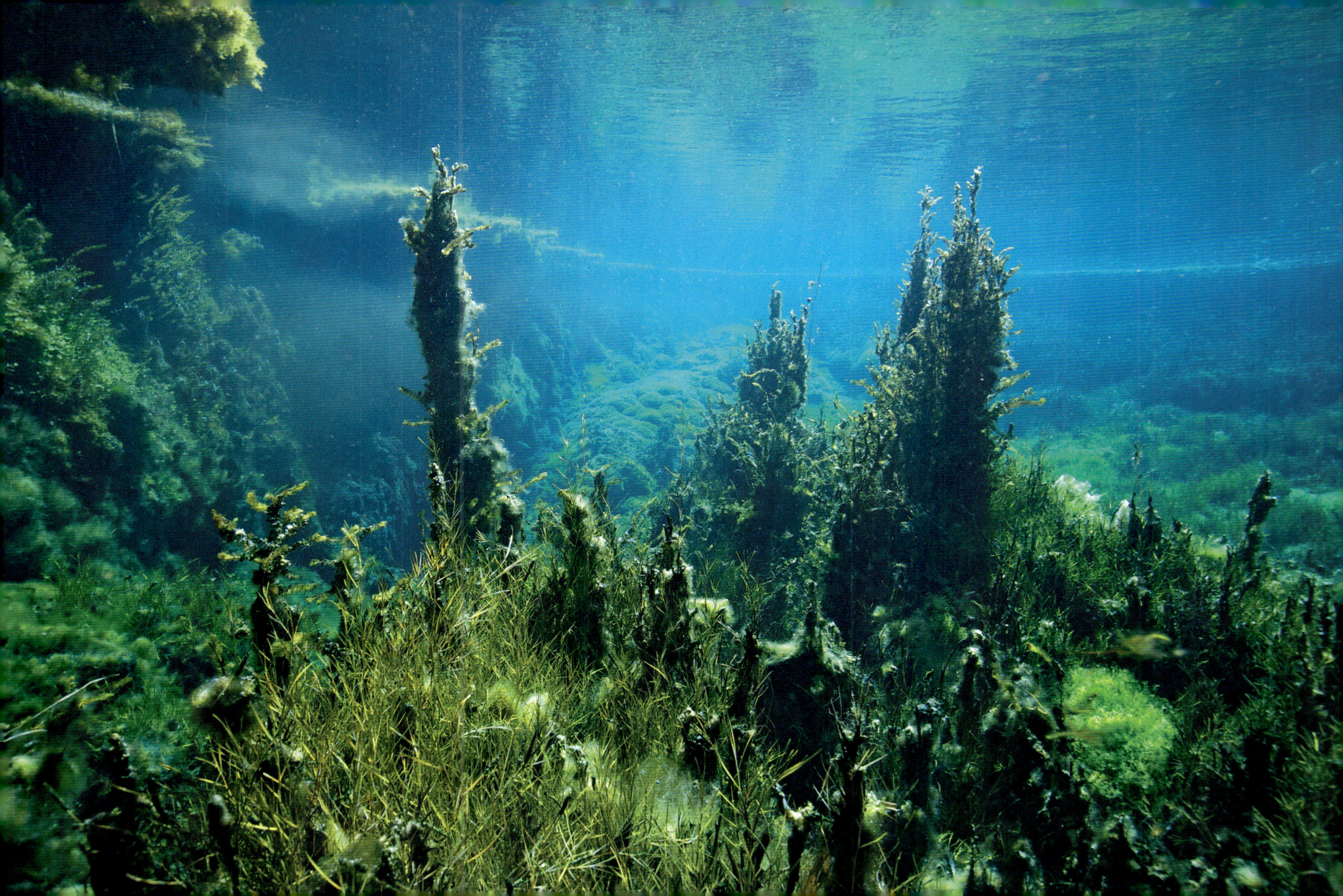

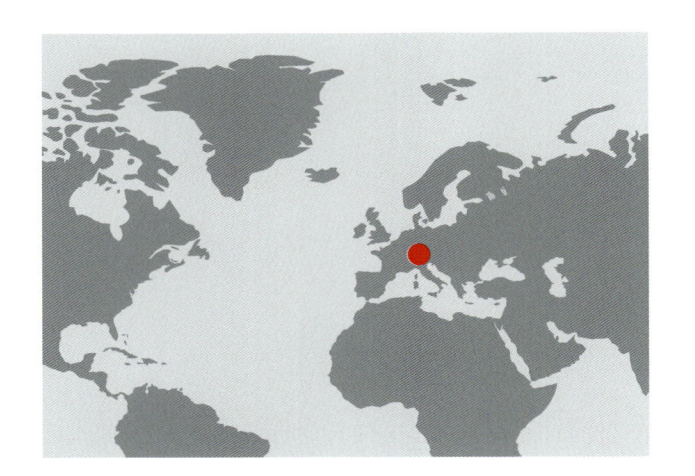

JOGNE, SINGINE, ÉTANG DE LA GRUÈRE, **SUISSE**

JAUNBACH, SENSE UND ETANG DE LA GRUÈRE, SCHWEIZ

Eine Karstquelle des Jaunbachs in einem Auenwald der Greyerzer Alpen, mit magischem Licht und schwebenden Algenfahnen. Die Sense ist ein wilder Voralpenfluss und der letzte Schweizer Fluss ohne Kraftwerk. Das Moorwasser des Etang de la Gruère ist gelb-rot gefärbt. Alle drei Gewässer besuche ich seit Jahren regelmässig. Das zeigt, dass auch in eigentlich unscheinbaren Gewässern traumhafte Wasserwelten darauf warten, entdeckt zu werden.

JOGNE, SINGINE ET ÉTANG DE LA GRUÈRE, SUISSE

Une exsurgence de la Jogne dans une forêt alluviale des Préalpes de la Gruyère, avec une lumière magique et des draperies d'algues en suspension. La Singine est une rivière sauvage des Préalpes et la dernière sans centrale électrique. L'eau de l'Étang de la Gruère est teintée de rouge et d'or. Je visite régulièrement les trois plans d'eau depuis des années. Cela montre bien que des eaux plutôt insignifiantes peuvent aussi abriter des merveilles aquatiques attendant d'être découvertes.

JOGNE, SENSE AND ETANG DE LA GRUÈRE, SWITZERLAND

A karst spring of the Jogne in a riparian forest of the Alps of Gruyère, with magical lights and suspended algae. The Sense River is a wild river of the Pre-Alps and the last Swiss river untouched by power plants. The bog water of the Étang de la Gruère is yellow-red. I've been coming to those three water reserves for many years. This goes to show that, even in apparently unassuming waters, dream-like waterscapes await discovery.

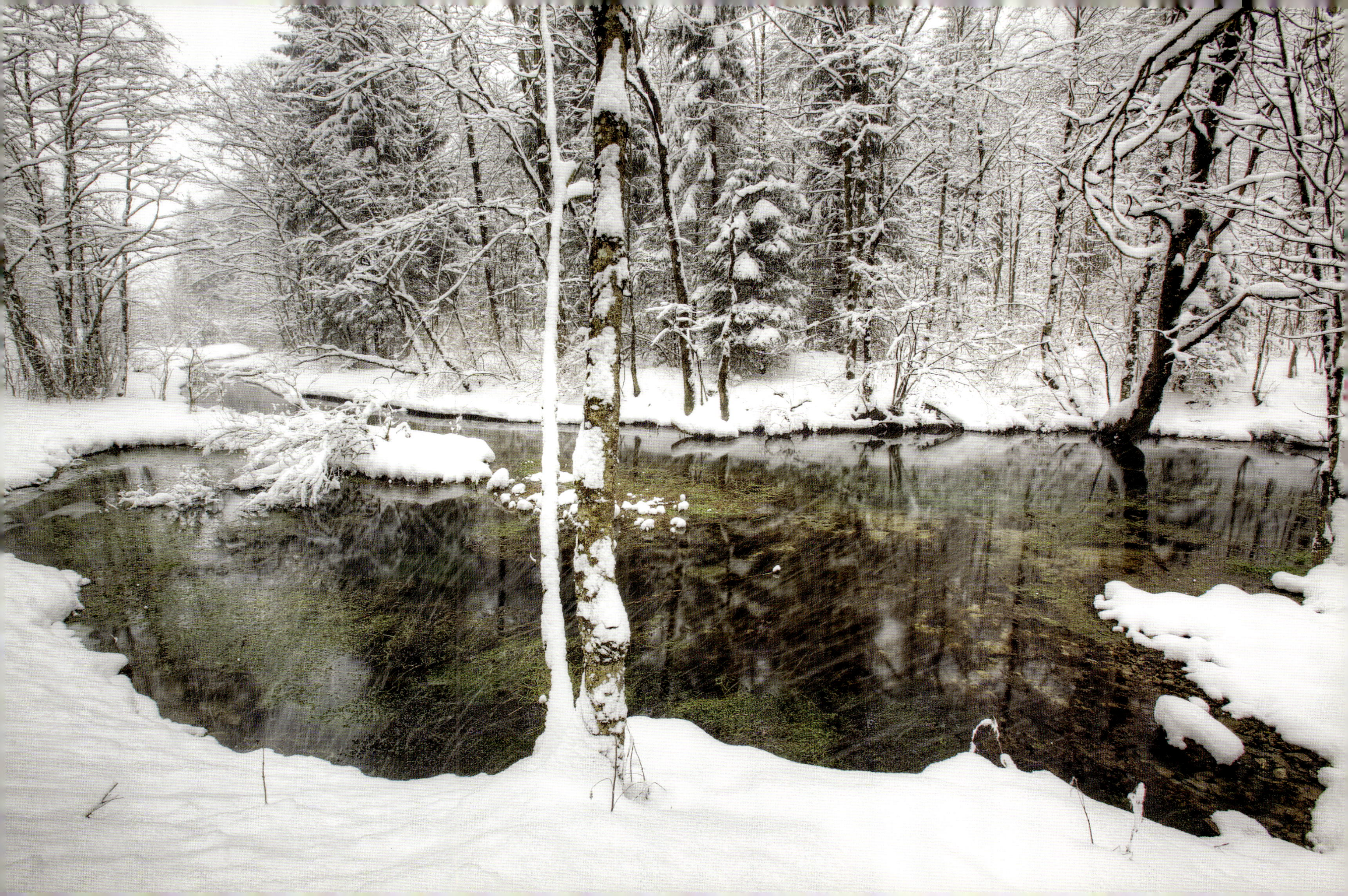

Jaunbach, Jogne

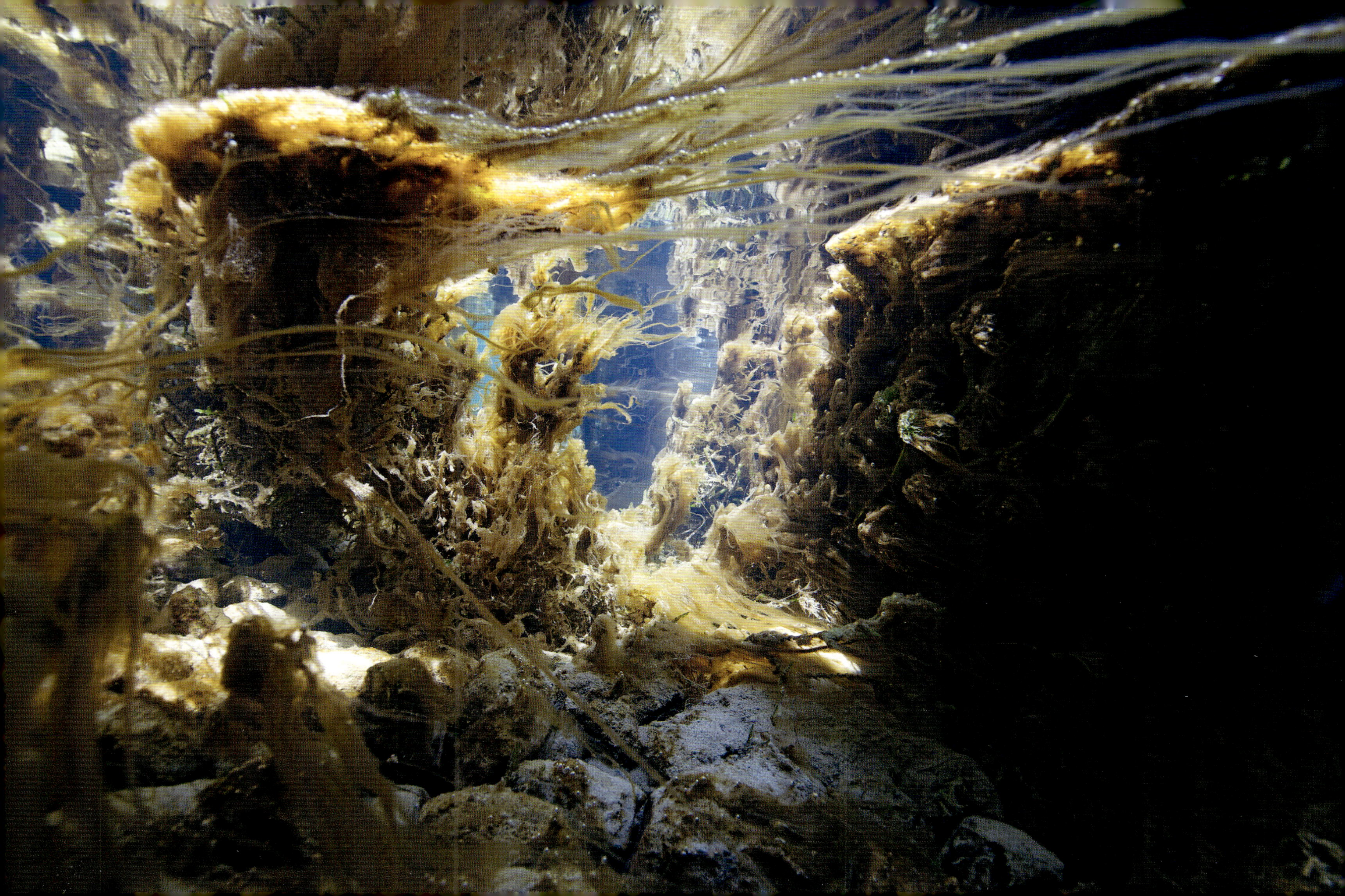

Sense, Singine

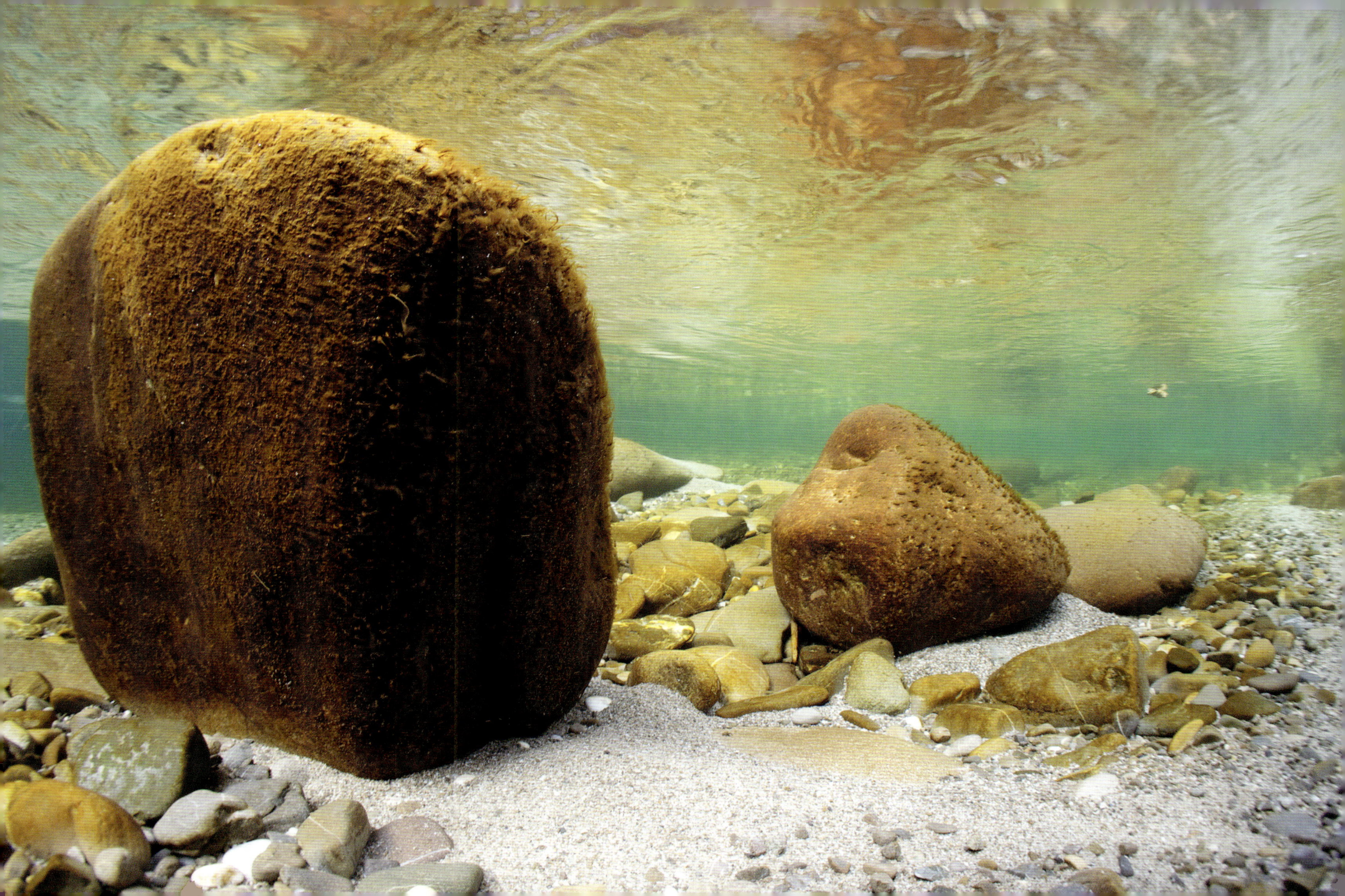

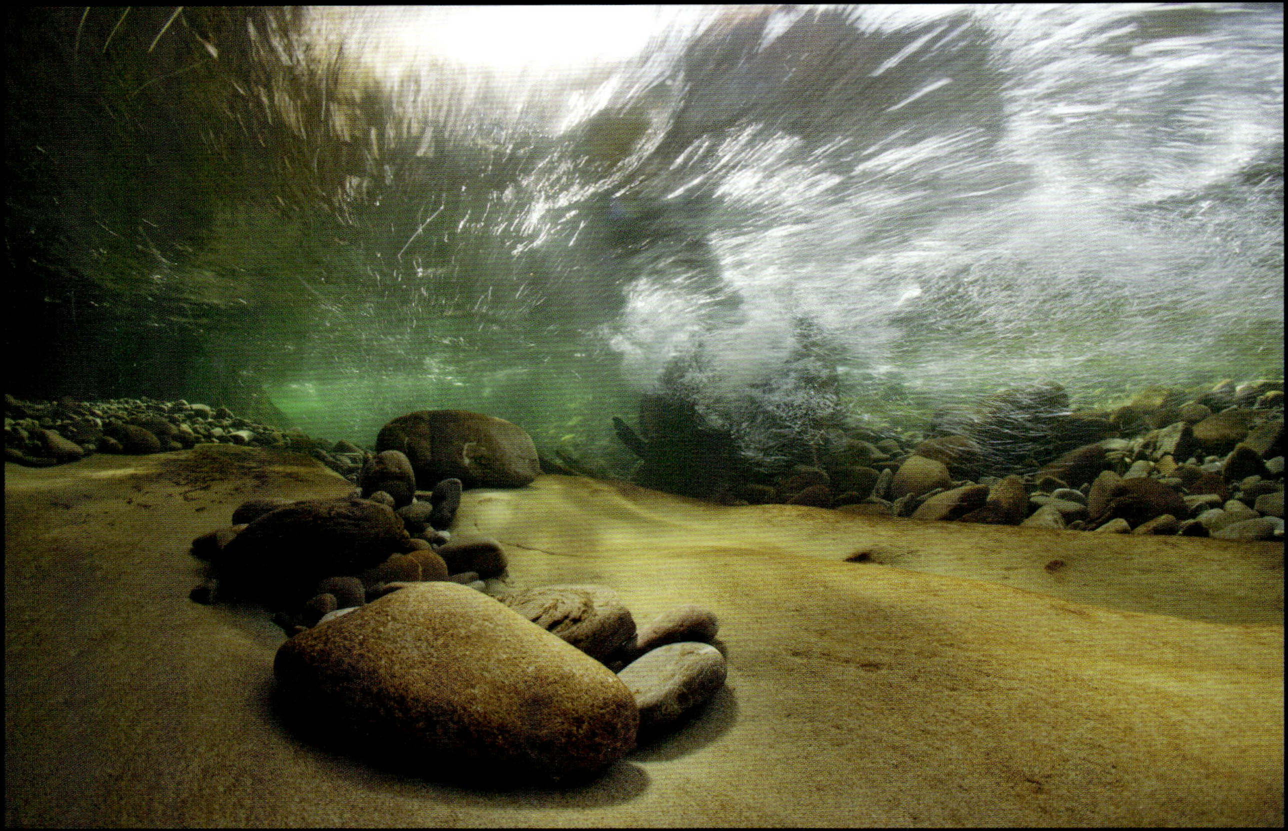

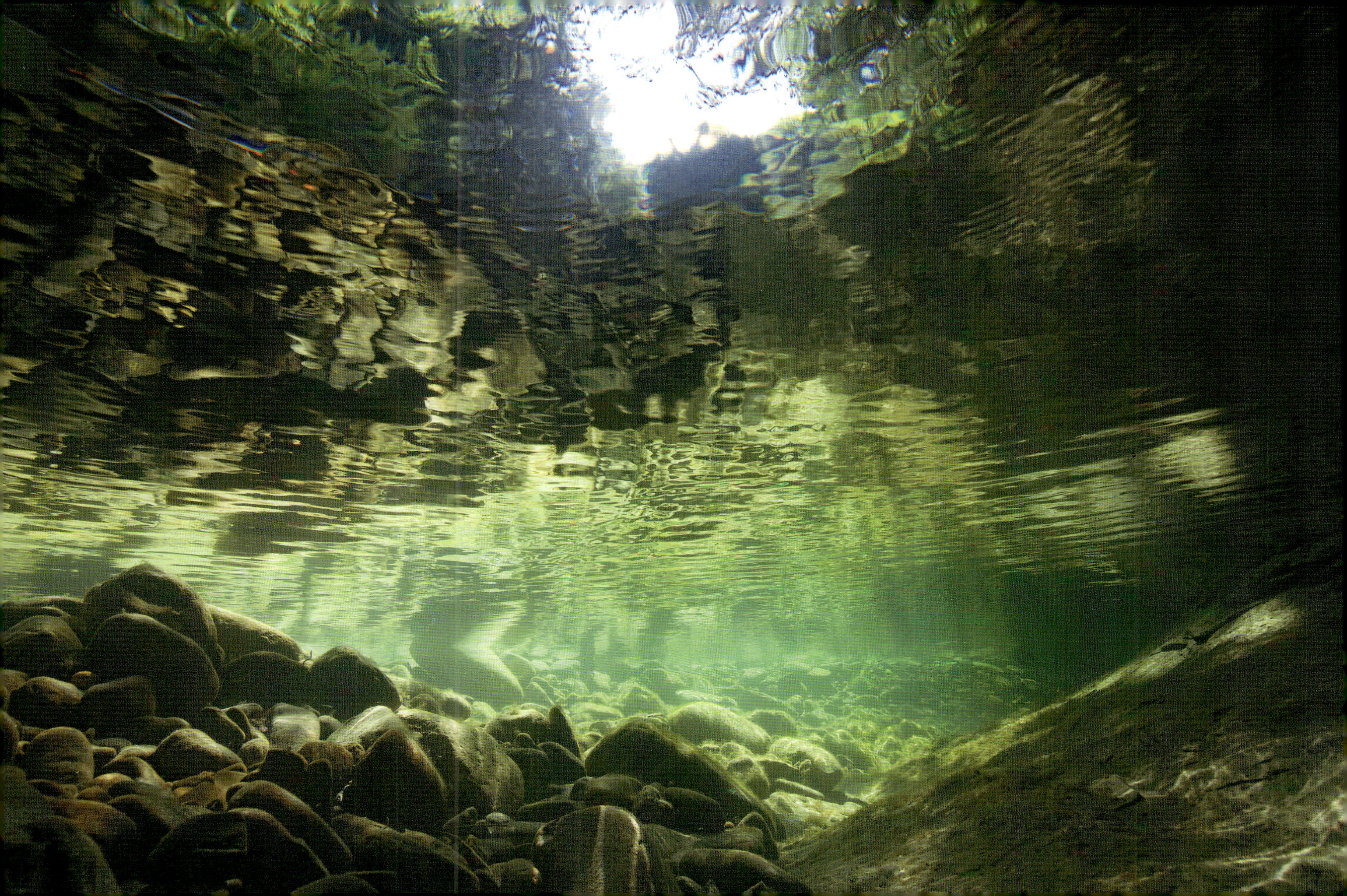

Étang de la Gruère

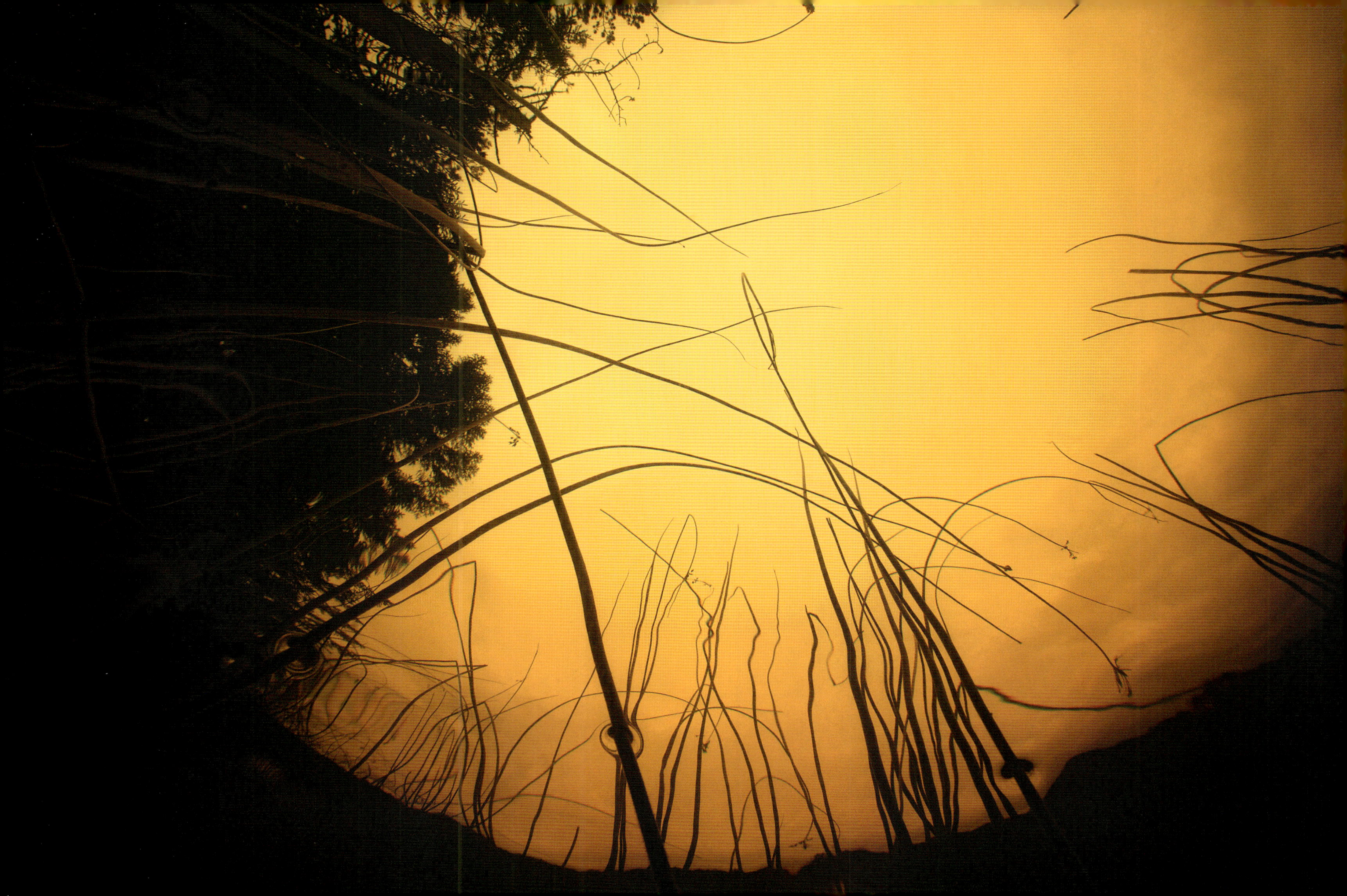

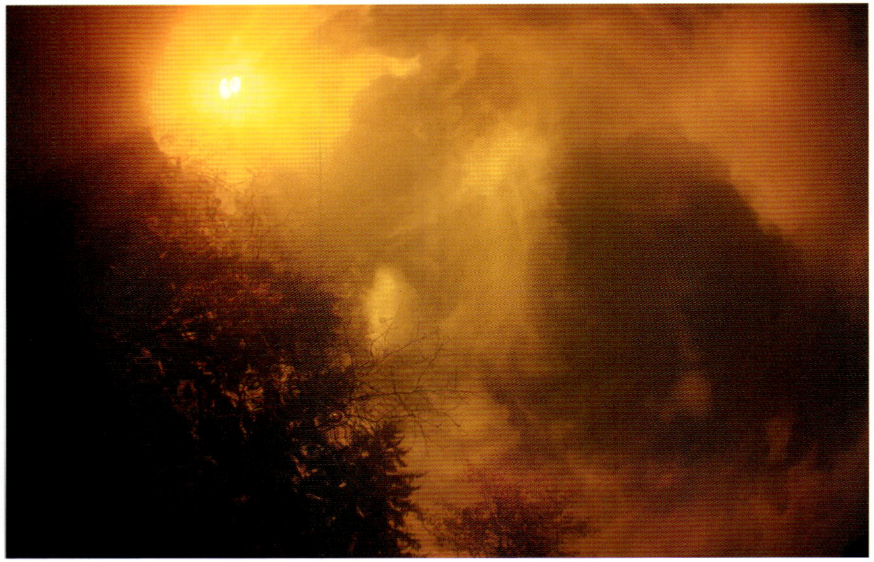

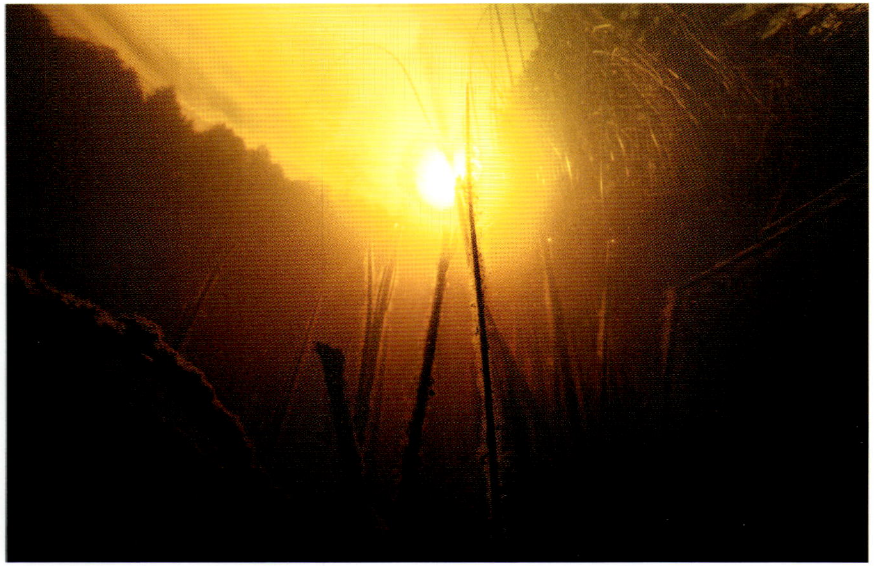

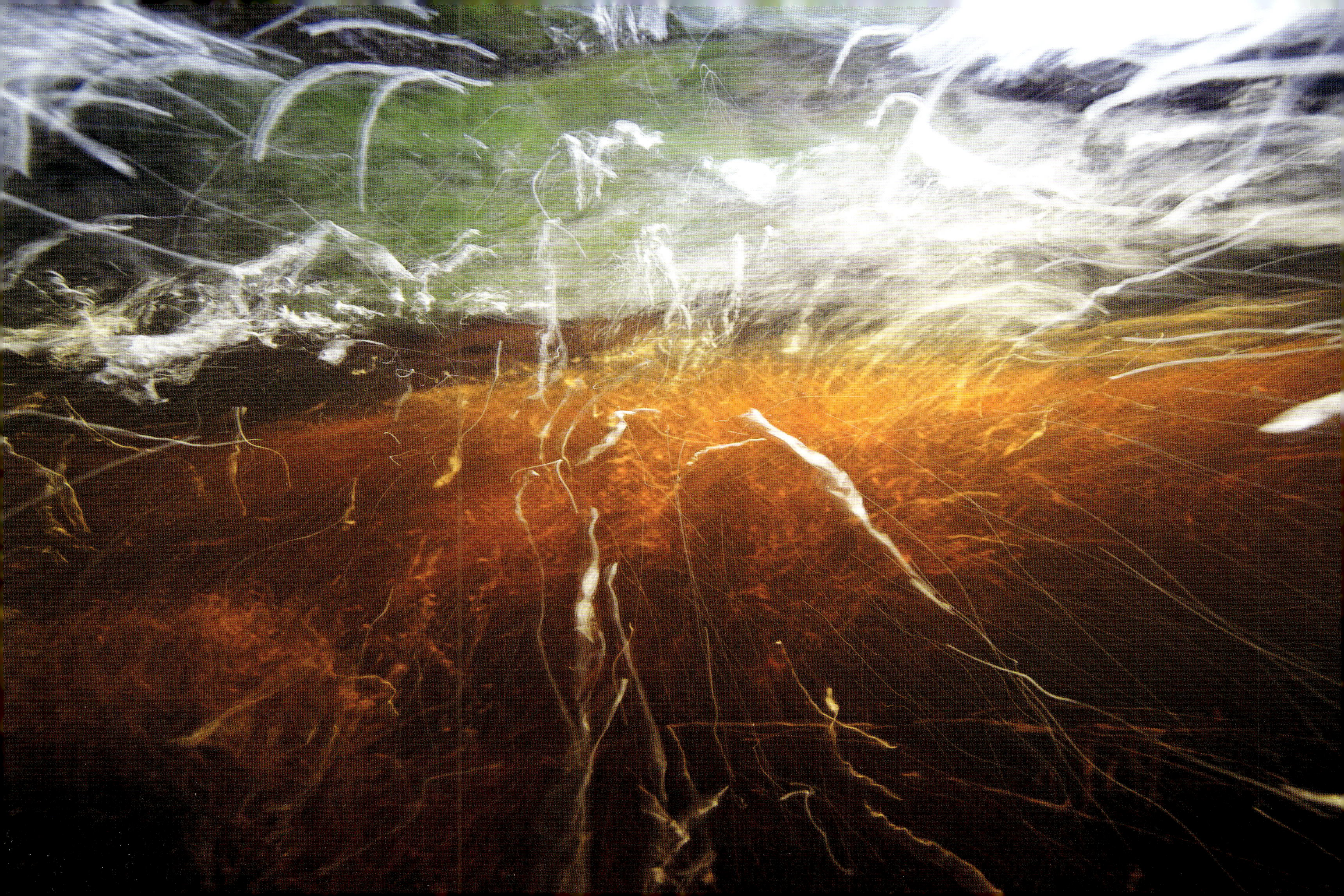

NORTHERN ROCKIES LAKES, BRITISH COLUMBIA, **CANADA**

NORTHERN ROCKIES, BRITISCH KOLUMBIEN, KANADA

Eingebettet in die menschenleeren und kaum erschlossenen nördlichen Rocky Mountains liegen zahlreiche unberührte Flüsse und Seen. Erreichbar sind die meisten nur mit dem Wasserflugzeug. Die äusserst fischreichen Gewässer haben oft einen Uferbereich voller Wasserpflanzen, die gerne auch von Elchen geäst werden. Biber sind allgegenwärtig, und regelmässig suchen Wolf und Bär die Ufer ab. Eine urtümliche, von Wasser geprägte nördliche Gebirgslandschaft.

NORTHERN ROCKIES, COLOMBIE-BRITANNIQUE, CANADA

Les Rocheuses septentrionales, inhabitées et difficilement accessibles, abritent encore de nombreux lacs et rivières sauvages. La plupart ne sont atteignables qu'en hydravion. Les rivages de ces eaux exceptionnellement poissonneuses sont souvent recouverts de plantes aquatiques qui attirent les élans; le castor y est omniprésent; le loup et l'ours hantent les berges. Un paysage de montagne intact où l'eau est l'élément dominant.

NORTHERN ROCKIES LAKES, BRITISH COLUMBIA, CANADA

In the unpopulated and scarcely explored Northern Rockies, there are a multitude of rivers and lakes that have remained untouched by human beings. Very often they can only be reached by seaplane. Waters which are full of fish often have a coastal area full of aquatic plants on which moose feed with pleasure. Beavers are ubiquitous, so bears and wolves often scrutinize the shores. An archaic northern mountainous landscape marked by numerous bodies of water.

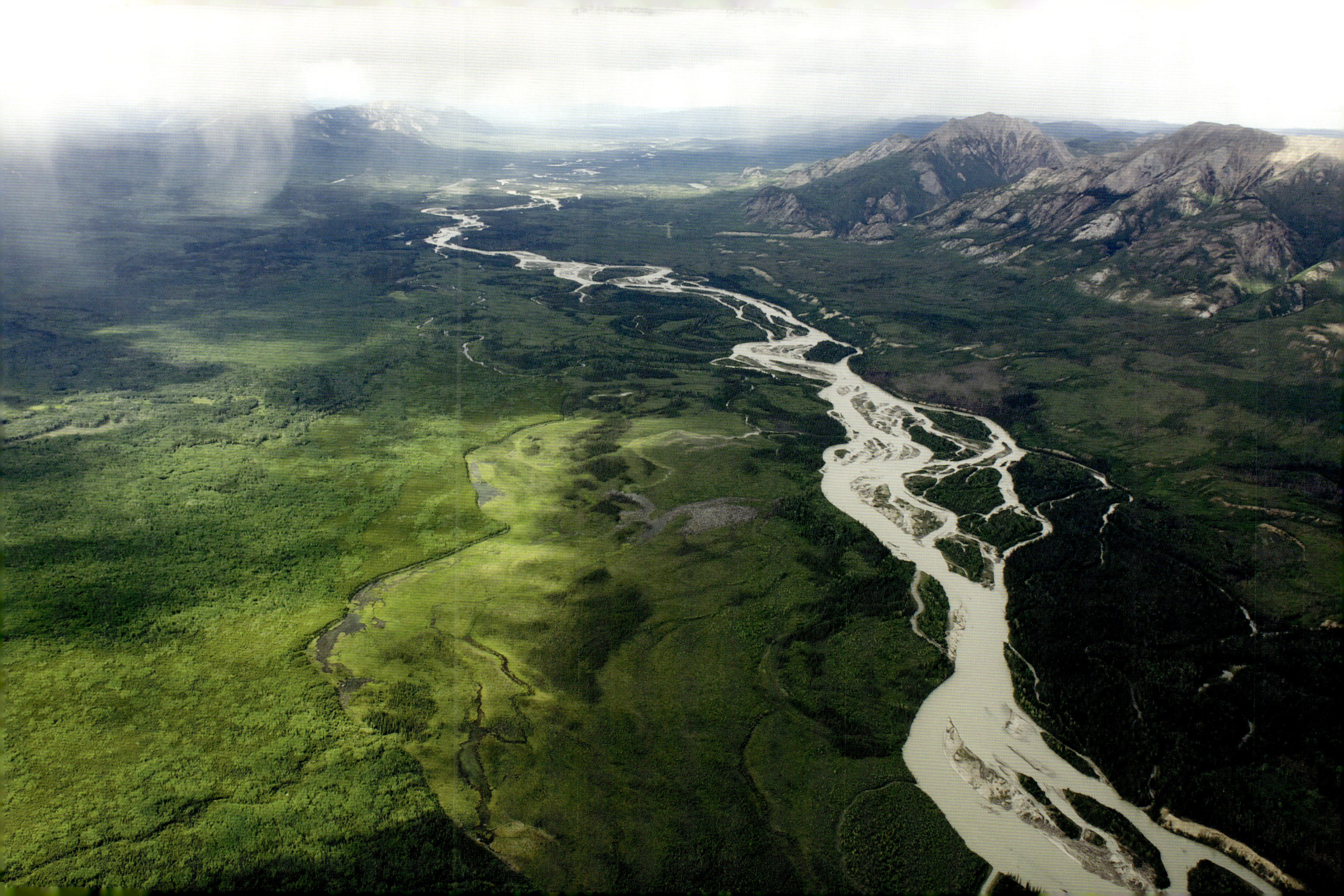

Kanadischer Biber
Castor du Canada
North American Beaver

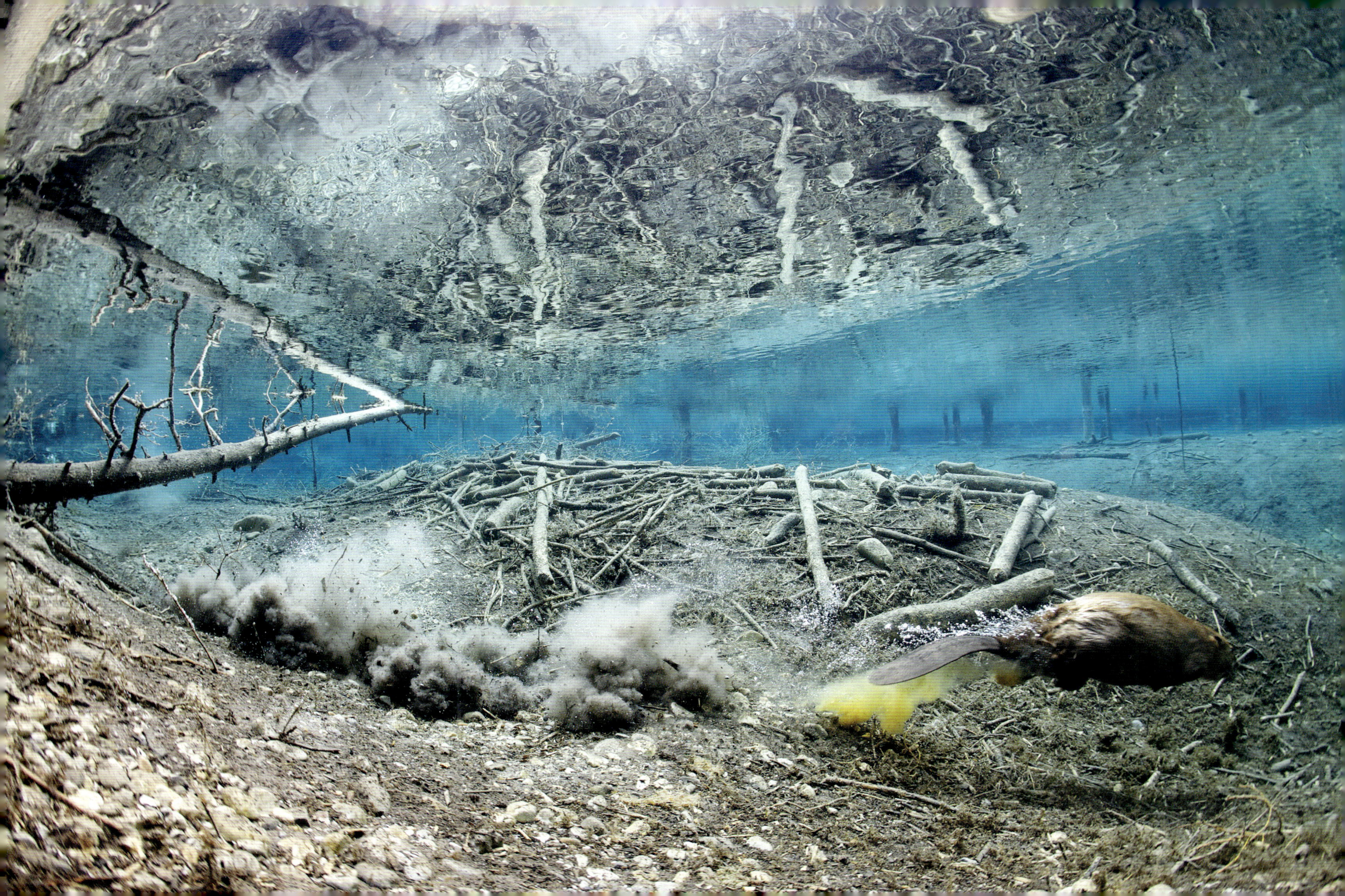

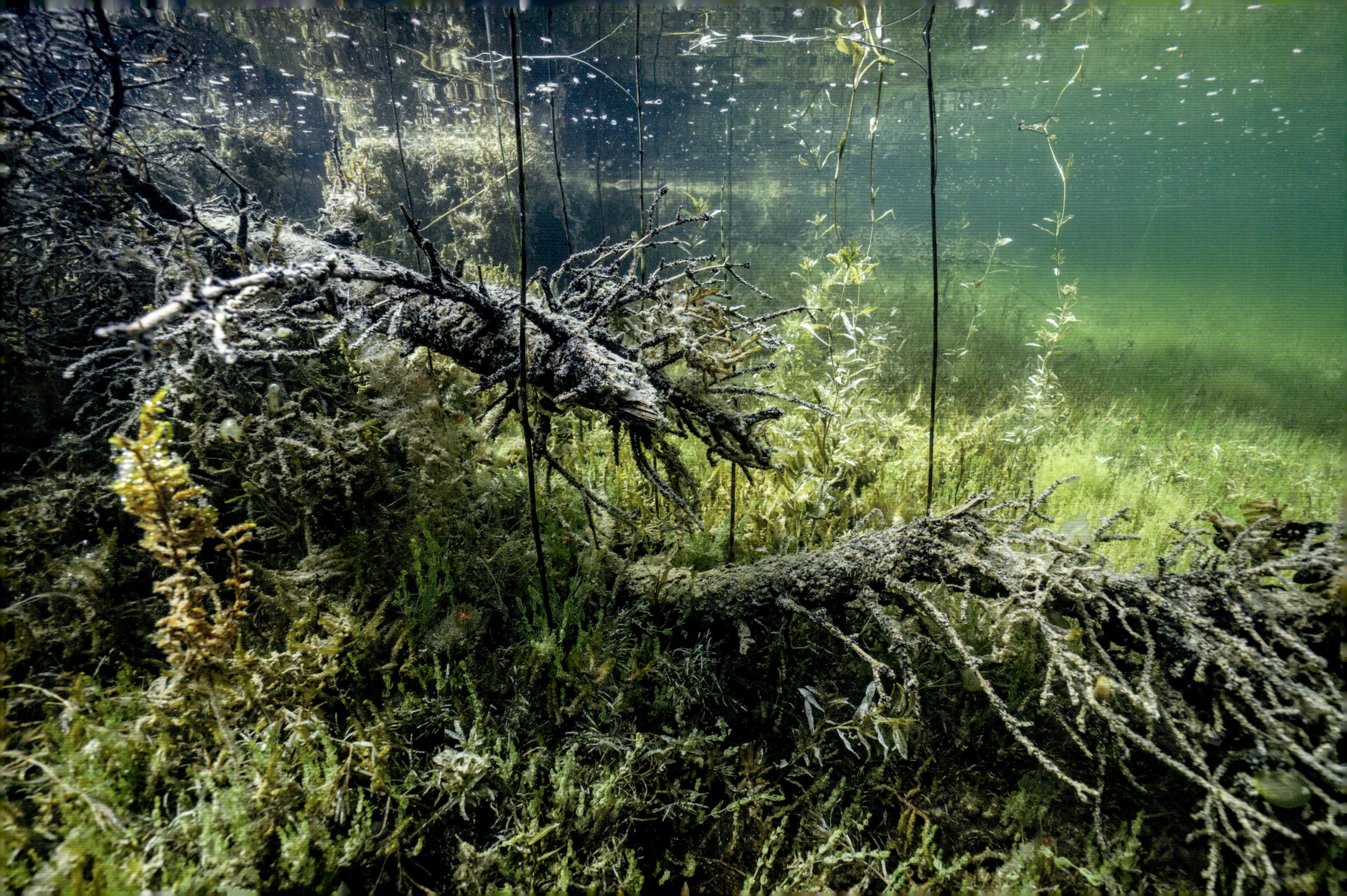

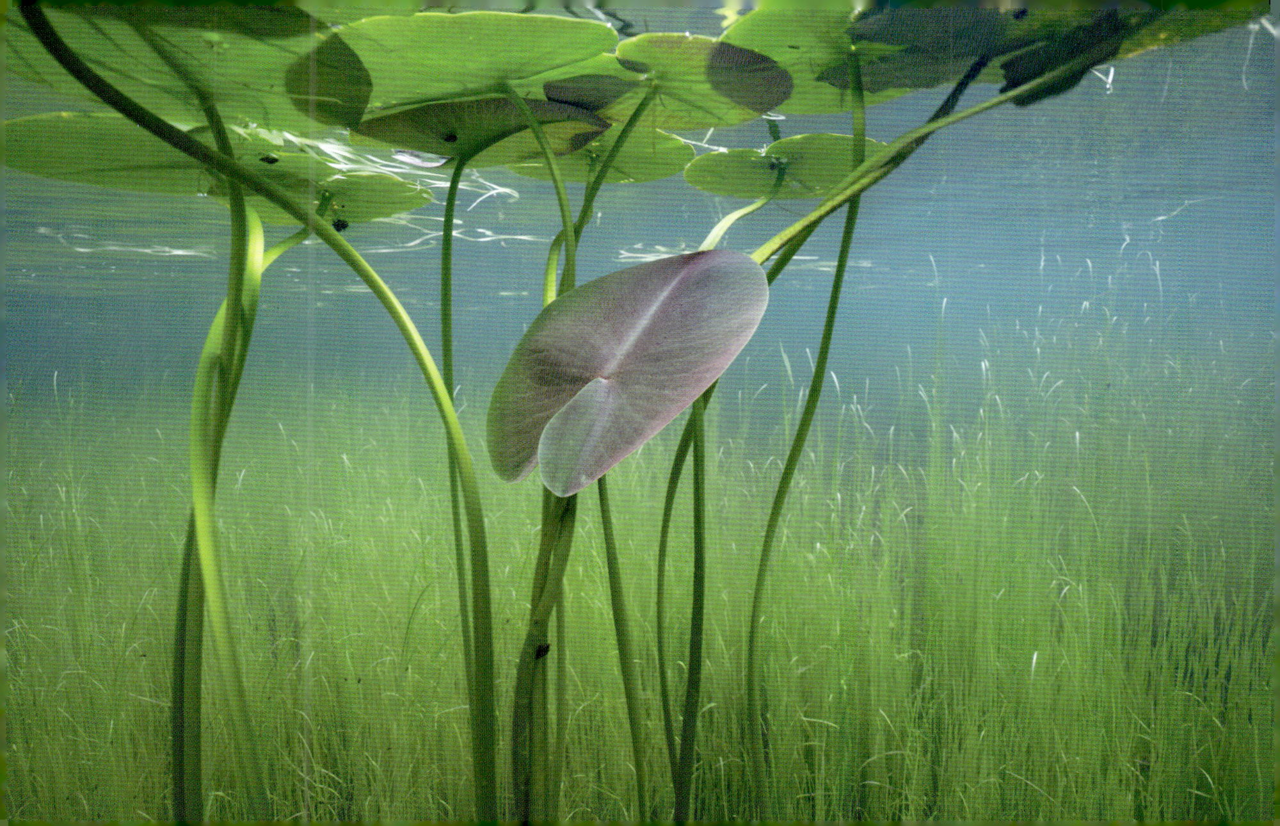

Arktische Äsche   Ombre arctique   Arctic Grayling

Hecht   Brochet   Northern Pike

Making of:

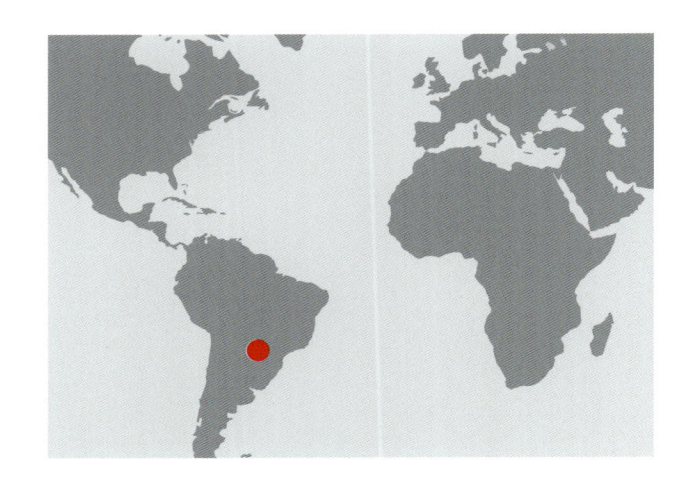

SERRA DA BODOQUENA, ABISMO ANHUMAS, CATARATAS DO IGUAÇU, **BRASIL**

SERRA DA BODOQUENA, ABISMO ANHUMAS UND IGUAÇU, BRASILIEN

Flüsse voller Fische und Wasserpflanzen schlängeln sich durch Galeriewälder. Affen suchen in den Bäumen nach Früchten, Fische lauern darunter auf Abfall. Am Grund einer 72 Meter tiefen Höhle liegt ein kristallklares Gewässer mit 18 Meter hoch aufragenden Kalksteinsäulen. Der Iguaçu zwischen Brasilien und Argentinien bildet einen der spektakulärsten Wasserfälle, bestehend aus einer Vielzahl grösserer und kleinerer Fälle, teilweise über 80 Meter hoch.

SERRA DA BODOQUENA, ABISMO ANHUMAS ET IGUAÇU, BRÉSIL

Des rivières pleines de poissons et de plantes aquatiques serpentent sous les forêts galeries. Les singes cherchent des fruits dans les arbres et les poissons attendent que des miettes tombent dans l'eau. Le fond d'une grotte de 72 m de profondeur est inondé d'une eau cristalline d'où se dressent d'impressionnants piliers calcaires hauts de 18 m. Les spectaculaires chutes Iguaçu entre le Brésil et l'Argentine sont composées de nombreuses cascades plus ou moins imposantes, pouvant parfois atteindre 80 m de hauteur.

SERRA DA BODOQUENA, ABISMO ANHUMAS AND IGUAÇU FALLS, BRAZIL

Rivers full of fish and aquatic plants wind through the forests. Monkeys in the trees look for fruits and fish wait impatiently for pieces of fruit to fall down from the trees. At the foot of a 72-meter-deep cave, there is a crystal-clear body of water with impressive, 18-meters high limestone pillars. The Iguaçu Falls between Brazil and Argentina are spectacular and are formed by a myriad of more or less imposing waterfalls, sometimes as tall as 80 meters.

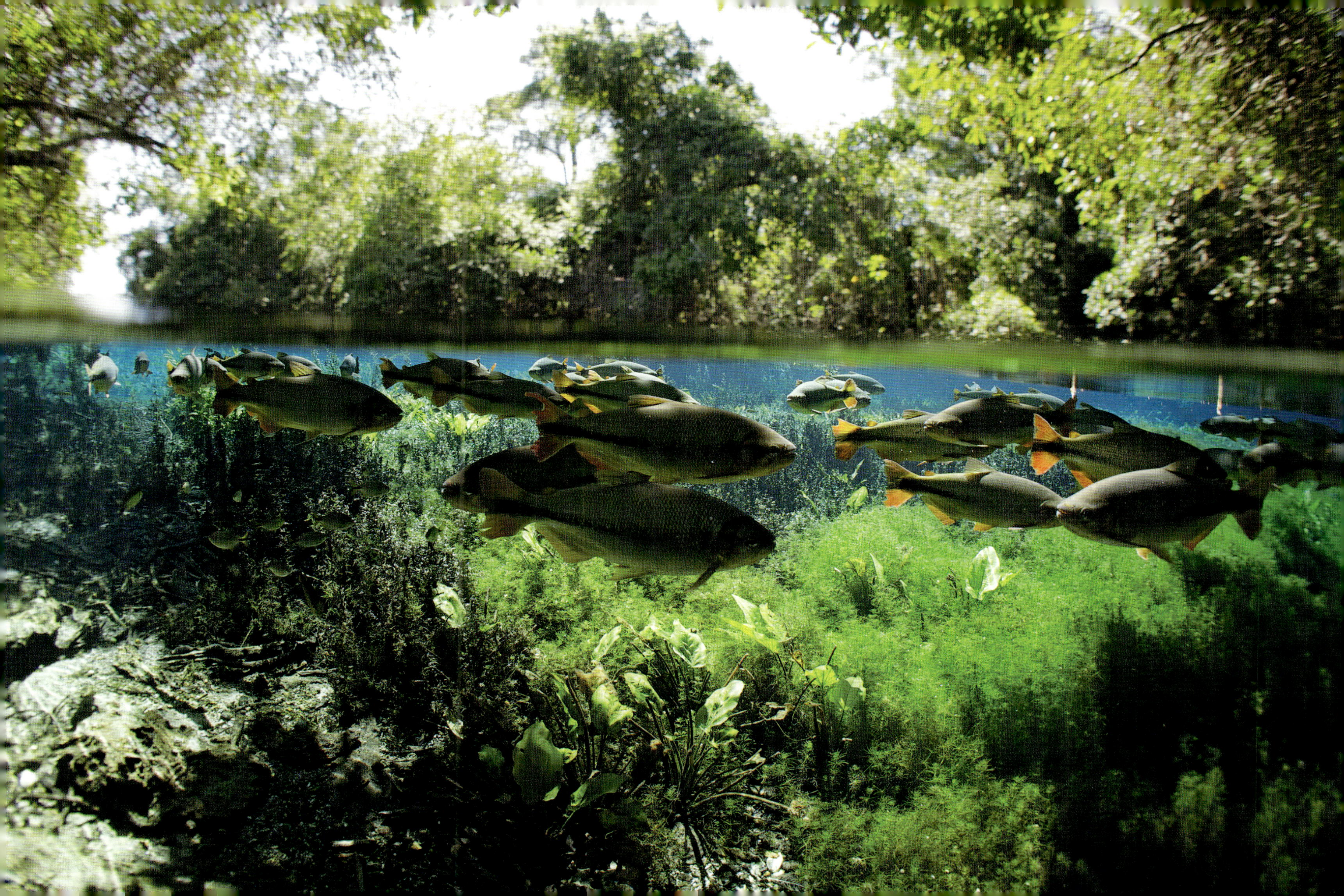

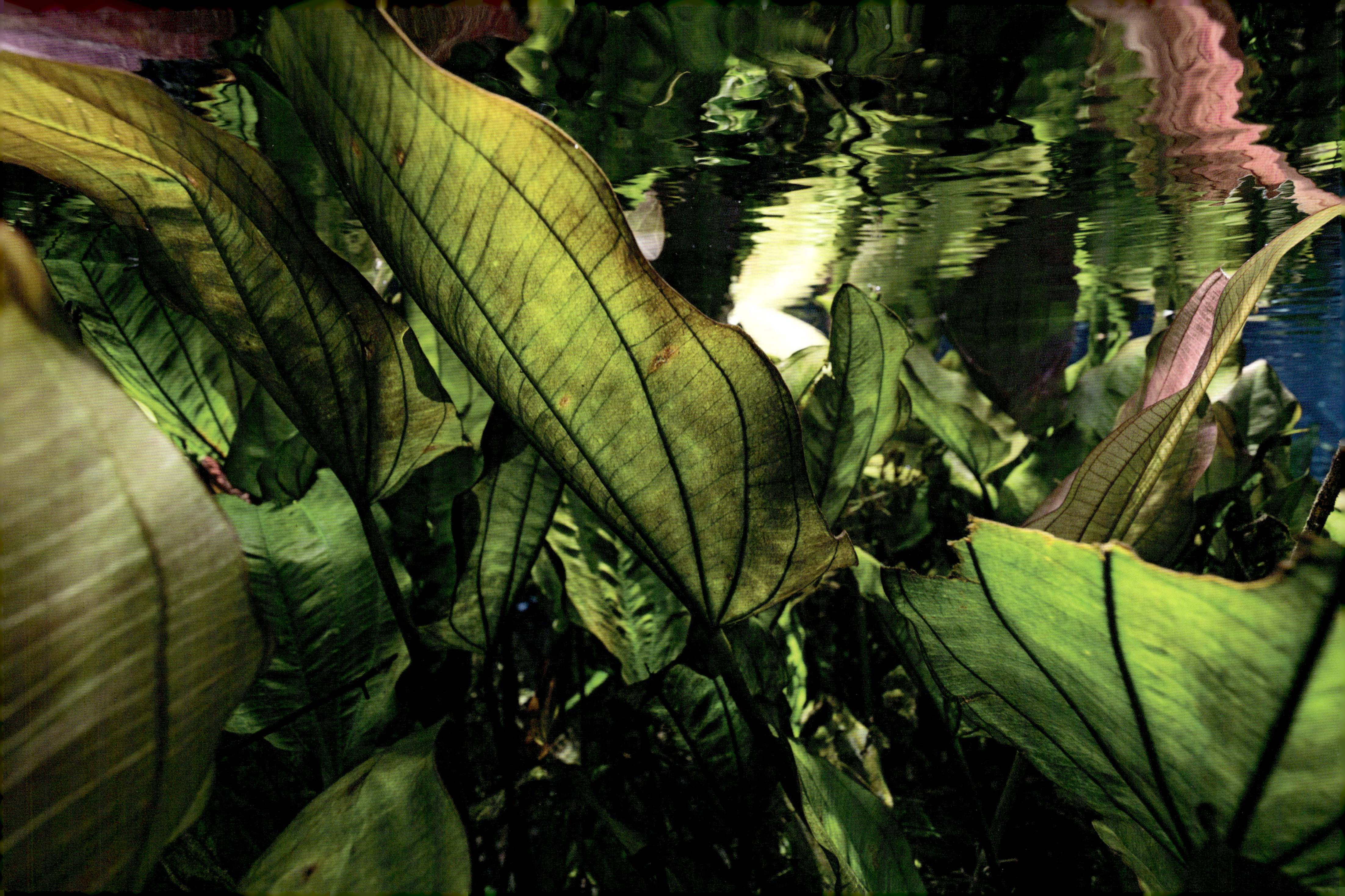

Piraputanga, Echinodorus macrophyllus

Piraputanga, Pacú

Making of:

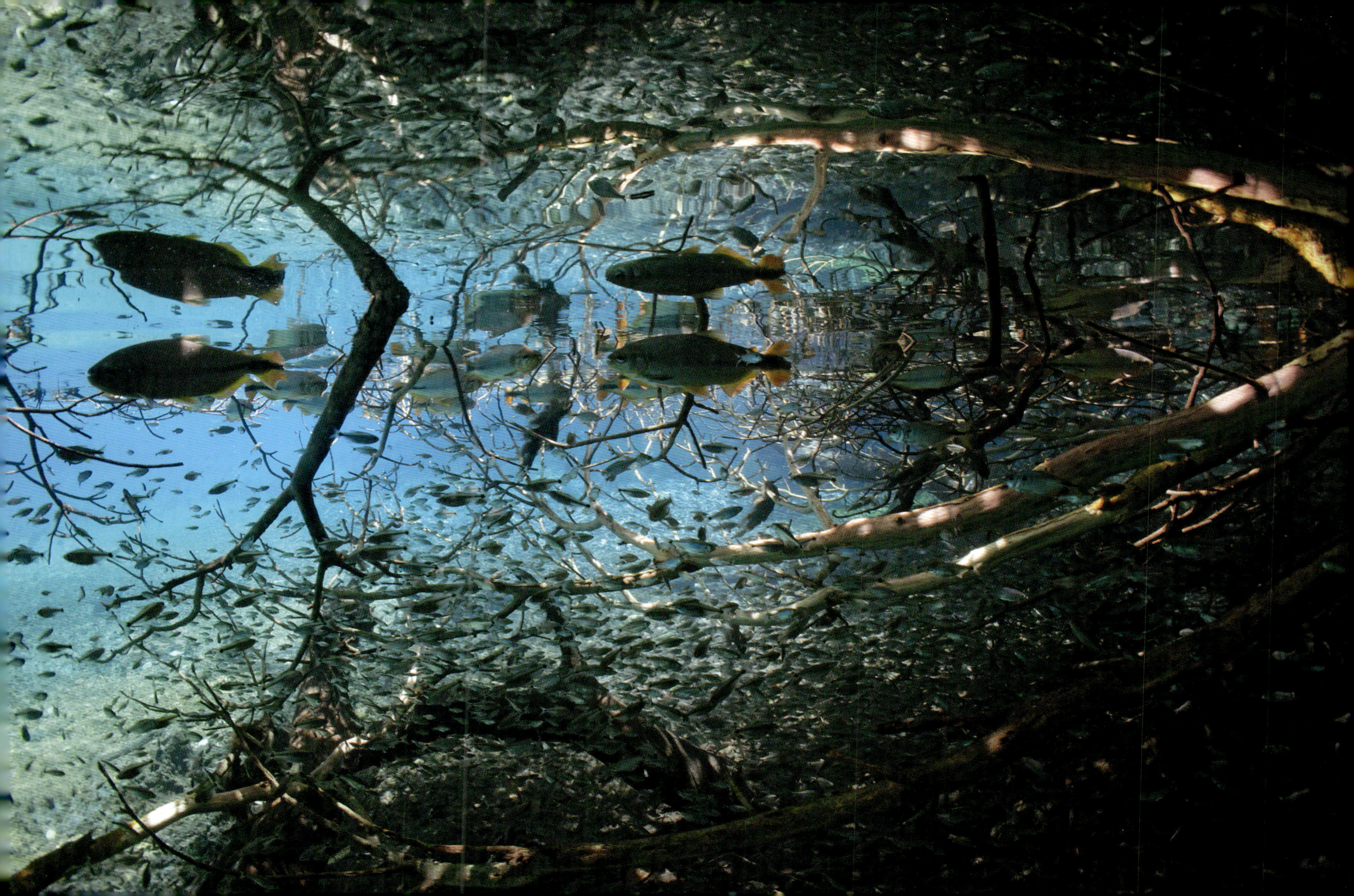

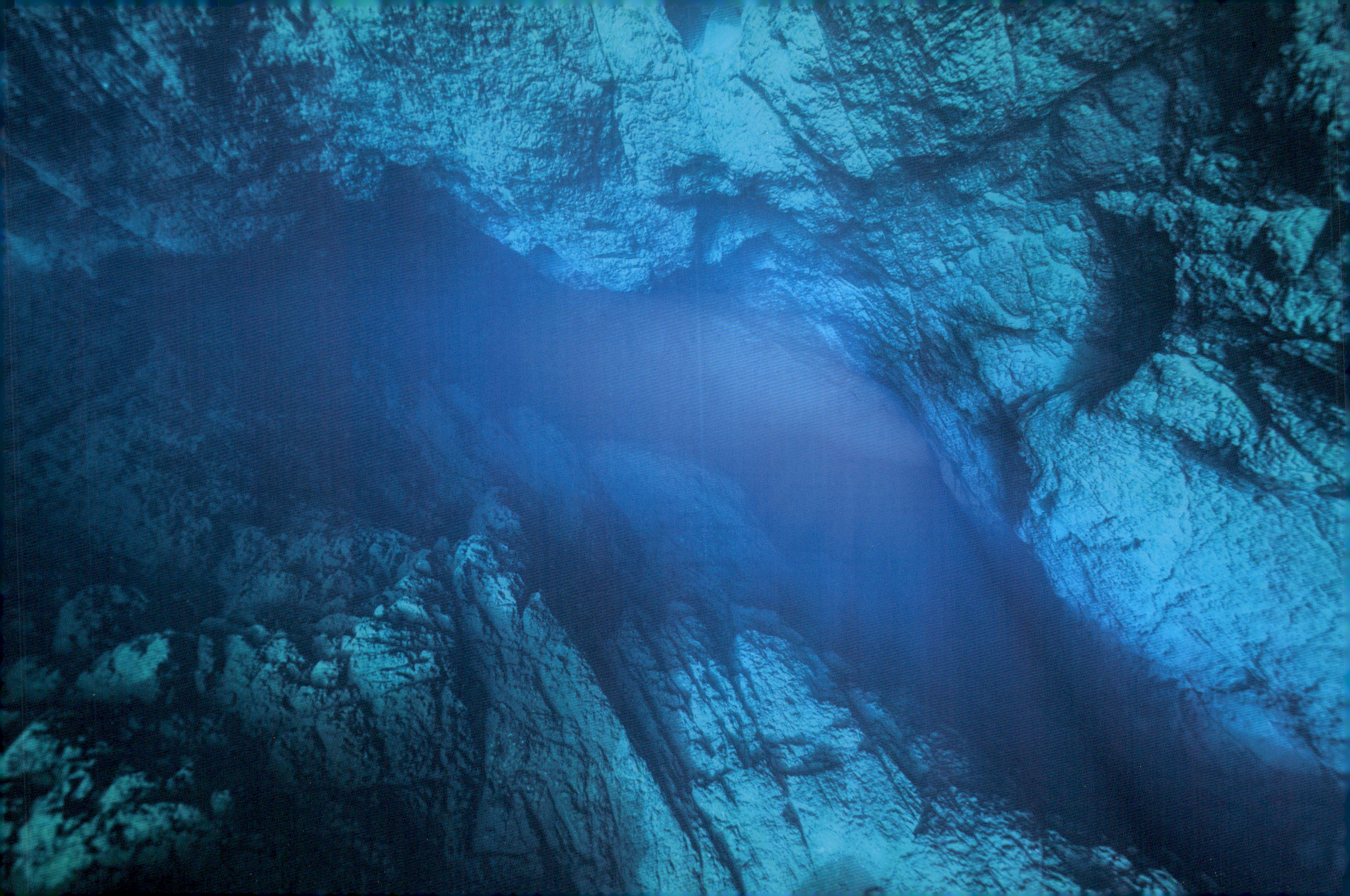

Lagoa Misteriosa

Abismo Anhumas

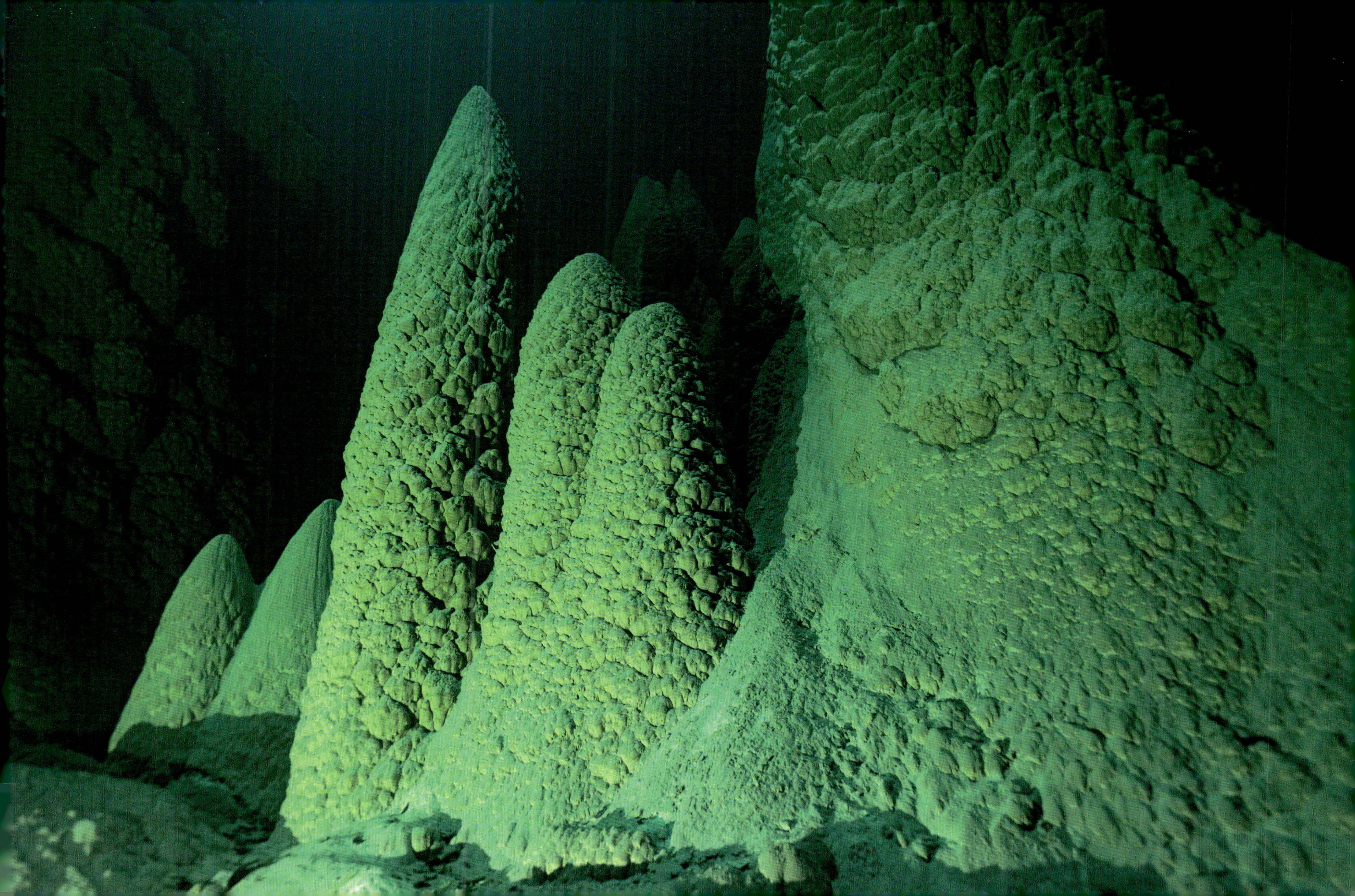

Iguaçu

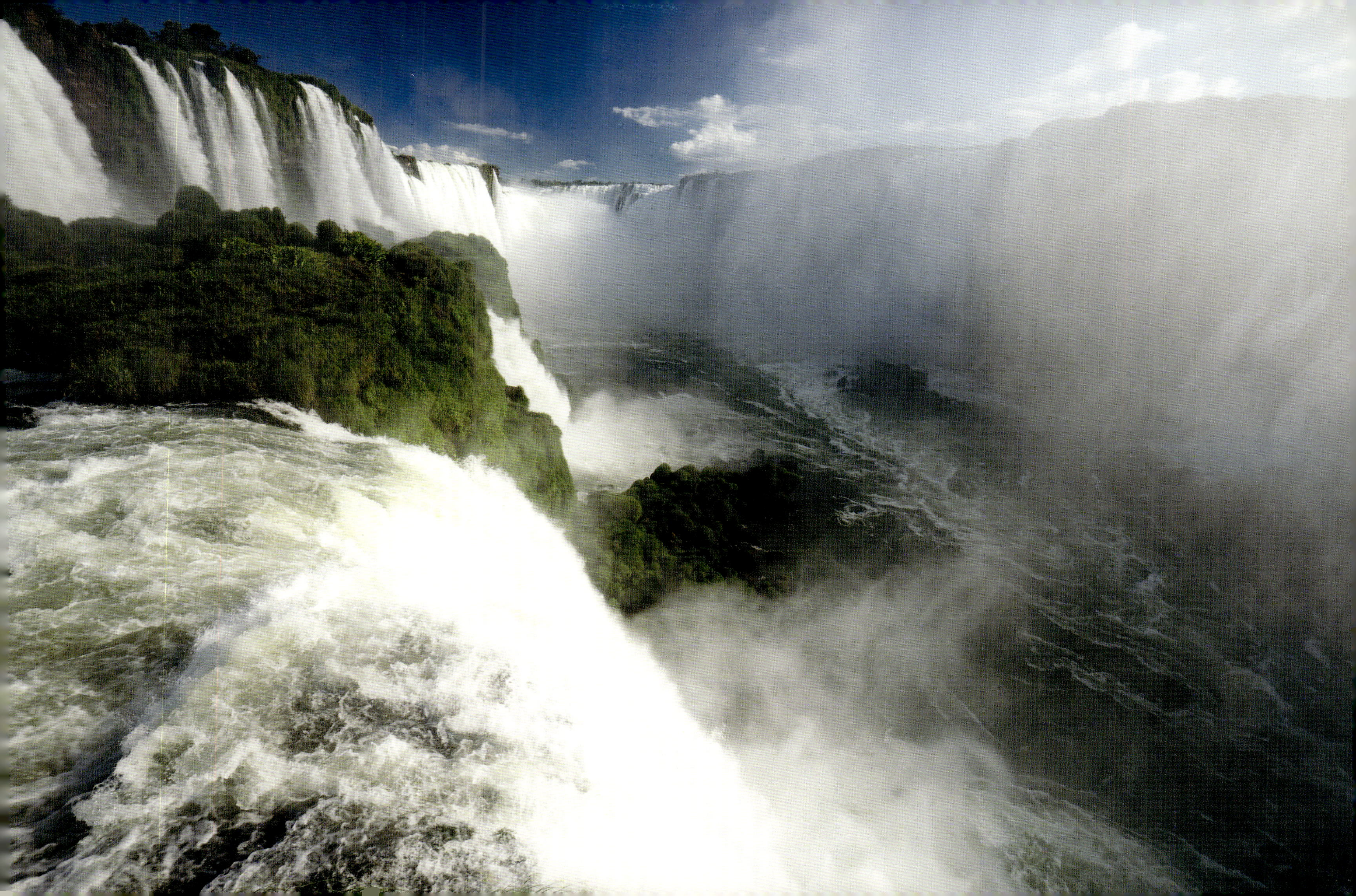

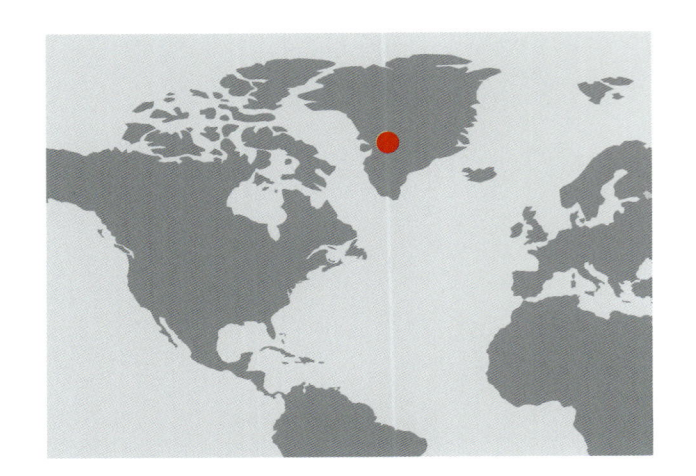

SERMERSUAQ, SERMEQ KUJALLEQ, **KALAALLIT NUNAAT**

GRÖNLÄNDISCHER EISSCHILD UND SERMEQ KUJALLEQ, GRÖNLAND

Auf dem mehrere Kilometer dicken grönländischen Eisschild bildet Schmelzwasser im Sommer temporäre Flüsse und Seen. Dieser Prozess beschleunigte sich in jüngster Zeit – das sollte auf einer Expedition dokumentiert werden. Der Sermeq Kujalleq ist einer der weltweit aktivsten Gletscher. Er schiebt sich zunehmend schneller vor, bis zu 45 Meter täglich, und produziert eine gewaltige Menge Eisberge. Die Titanic kollidierte 1912 wohl mit einem dieser Eisberge.

INLANDSIS GROENLANDAIS ET SERMEQ KUJALLEQ, GROENLAND

L'inlandsis groenlandais est épais de plusieurs kilomètres. En été, il fond parfois en surface et forme alors des rivières et des lacs temporaires. Ce processus s'est accéléré récemment et a été documenté lors d'une expédition. Le Sermeq Kujalleq est l'un des glaciers les plus actifs du monde. Il avance de plus en plus vite, jusqu'à 45 m par jour, et produit une quantité prodigieuse d'icebergs. C'est probablement avec un de ces icebergs que le Titanic est entré en collision en 1912.

SERMERSUAQ AND JAKOBSHAVN GLACIER, GREENLAND

All across these ice caps, which are several kilometers thick, thaw water produces temporary rivers and lakes in summer. This process has been accelerating recently – our expedition aimed at documenting this development. Jakobshavn Glacier is one of the most active glaciers in the world. It moves increasingly faster, up to 45 meters a day, and produces phenomenal quantities of icebergs. It is precisely with one of those icebergs that the Titanic probably collided with in 1912.

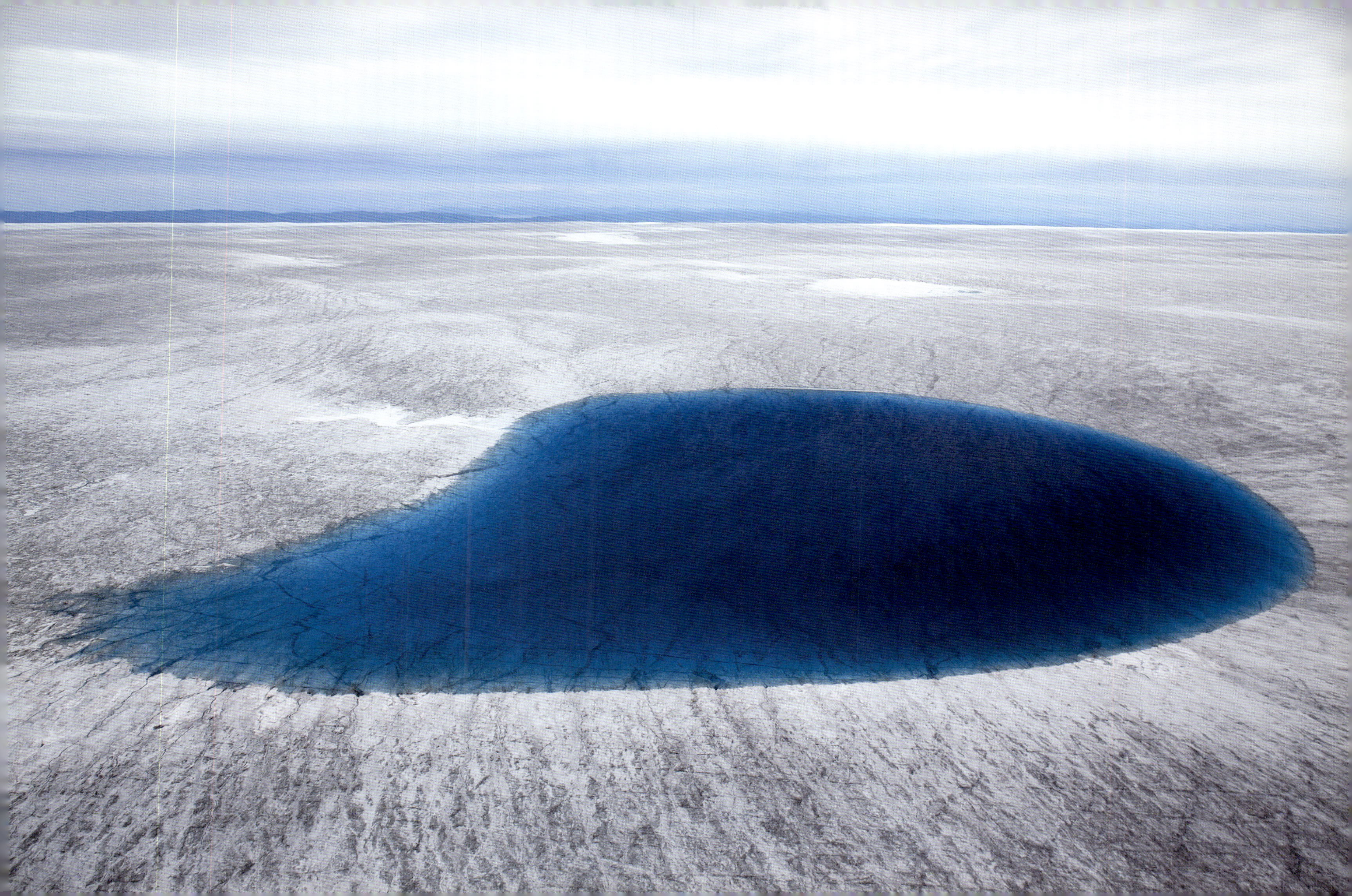

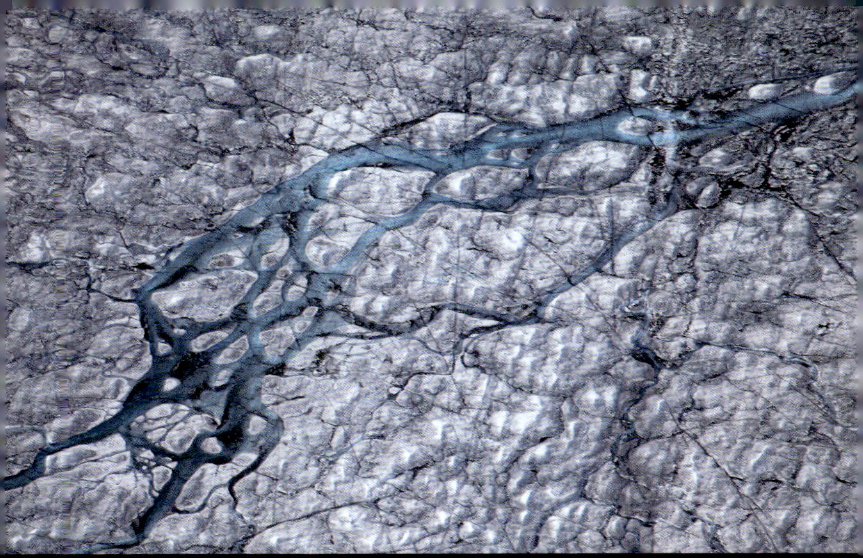
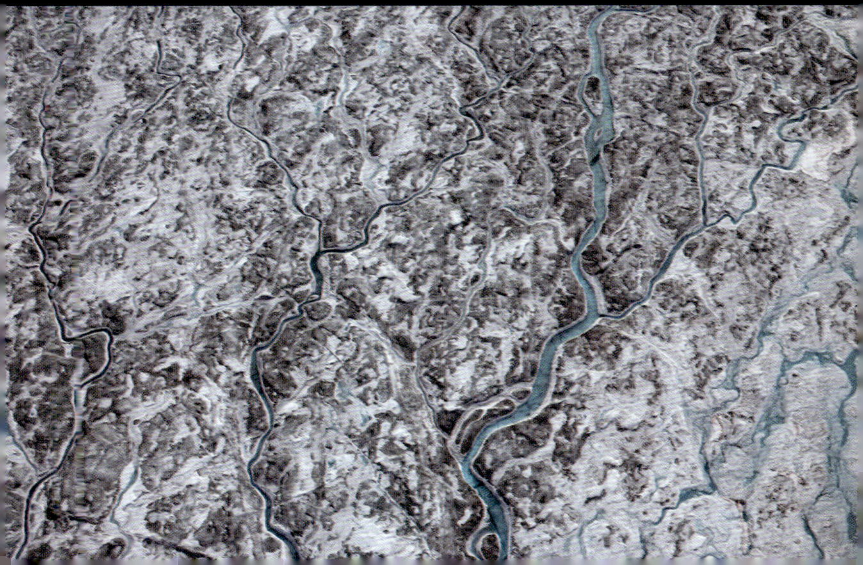

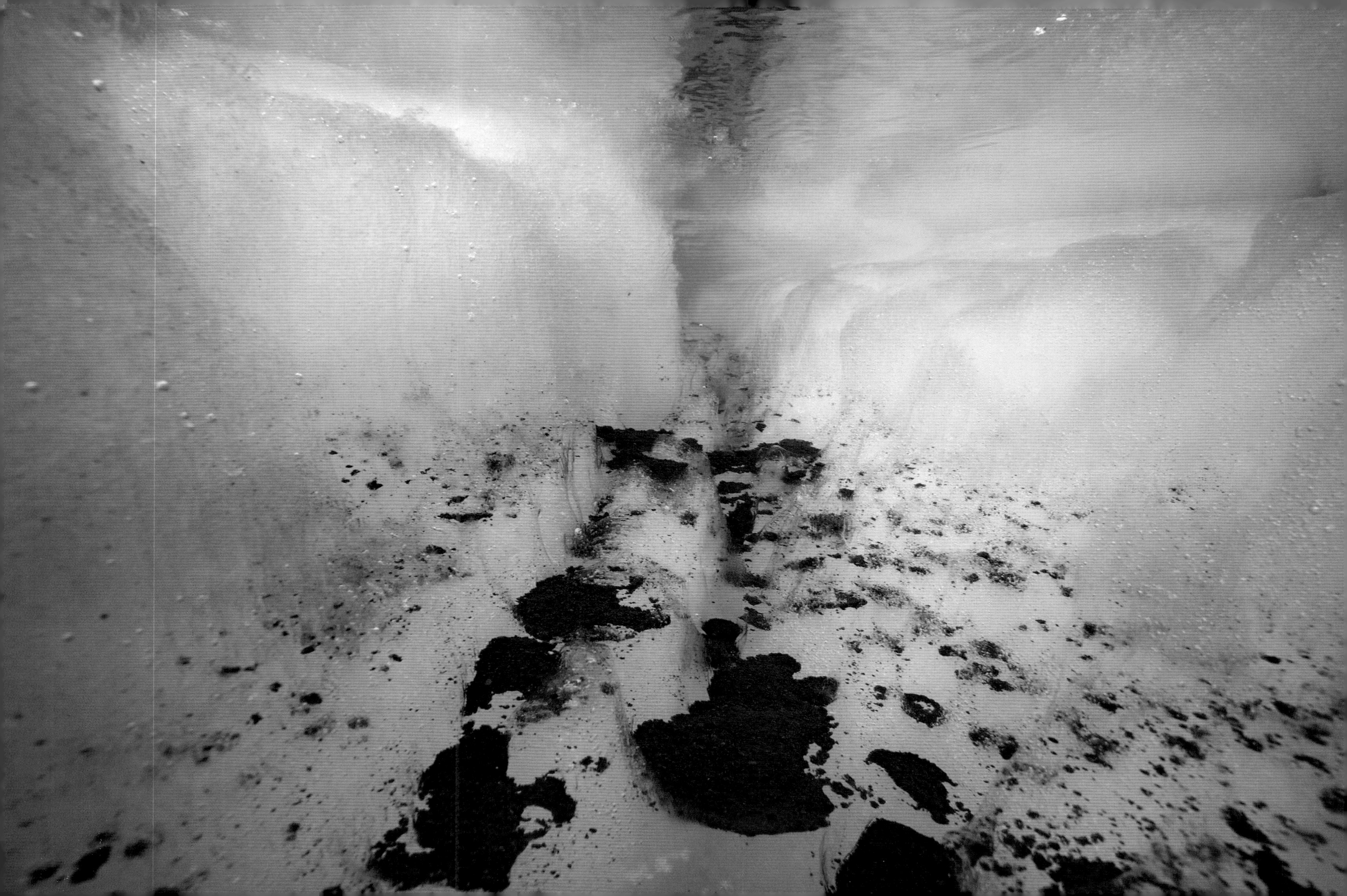

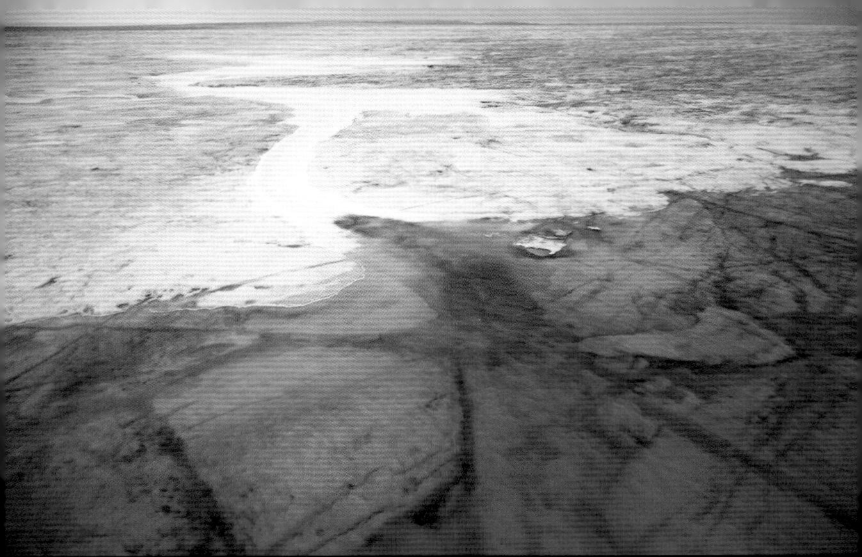

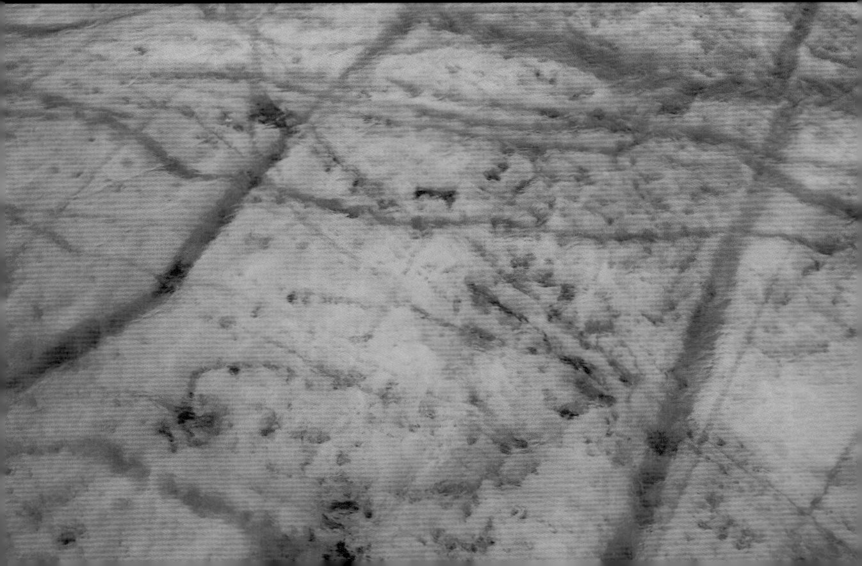

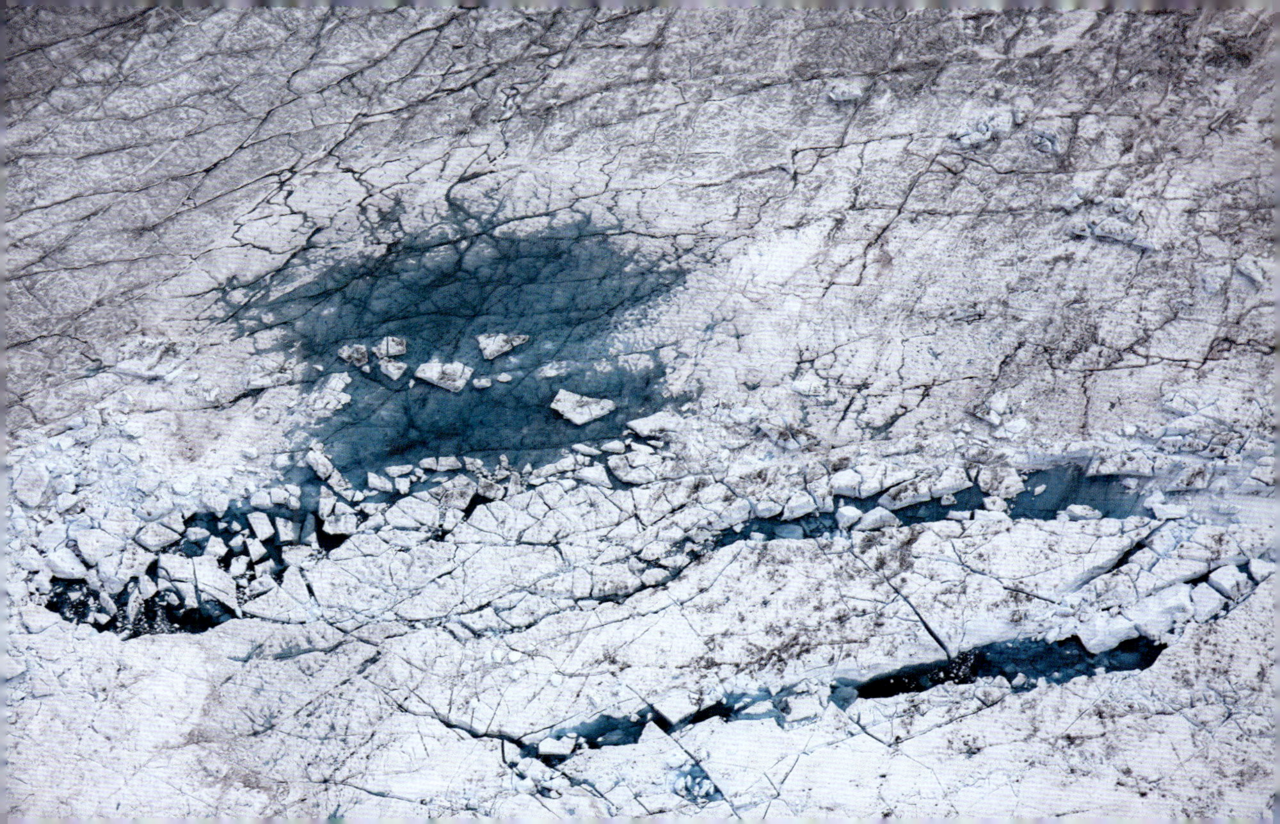

Swiss Camp >

Making of:

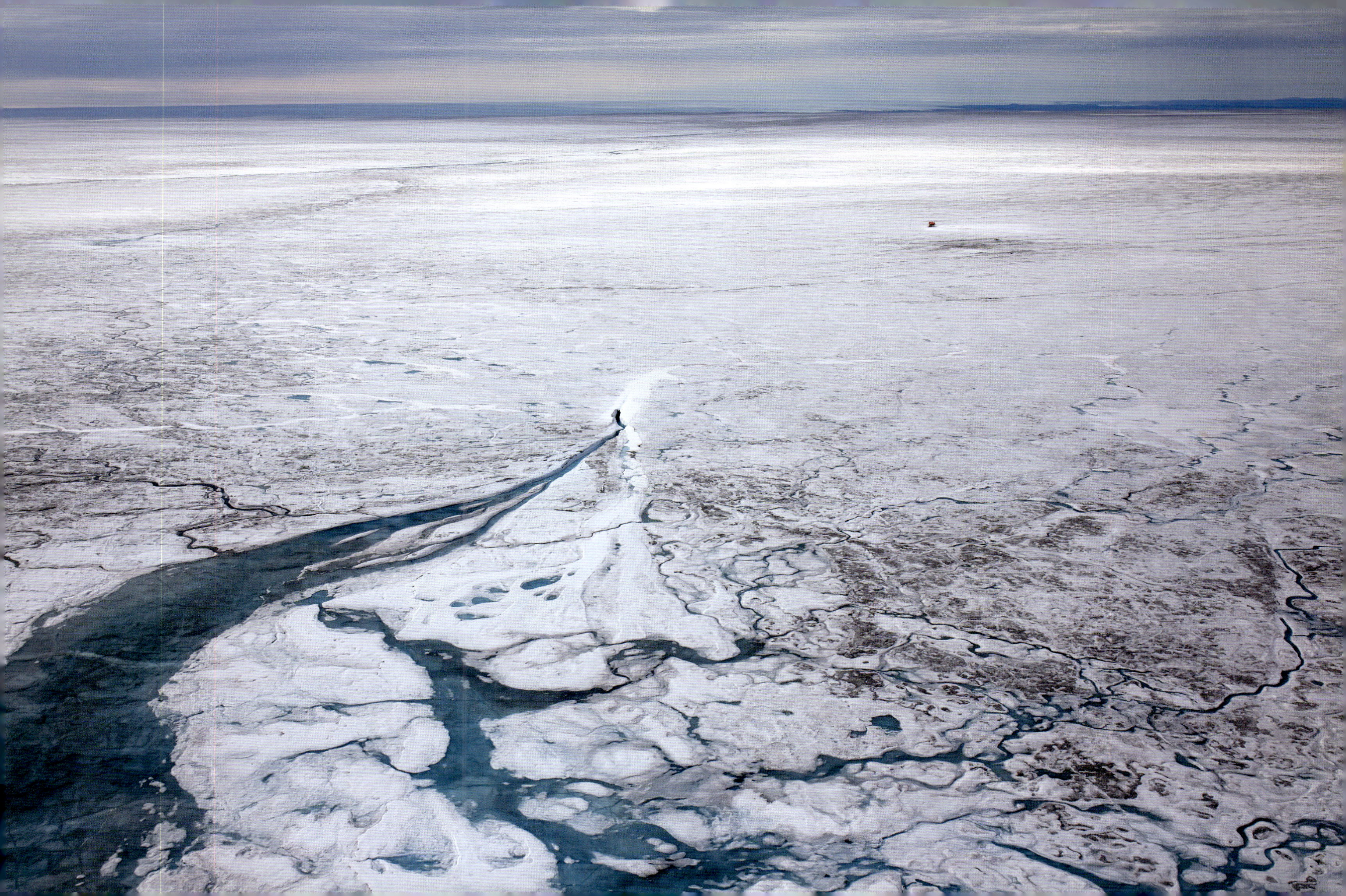

Sermeq Kujalleq

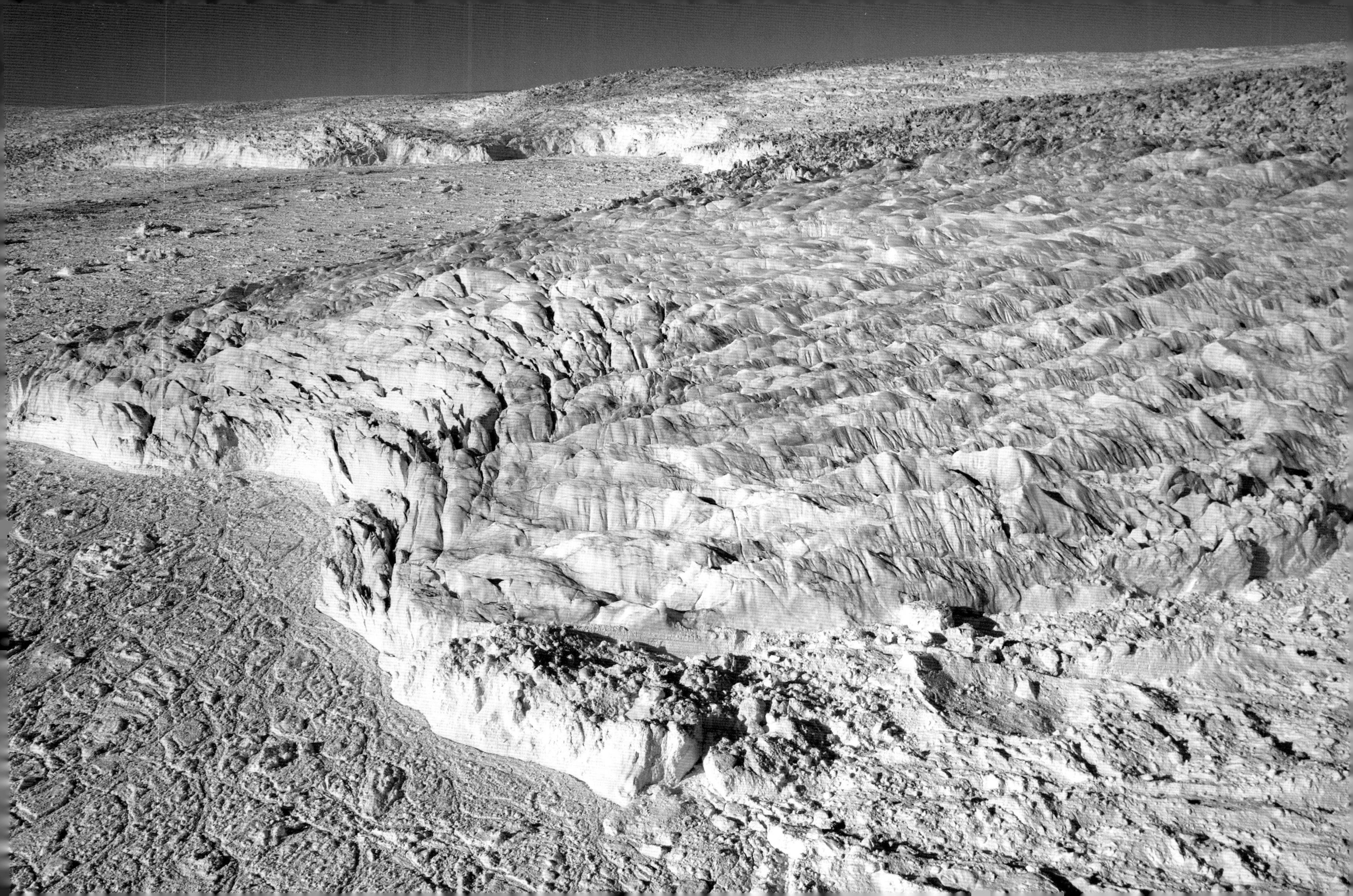

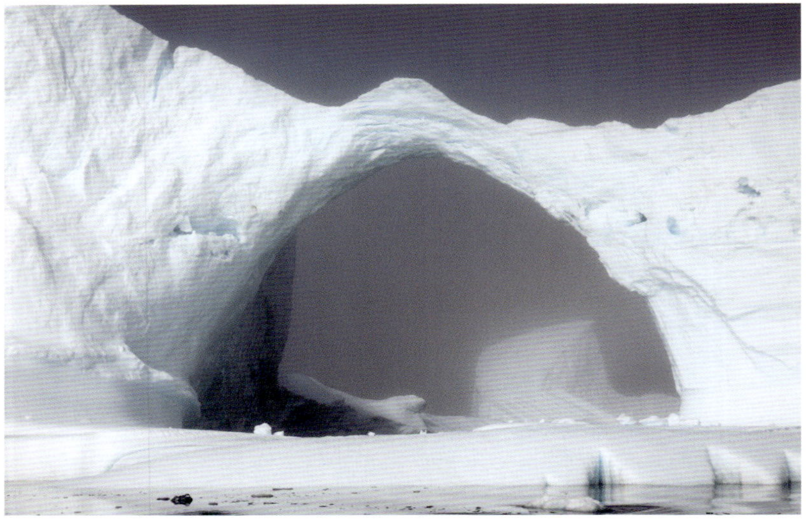
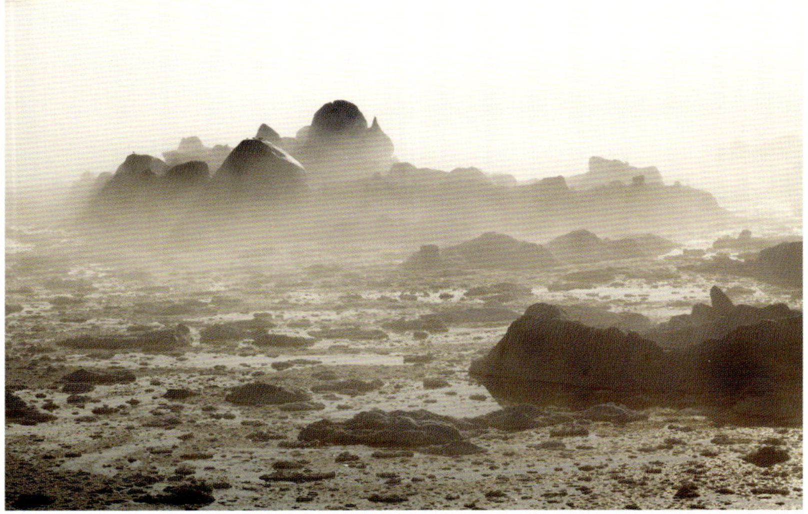
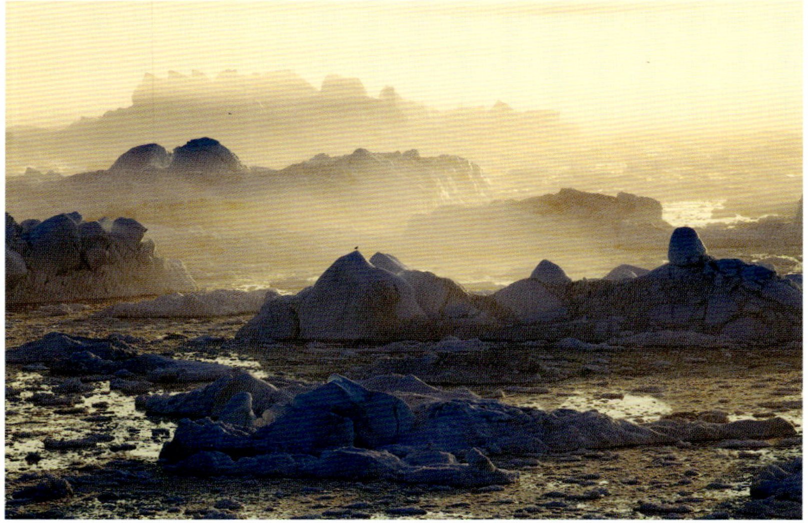
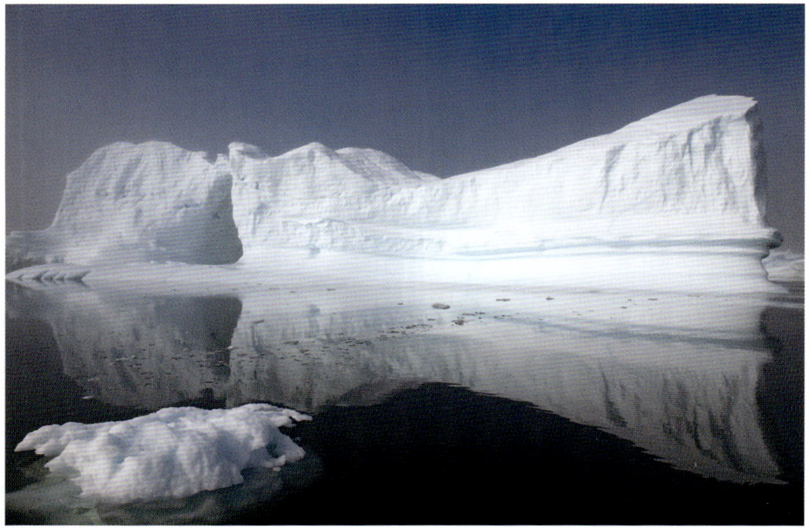

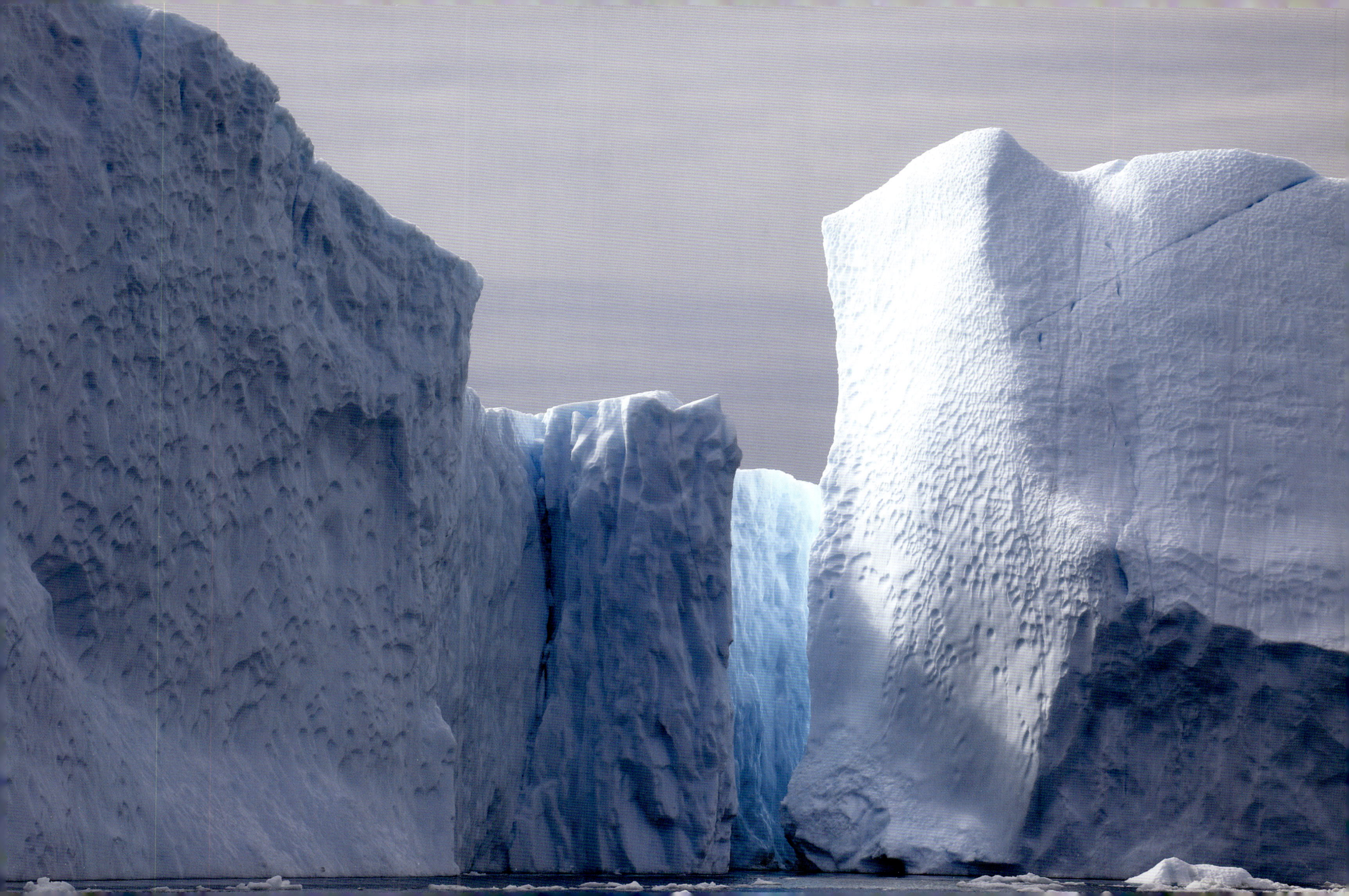

TE WAIKOROPUPU, ROTOMAIREWHENUA, **AOTEAROA**

WAIKOROPUPU UND ROTO-MAIREWHENUA, NEUSEELAND

Te Waikoropupu ist den Maori heilig: Niemand darf das Quellwasser trinken oder berühren. Fotografieren unter Wasser wurde mir nicht bewilligt, und das war gut so. Das bringt einen zum Nachdenken über unseren Umgang mit Wasser. Der hoch in der Alpen Neuseelands gelegene See Rotomairewhenua ist den Maori ebenfalls heilig. Die Gebeine verstorbener Maori werden hier gewaschen. Bis 80 Meter beträgt die Sichtweite. Fotografieren konnte ich hier mit einer Spezialbewilligung der Maori.

WAIKOROPUPU ET ROTOMAIREWHENUA, NOUVELLE-ZÉLANDE

Te Waikoropupu est sacré pour les Maori: personne ne doit troubler ni boire son eau. Je n'ai pas été autorisé à photographier sous l'eau. Et finalement c'était très bien ainsi: pouvoir juste réfléchir à notre rapport à l'eau. Le lac Rotomairewhenua, dans les Alpes de Nouvelle-Zélande, est également sacré pour les Maori. Les ossements des défunts y sont lavés. La visibilité peut porter jusqu'à 80 m. J'ai pu y prendre des photos grâce à une autorisation spéciale des Maori.

WAIKOROPUPU AND ROTOMAIREWHENUA, NEW ZEALAND

The Te Waikoropupu Springs are sacred to the Maori: Nobody can drink or touch their water. I wasn't allowed to take underwater photos there and I perfectly understood. It makes us think about our relationship with water. The high-altitude lake Rotomairewhenua in the Alps of New Zealand is also sacred to the Maori. The remains of dead Maori are washed there. Visibility can be as high as 80 meters. I was able to take pictures thanks to a special permission from the Maori.

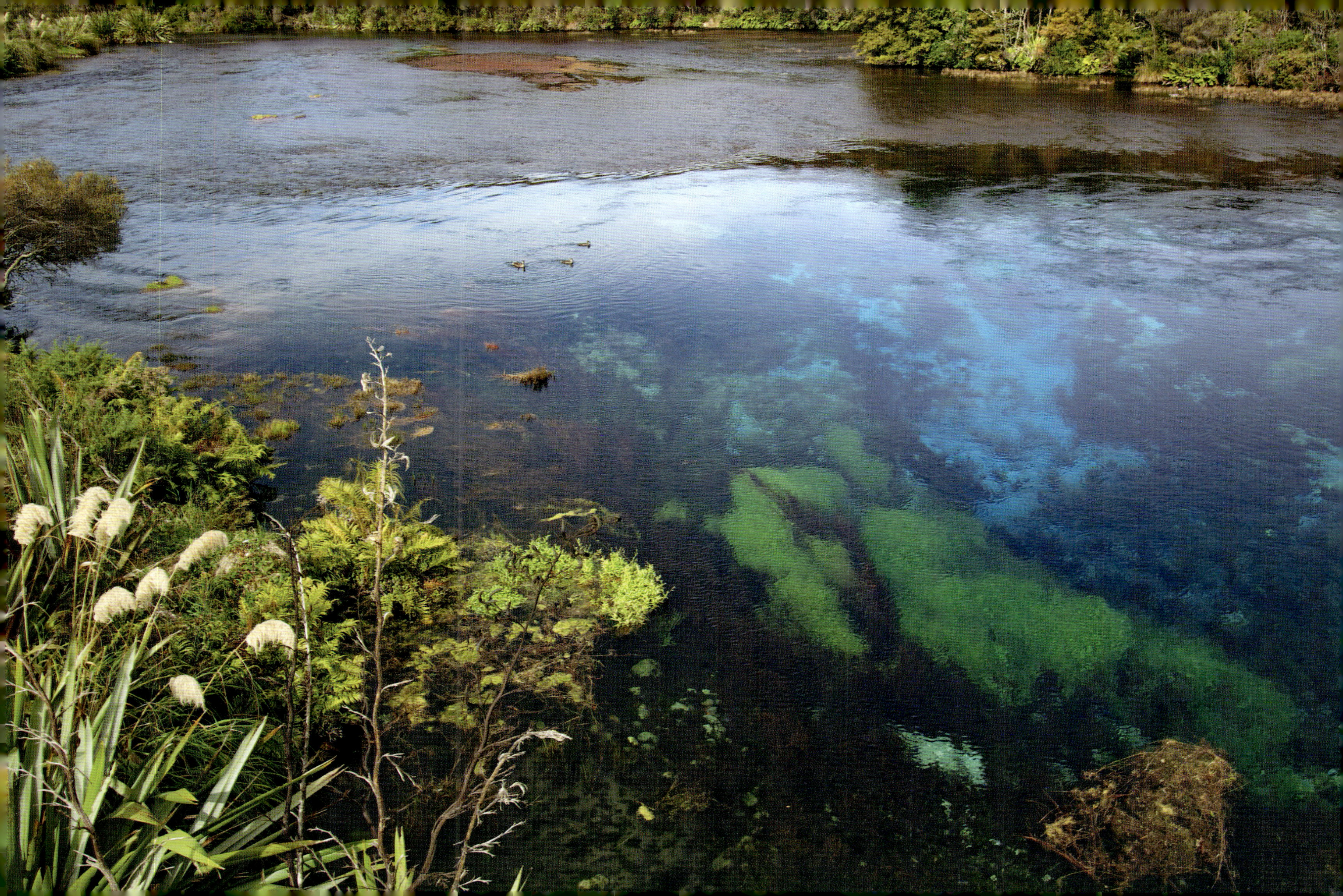

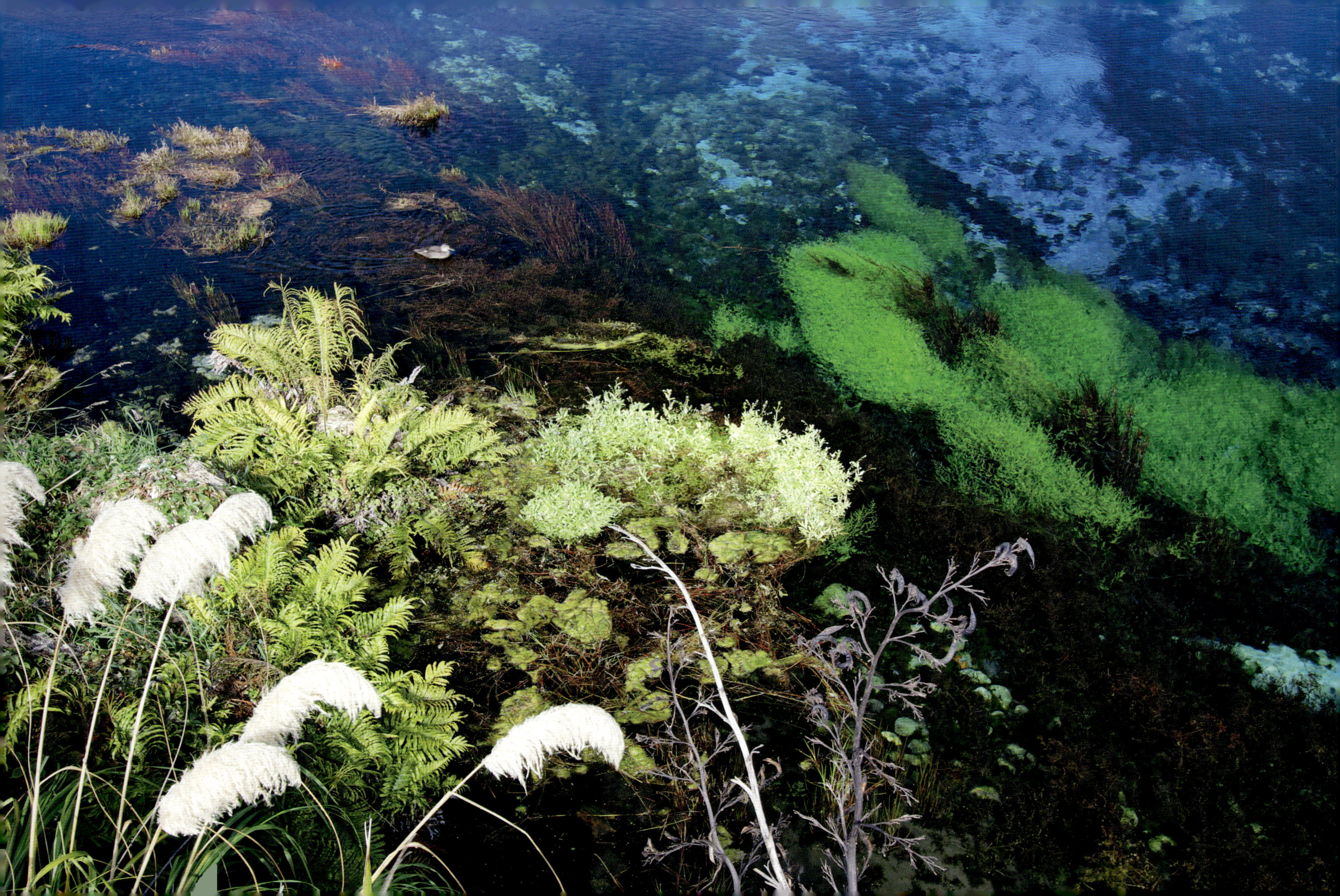

Te Waikoropupū

Rotoma

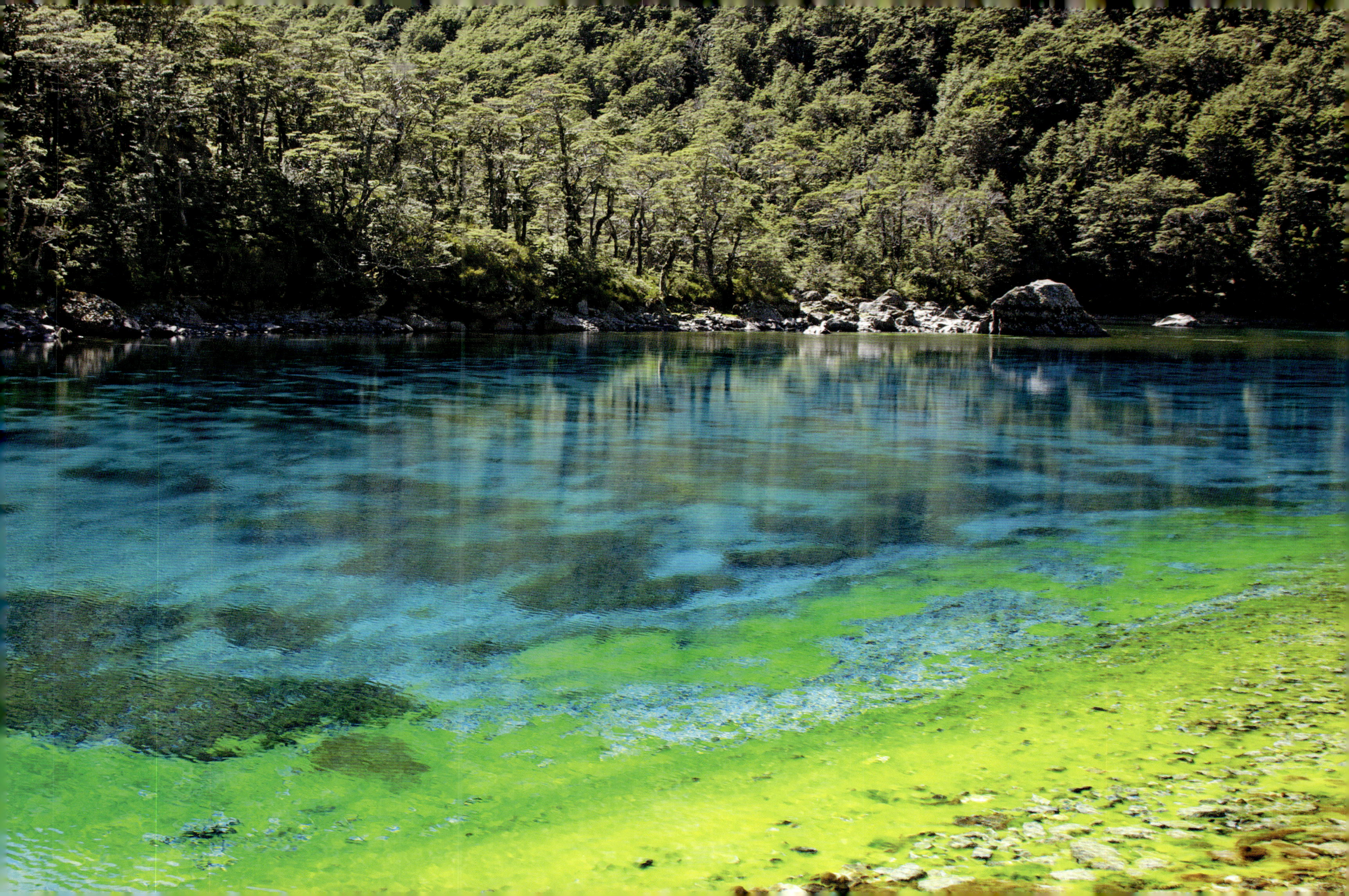

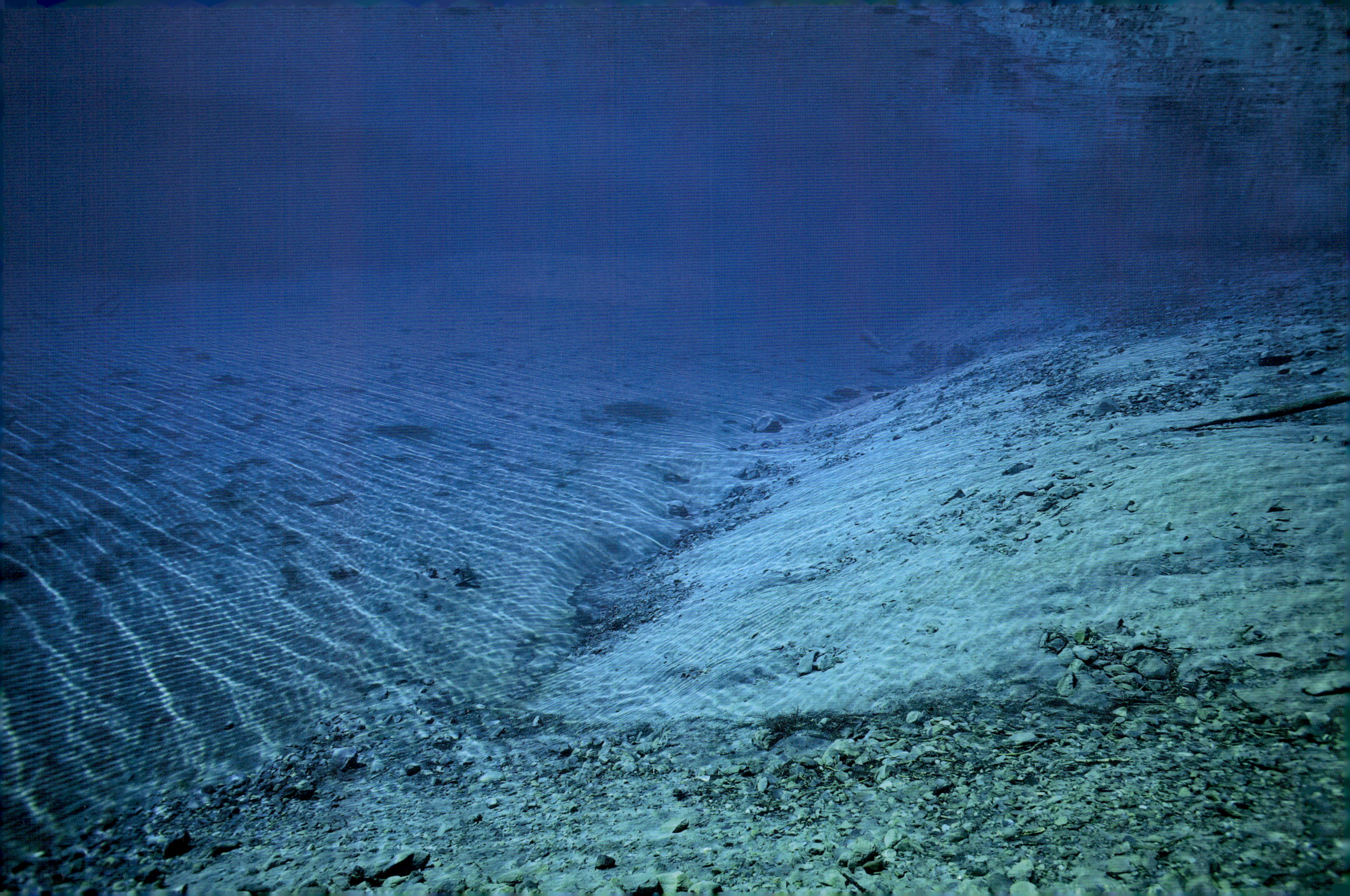

237

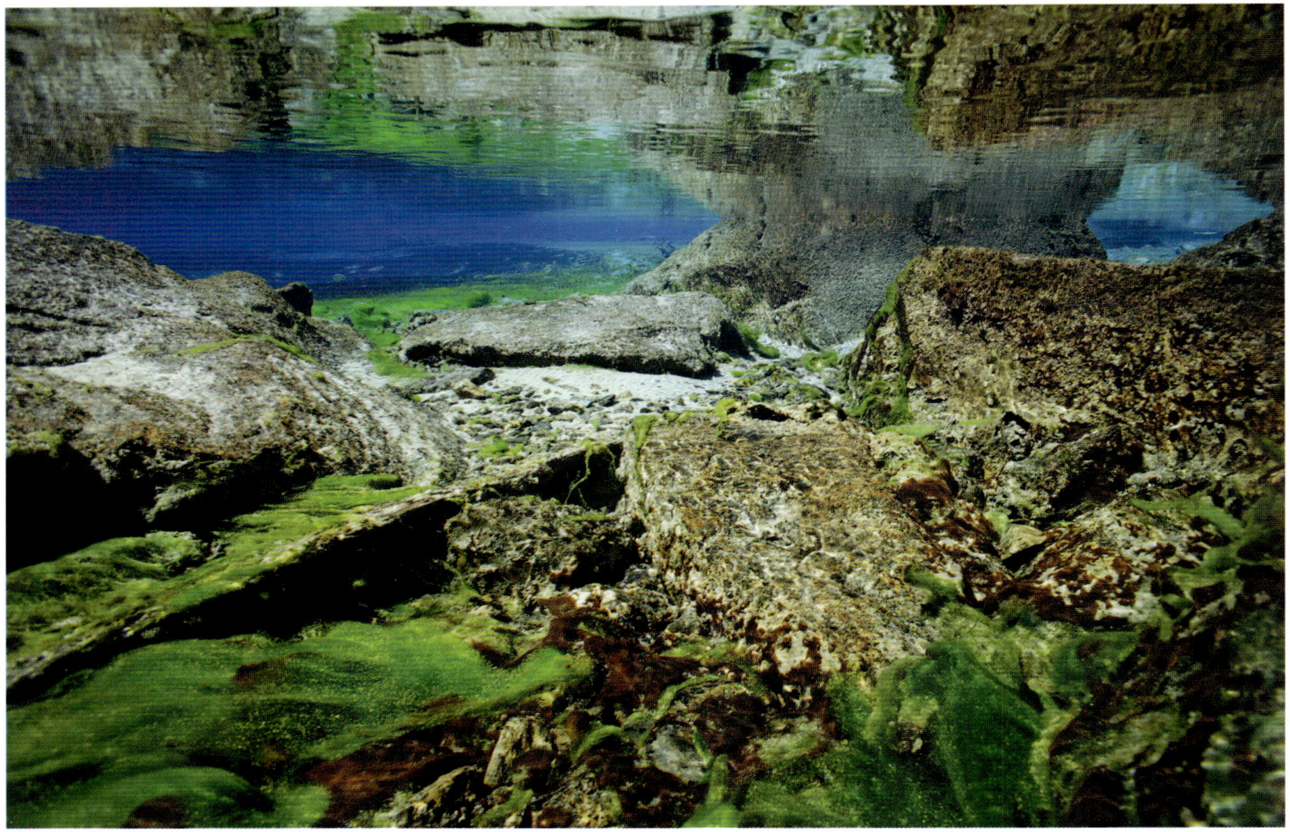

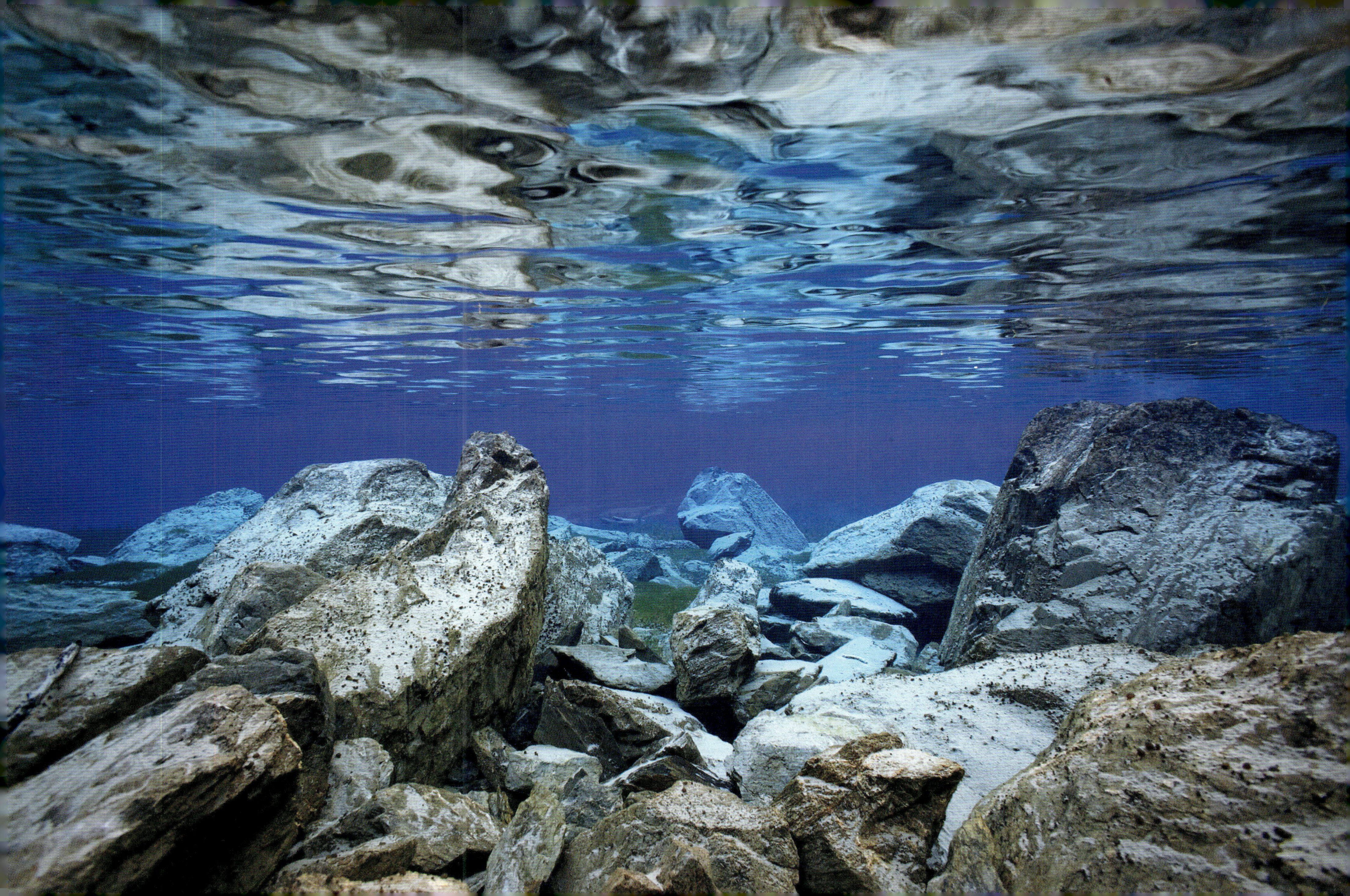

КУРИЛЬСКОЕ ОЗЕРО, КАМЧАТКА, **РОССИЯ**

KURILENSEE, KAMTSCHATKA, RUSSLAND

Millionen von Rotlachsen steigen alljährlich vom Ochotskischen Meer flussaufwärts zum Kurilensee, um dort zu laichen und zu sterben. Das zieht hunderte von Braunbären an, die sich mit den Lachsen für den nahenden Winter mästen. Diese Ansammlung ist für die einzelgängerischen Bären nicht unproblematisch. Dank einer Spezialbewilligung und der langen Erfahrung im Umgang mit Bären konnte ich mit fernbedienten Kameras inmitten der fischenden Braunbären fotografieren.

LAC KOURILE, KAMTSCHATKA, RUSSIE

Des millions de saumons rouges remontent chaque année de la mer d'Okhotsk au lac Kourile pour s'y reproduire et mourir. Cette migration attire des centaines d'ours bruns qui profitent de la pêche pour s'engraisser avant l'hiver, un rassemblement qui ne va pas sans problème pour ces animaux solitaires. Muni d'une autorisation spéciale, j'ai pu, grâce à ma longue expérience des ours, les approcher et immortaliser leur pêche au moyen d'un appareil télécommandé.

KURILE LAKE, KAMTCHATKA, RUSSIA

Millions of sockeye salmon swim up the Okhotsk Sea every year to Kurile Lake to spawn and die. This attracts hundreds of brown bears which feed on them to accumulate fat as winter approaches. That gathering is not unproblematic for the solitary bears. Thanks to a special permission and my experience with dealing with bears, I was able to take photos in the middle of bears feasting on fish thanks to remote control cameras.

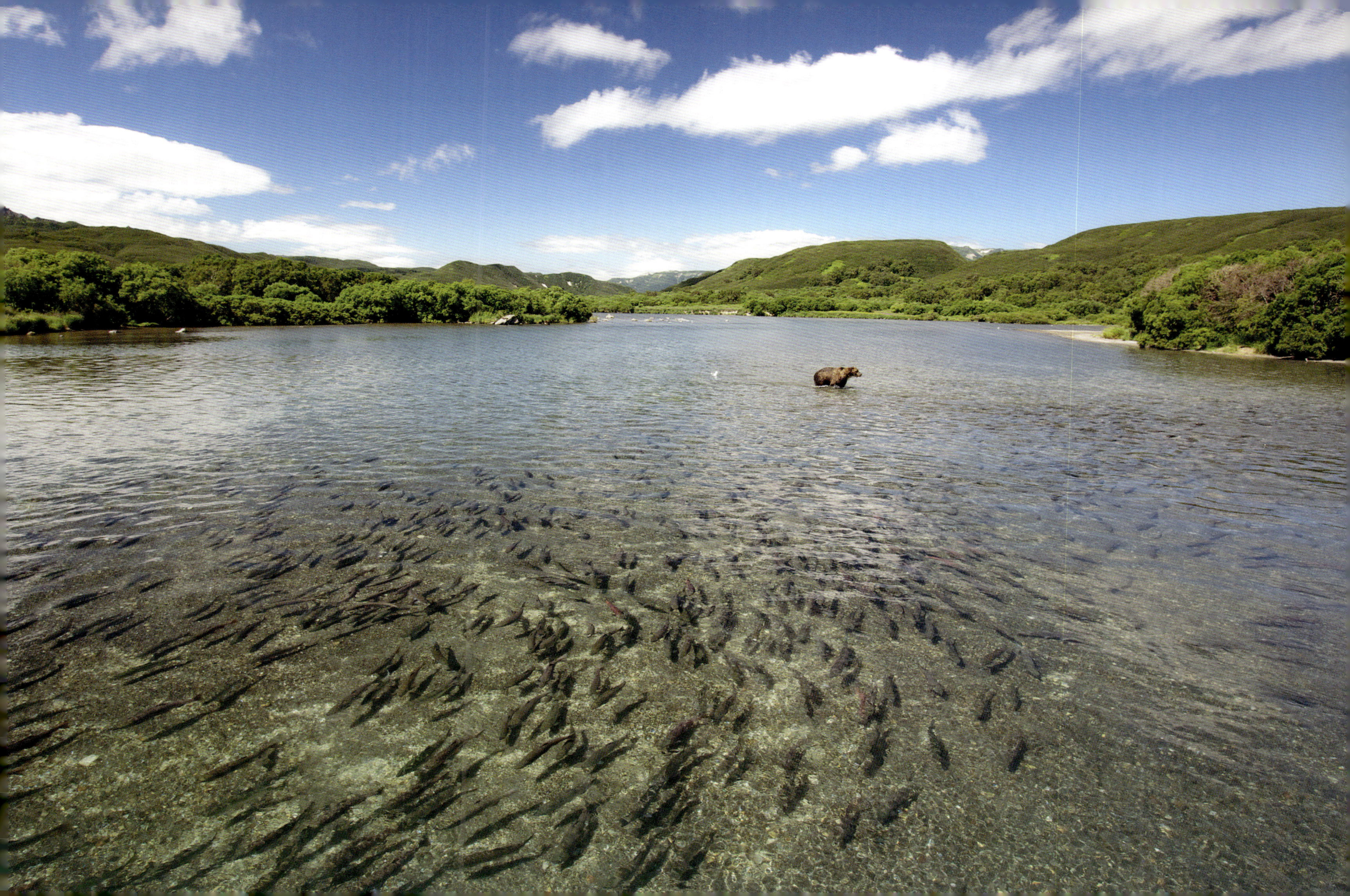

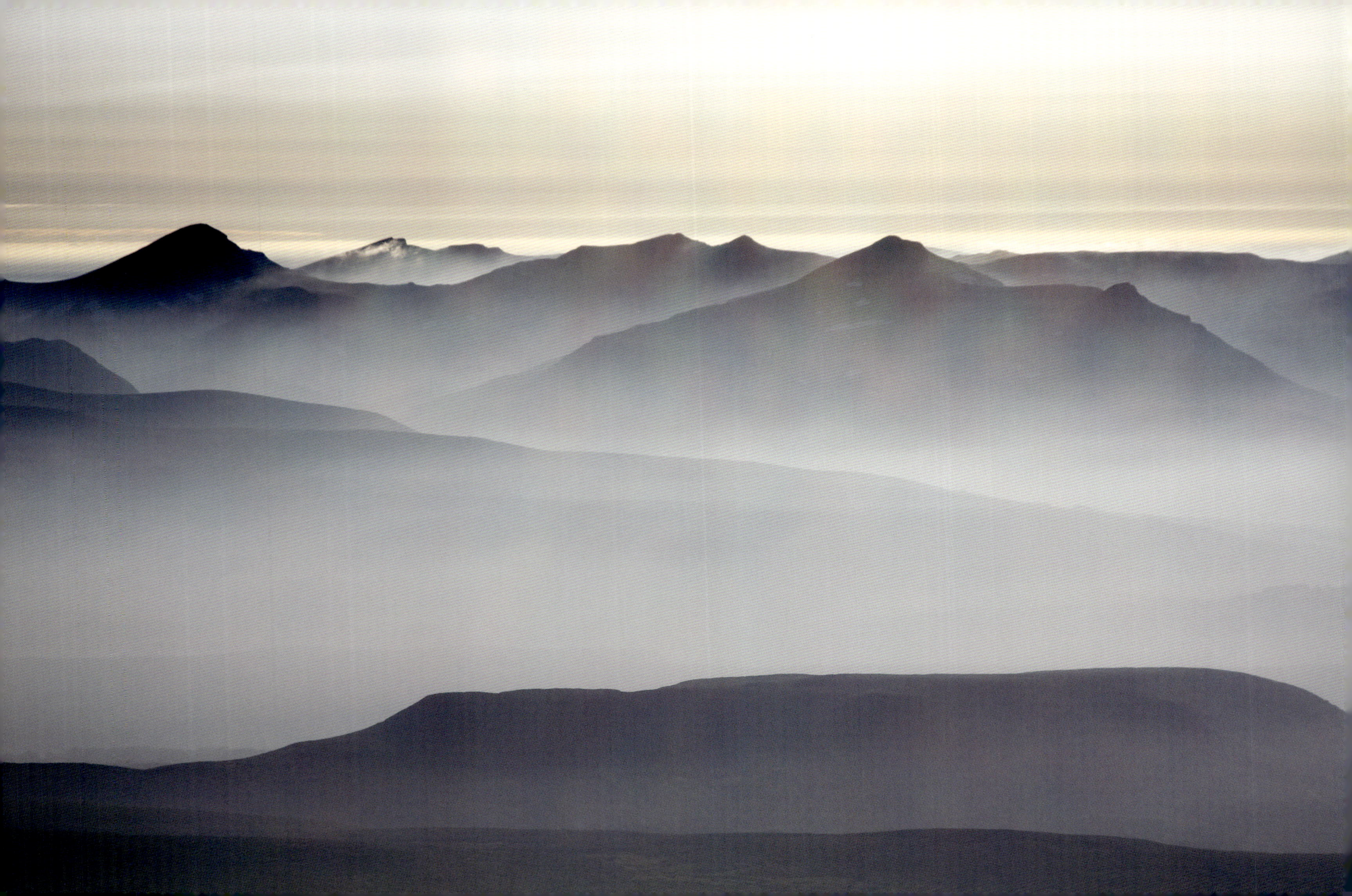

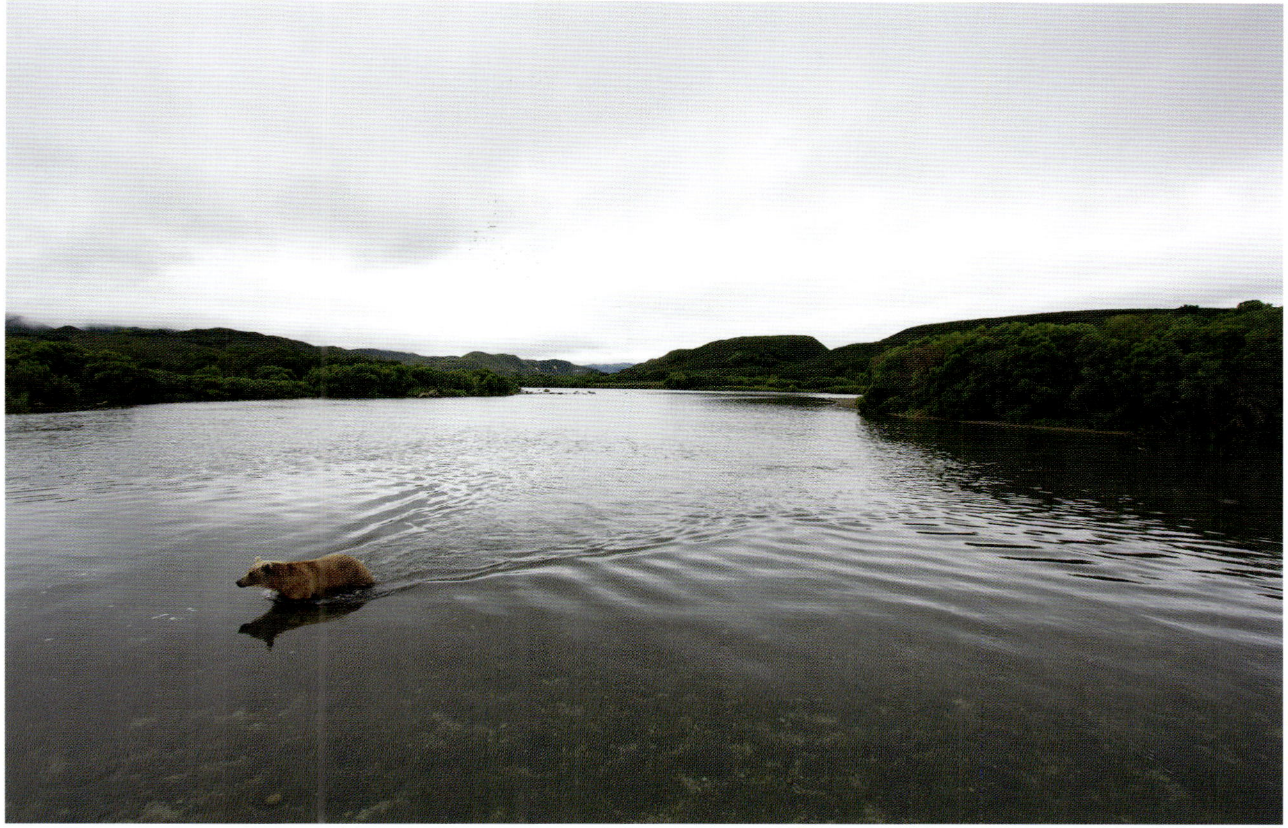

Braunbär   Ours brun   Brown bear

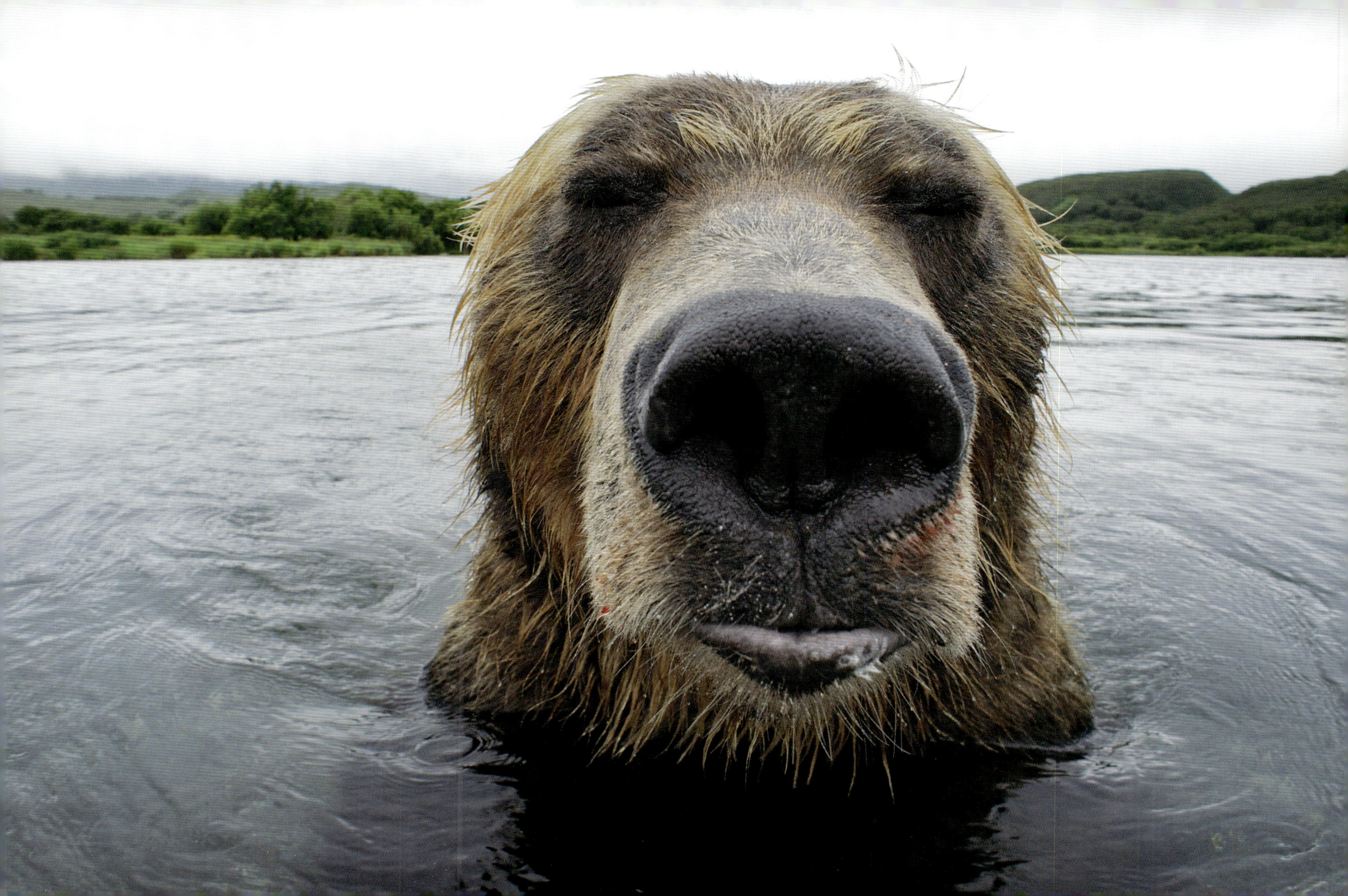

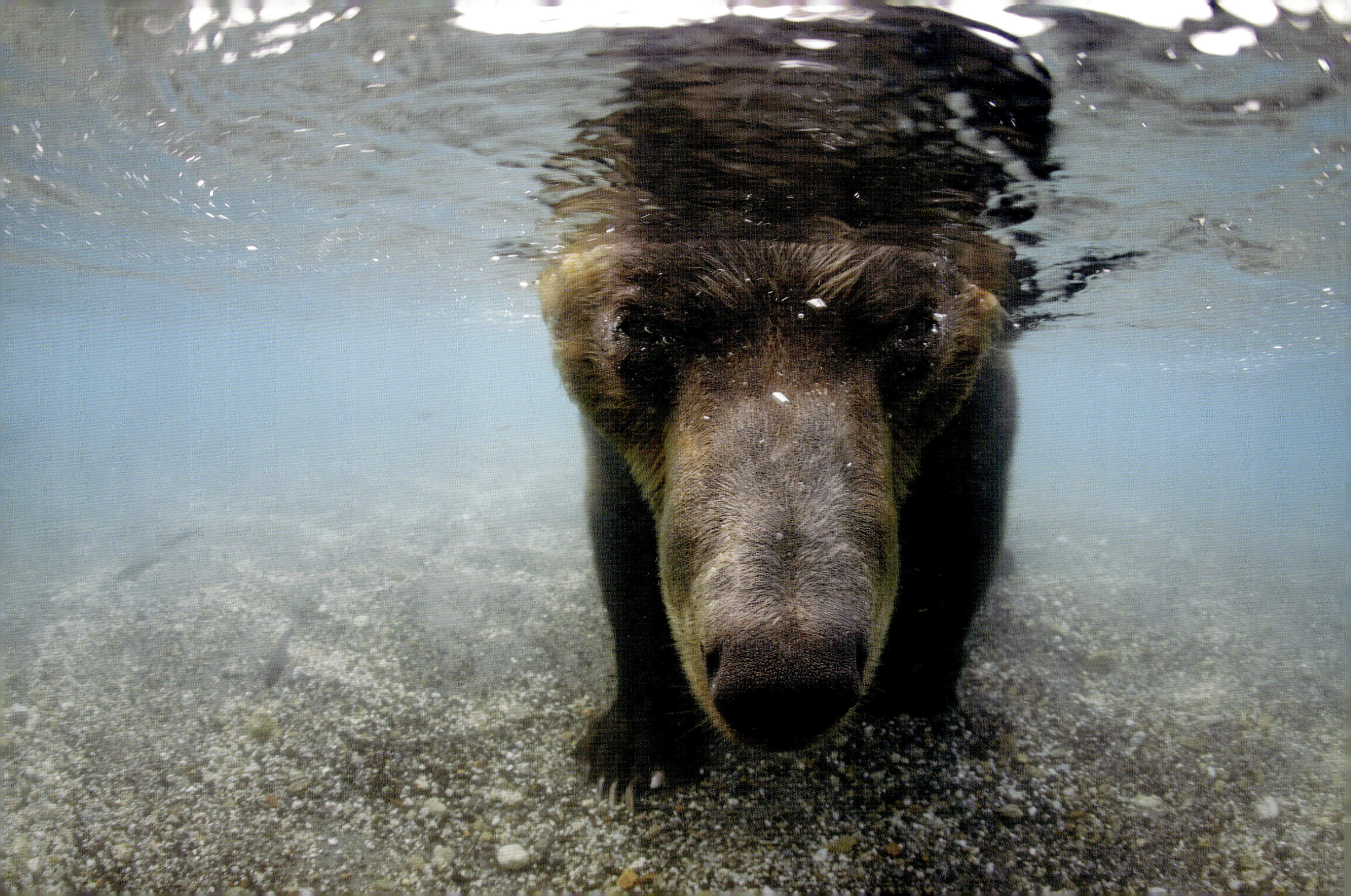

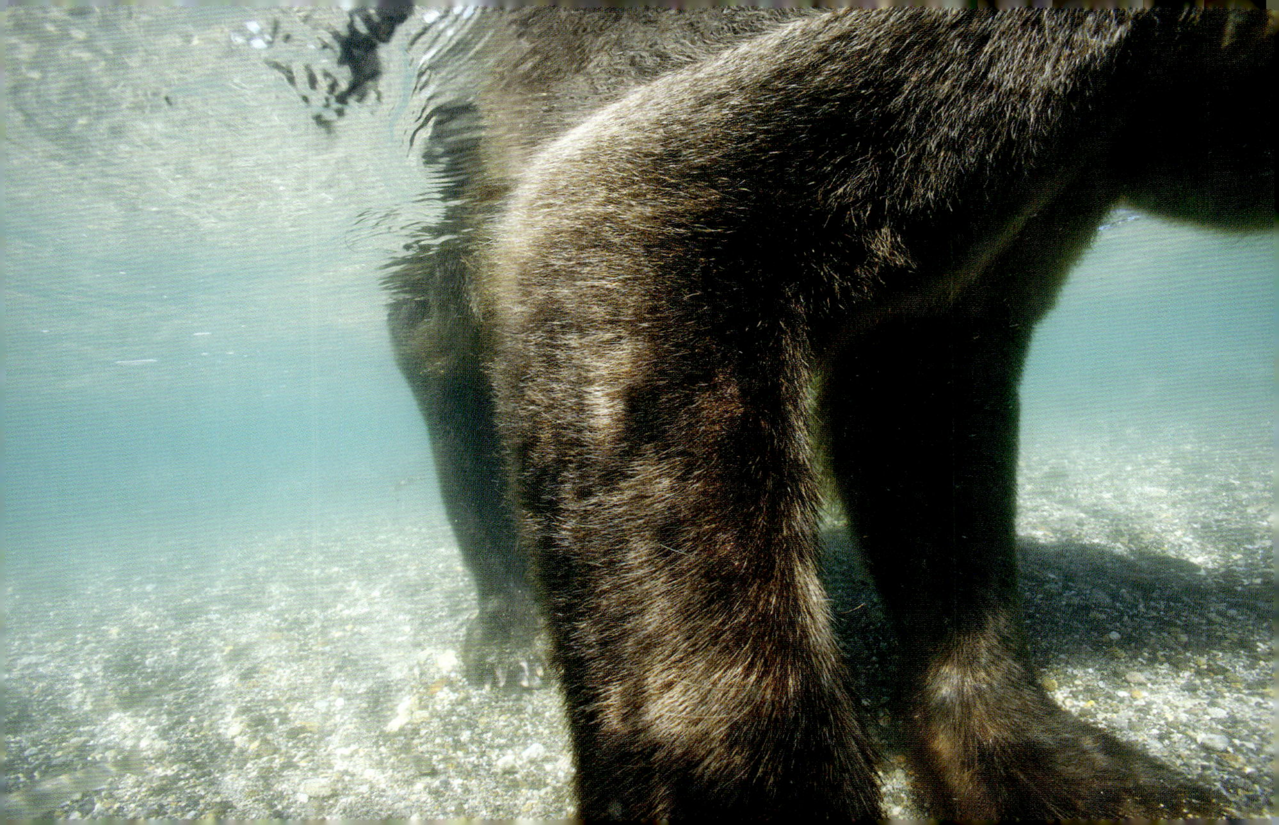

Rotlachs

Saumon rouge

Sockeye Salmon

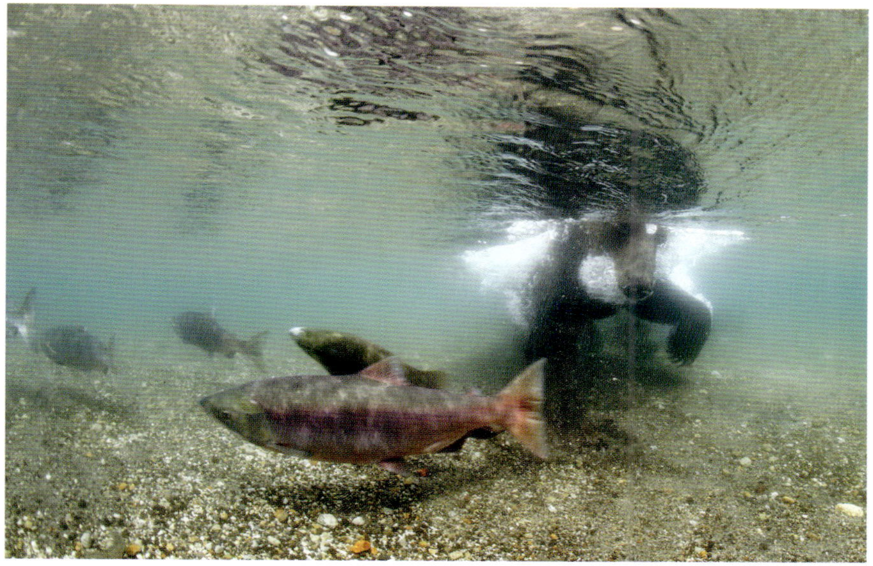

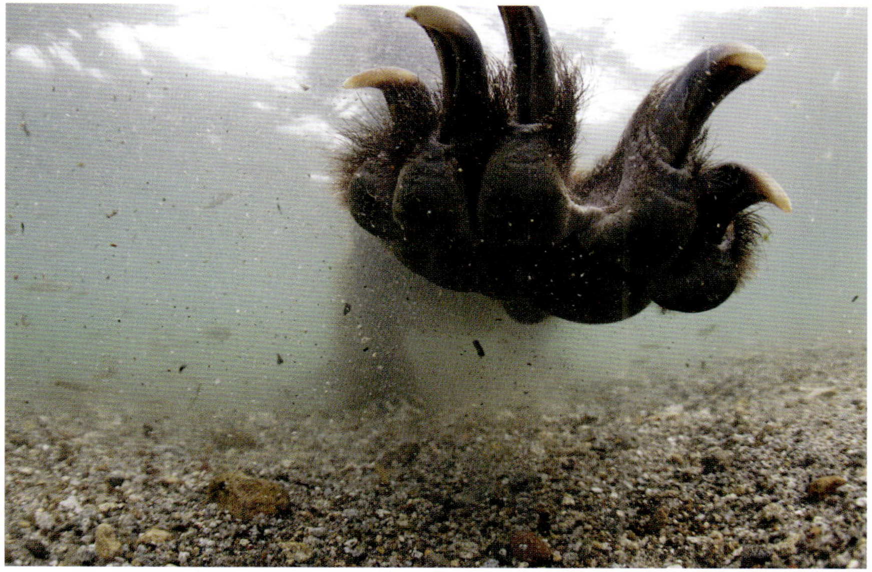

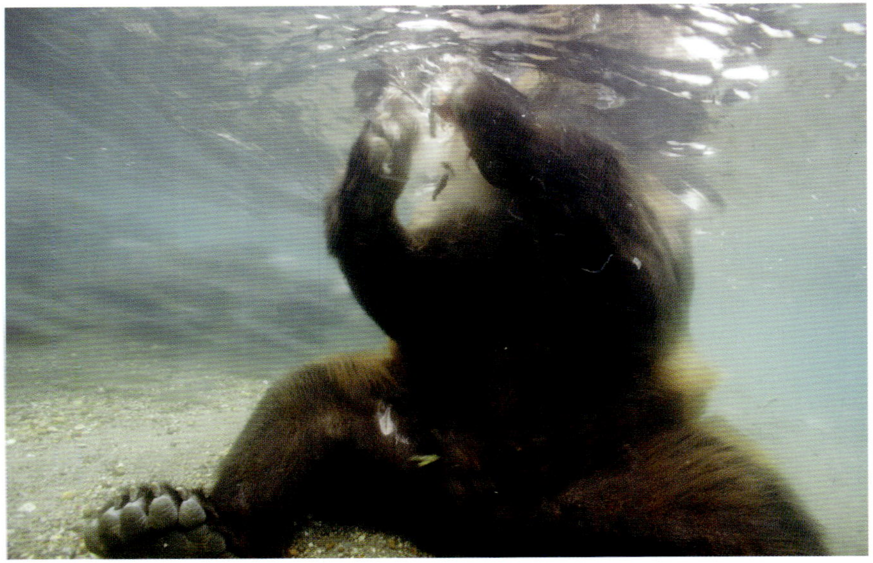

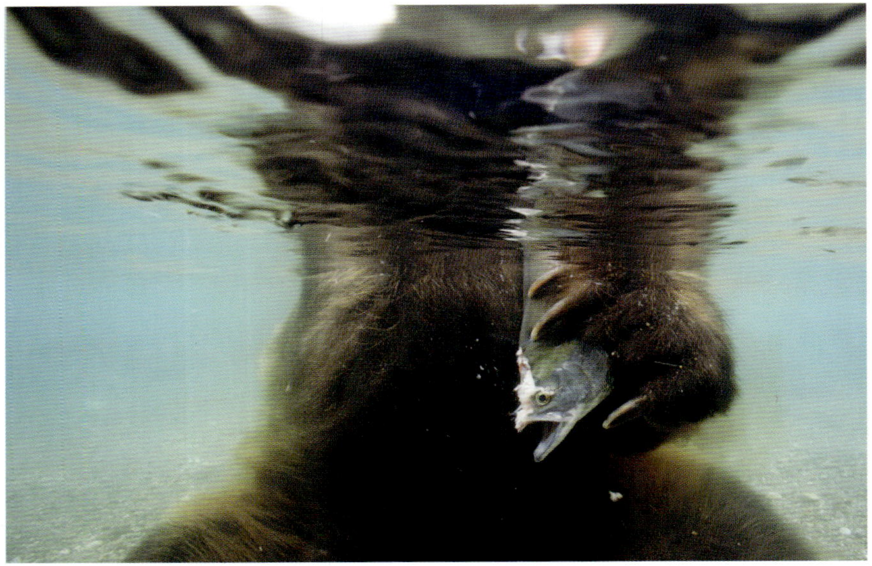

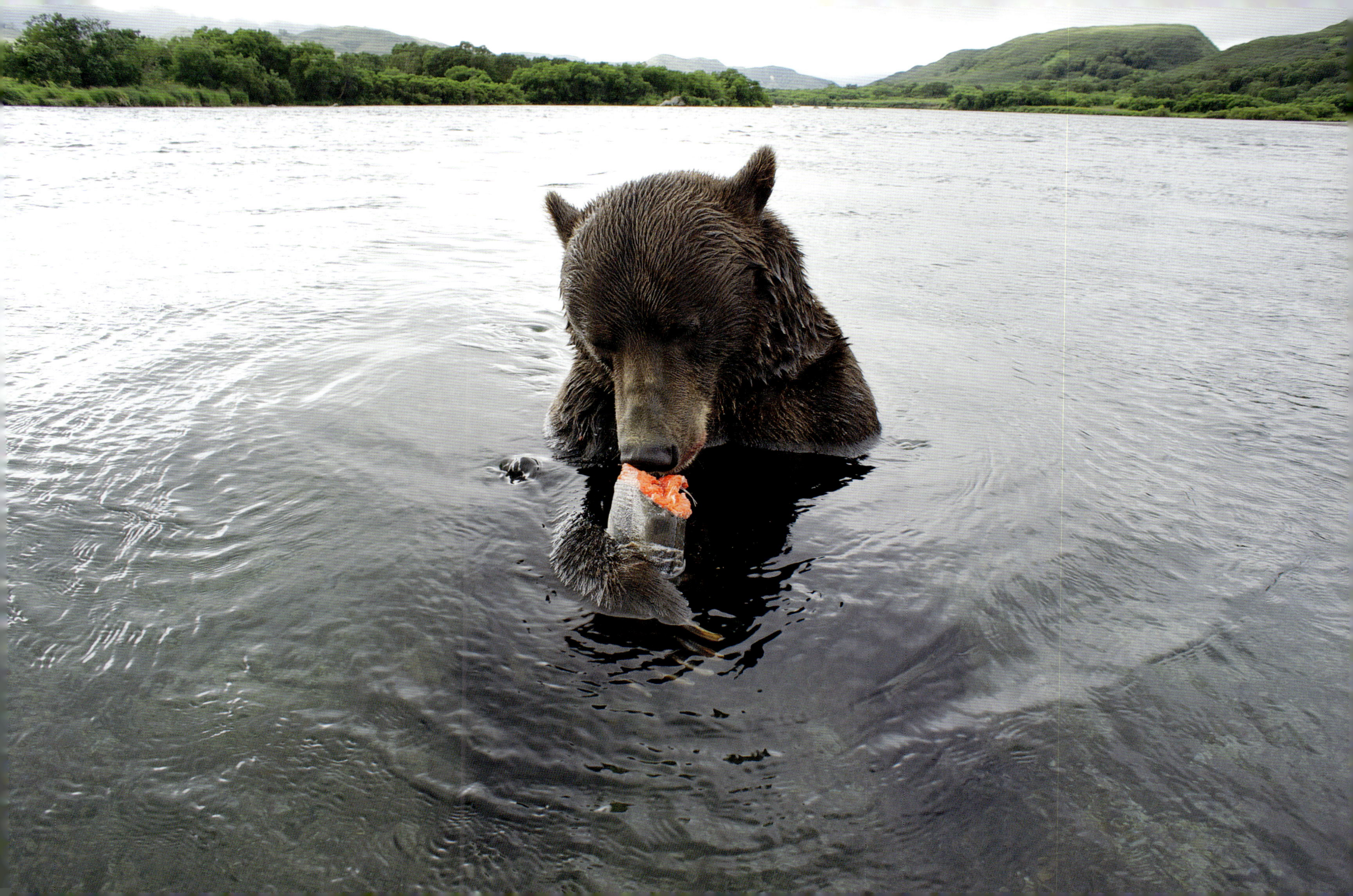

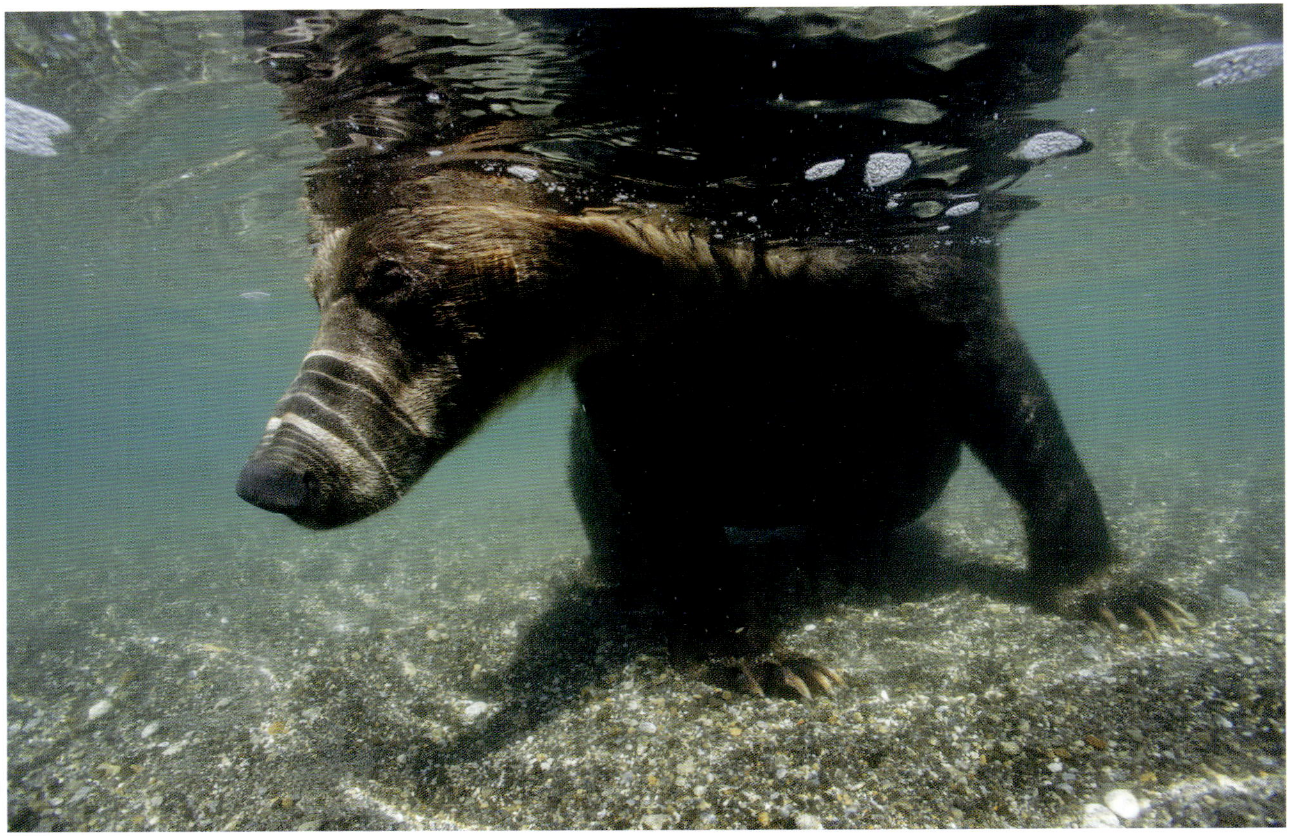

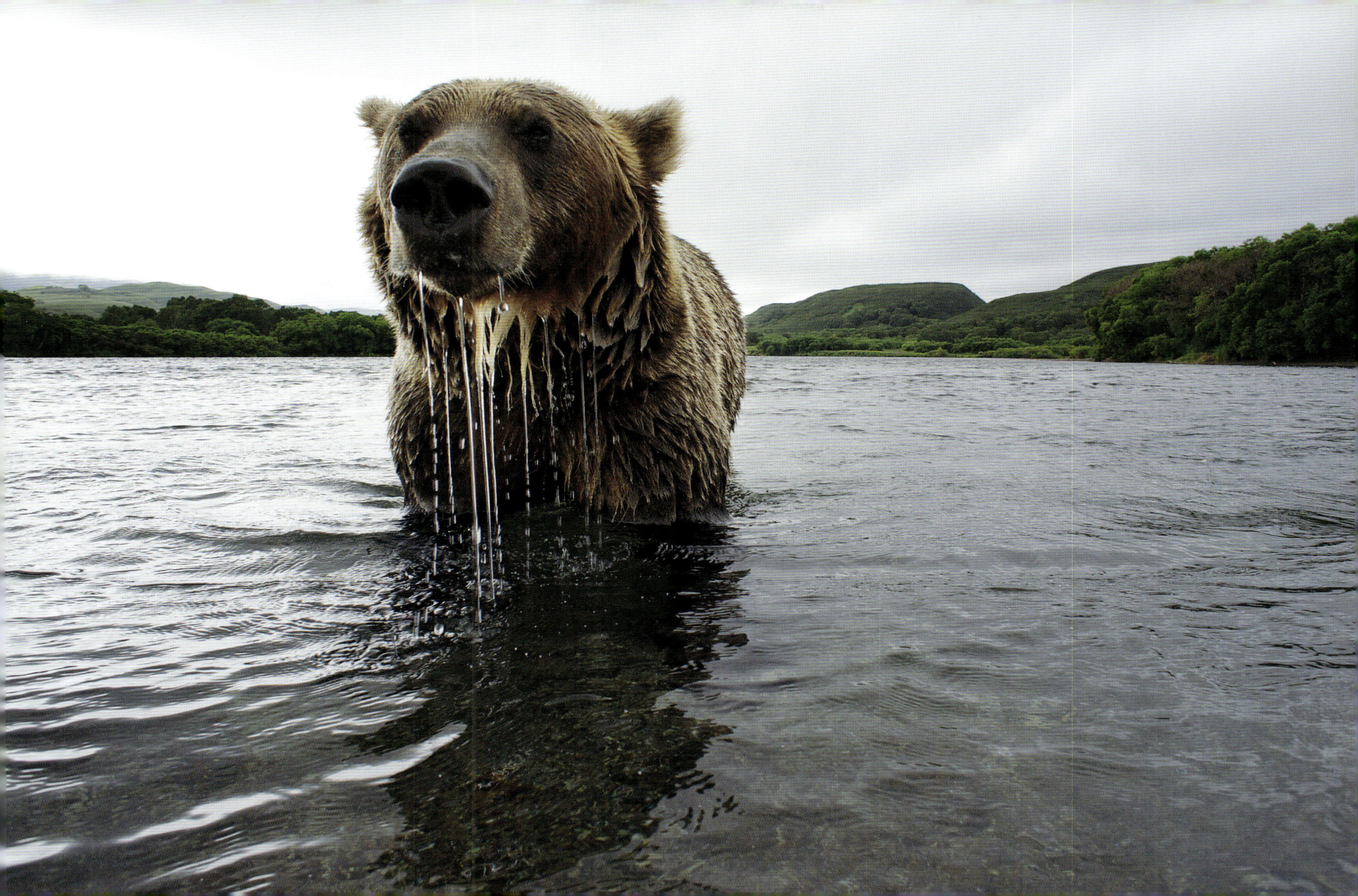

PANTANAL, MATO GROSSO DO SUL, **BRASIL**

PANTANAL, MATO GROSSO DO SUL, BRASILIEN

Das tropische Pantanal ist das weltweit grösste Feuchtgebiet, geprägt von Hoch- und Niedrigwasser des Río Paraguay und zahlreicher Nebenflüsse. Zur Trockenzeit findet sich im Gewirr von Flüssen, Seen und seichten Lagunen gelegentlich klares Wasser, das den Blick auf einen aquatischen Garten Eden unglaublicher Schönheit freigibt. Zwischen den Wasserhyazinthen lauern Piranhas und Kaimane – da schnorchelnd zu fotografieren ist etwas gewöhnungsbedürftig.

PANTANAL, MATO GROSSO DO SUL, BRÉSIL

Le Pantanal tropical est le milieu humide le plus grand du monde. Il est alimenté par les hautes et basses eaux du Río Paraguay et ses nombreux affluents. Pendant la saison sèche, un labyrinthe de rivières et de lacs laisse parfois entrevoir des lagunes peu profondes aux eaux claires et un jardin d'Eden aquatique d'une incroyable beauté. Entre les jacinthes d'eau rôdent des piranhas et des caïmans – photographier ici au masque et tuba requiert une certaine habitude.

PANTANAL, MATO GROSSO DO SUL, BRAZIL

The tropical Pantanal is the largest wetland in the world. It is characterized by the high and low water levels of the Paraguay River and its many tributaries. During the dry season, clear waters can sometimes be found in this maze of rivers, lakes and shallow lagoons, allowing us to observe an aquatic Garden of Eden of incredible beauty. Piranhas and caimans crawl between water hyacinths. Taking photos in such an environment while snorkeling really takes a little getting used to.

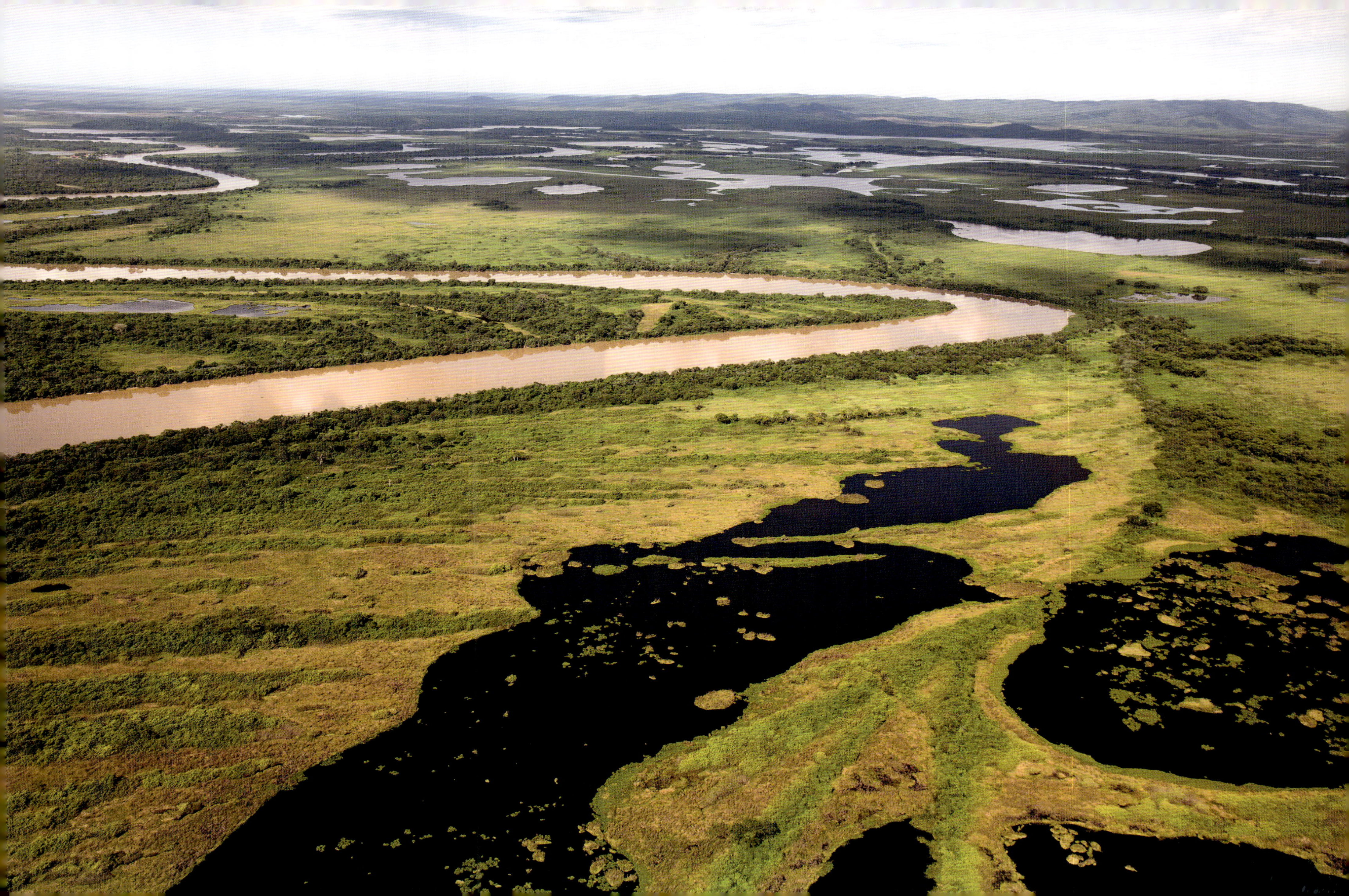

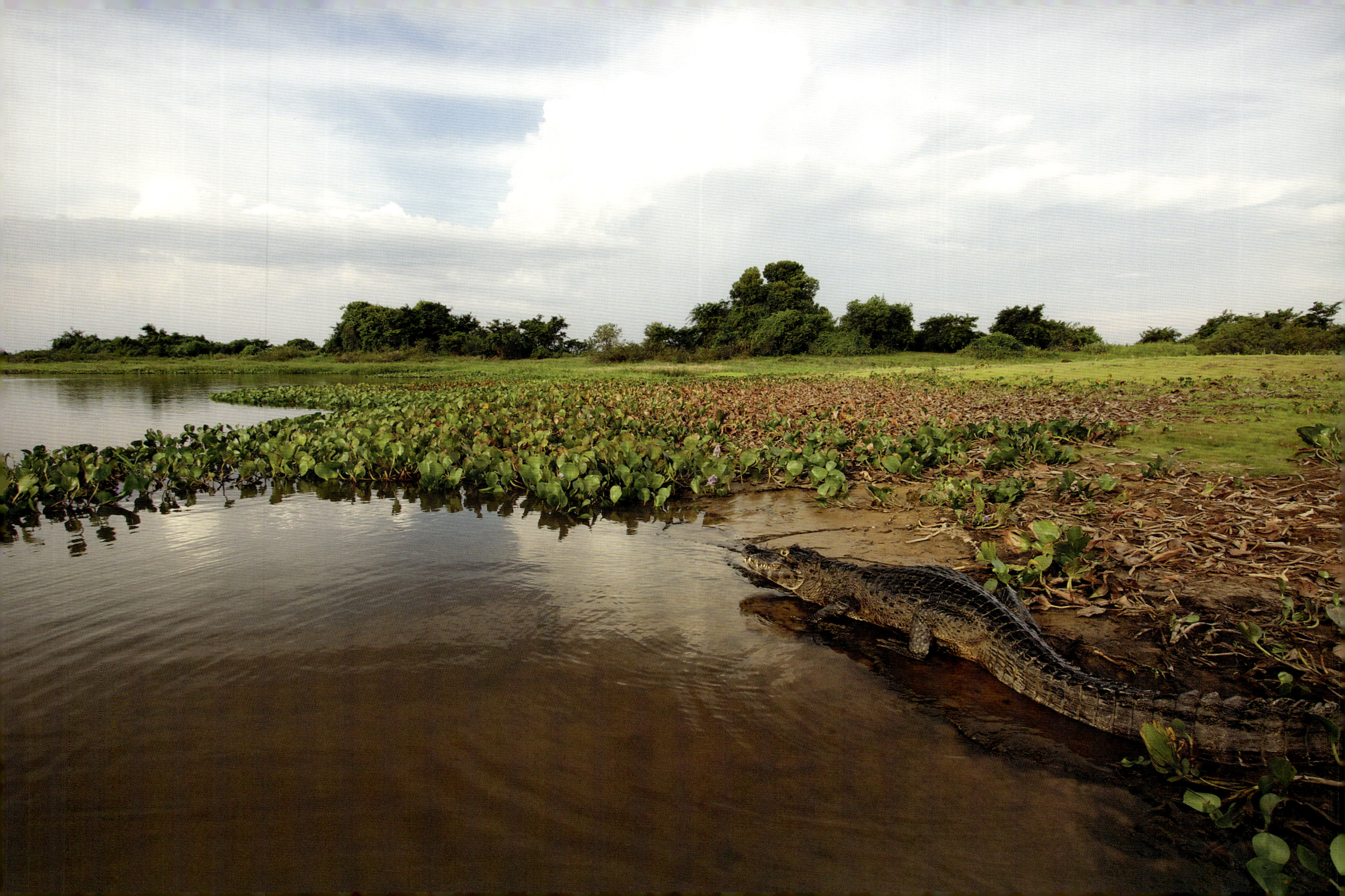

Brillenkaiman, Caiman yacare, Yacare caiman
Piranha, Aracu

Photo: André Riedo

Wasserhyazinthe
Jacinthe d'eau
Water hyacinth

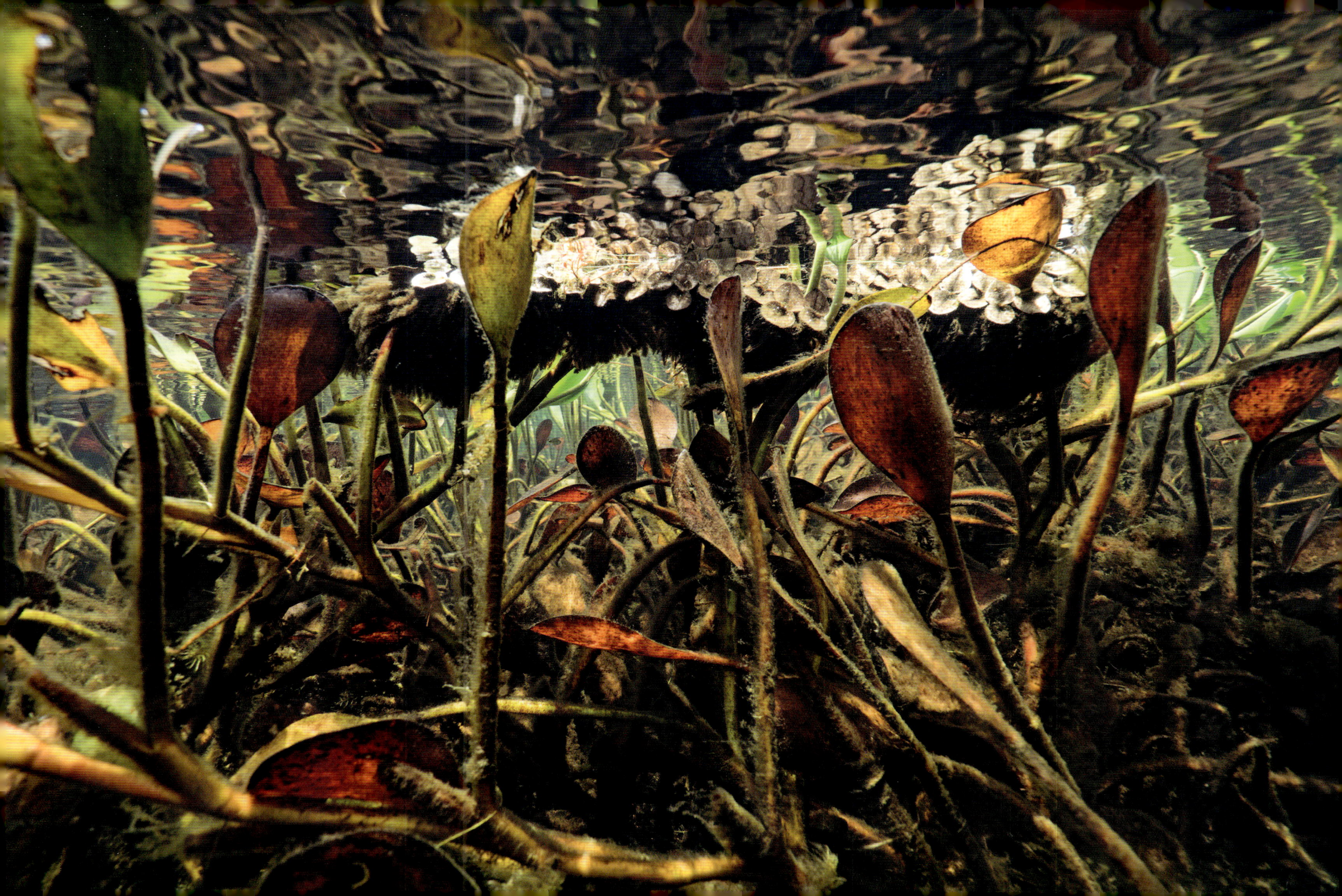

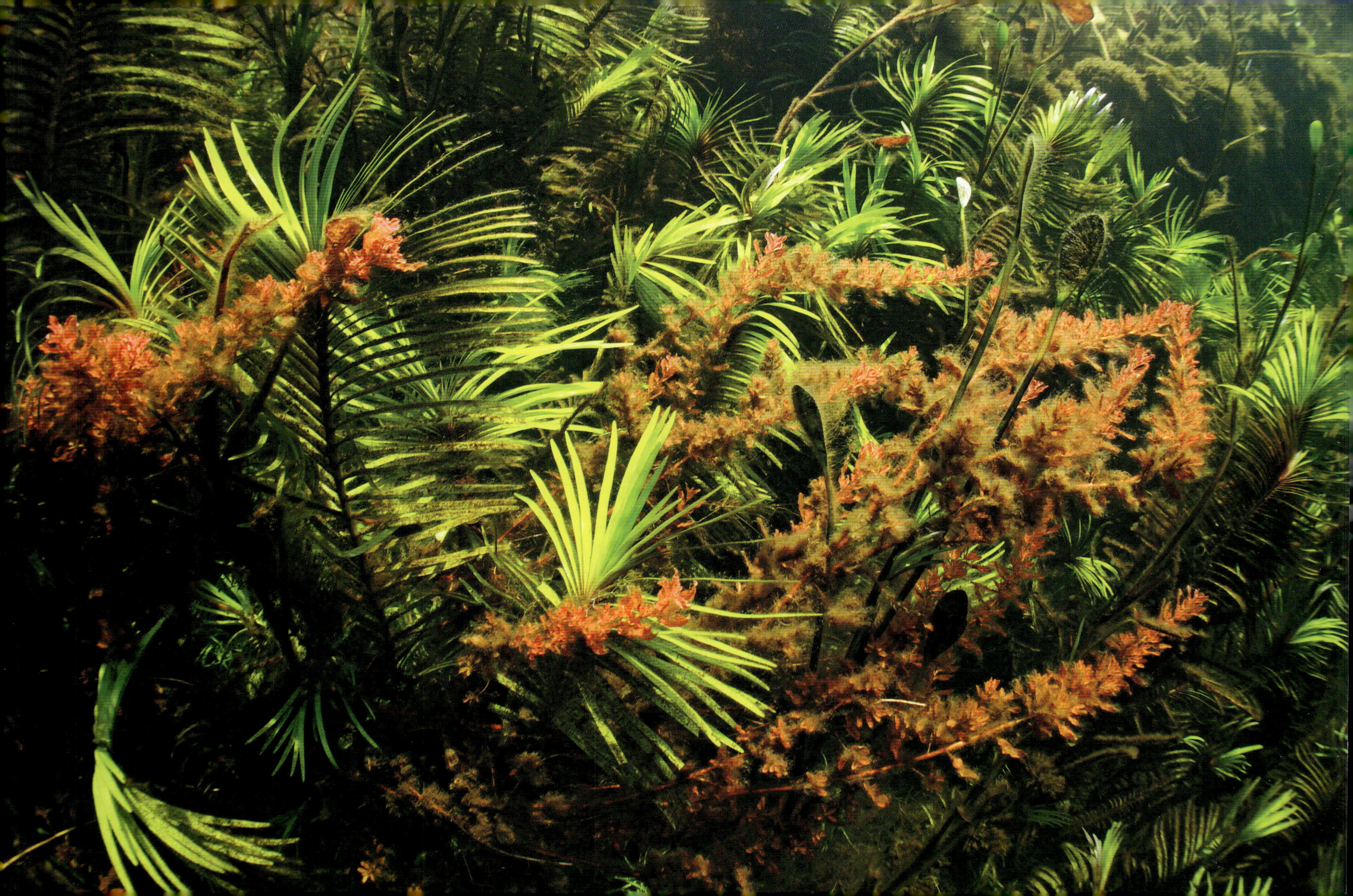

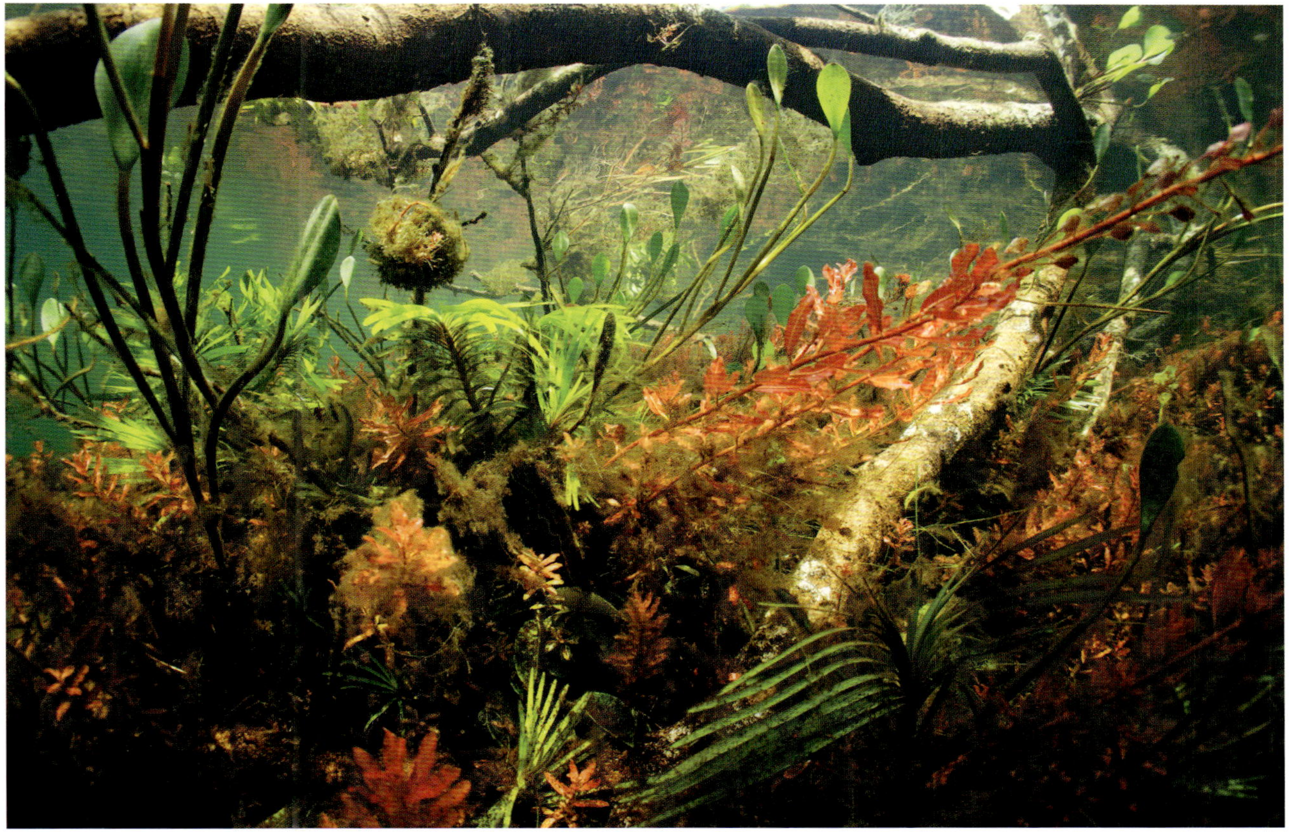

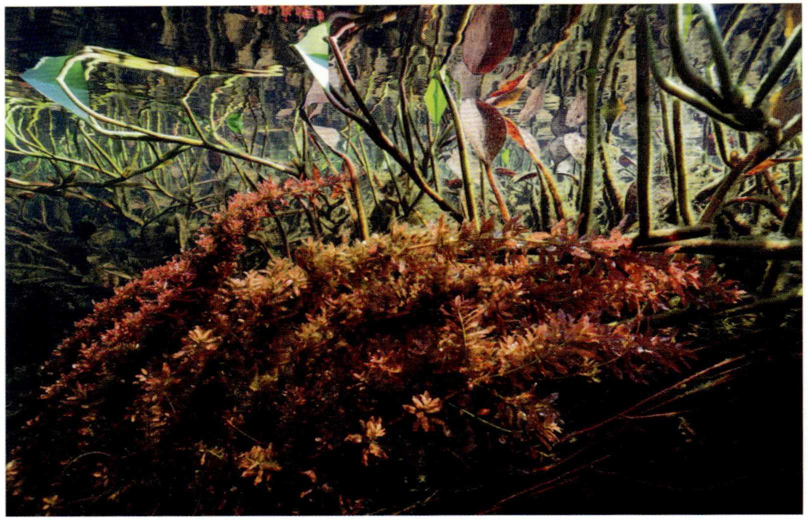
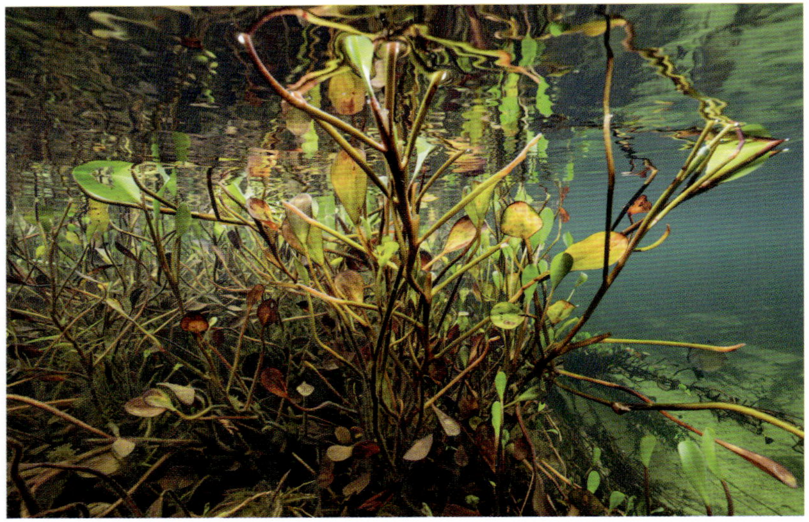
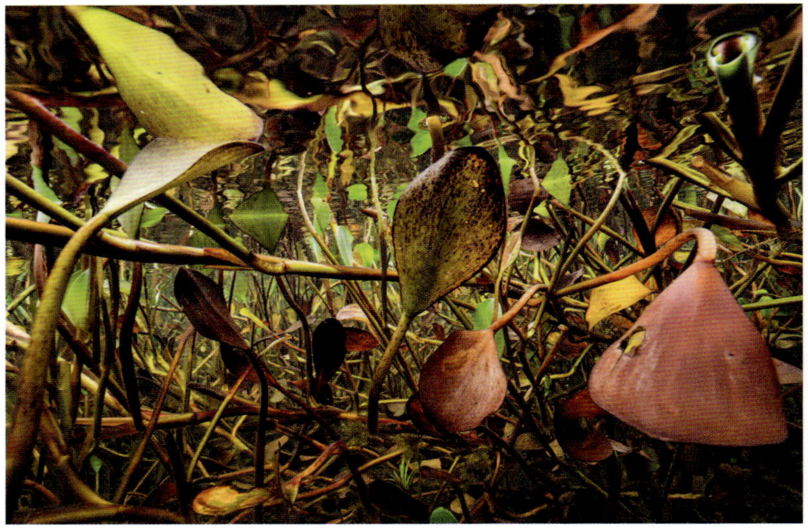
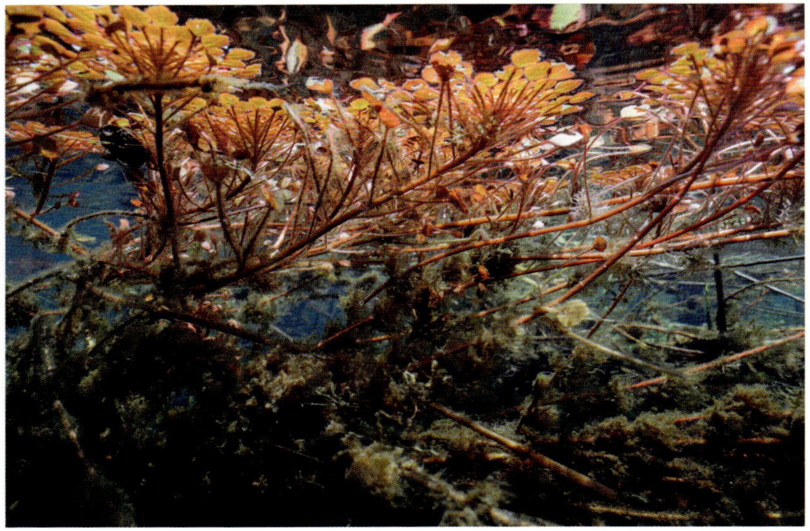

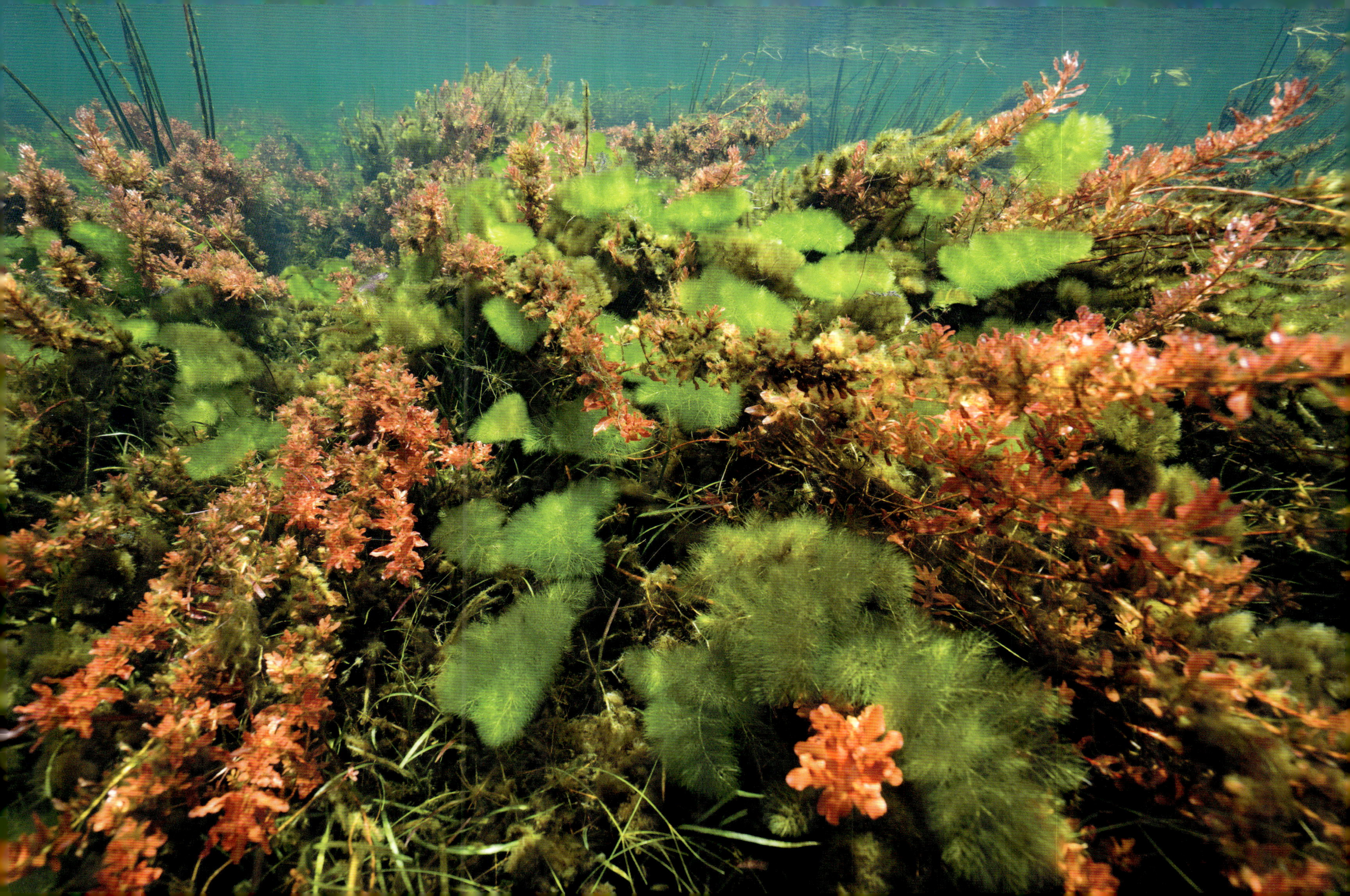

Wasserhyazinthe
Jacinthe d'eau
Water hyacinth

Making of:

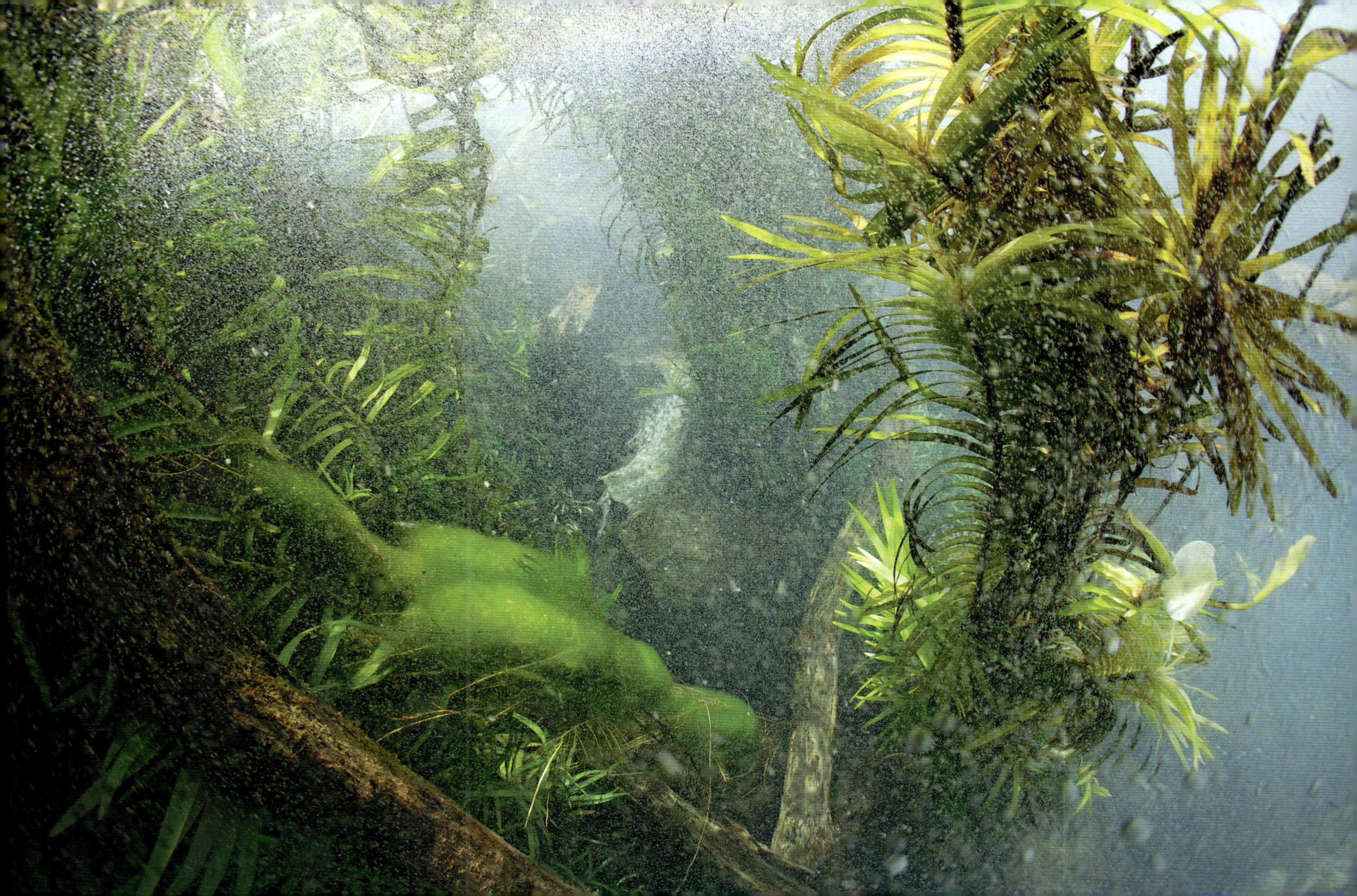

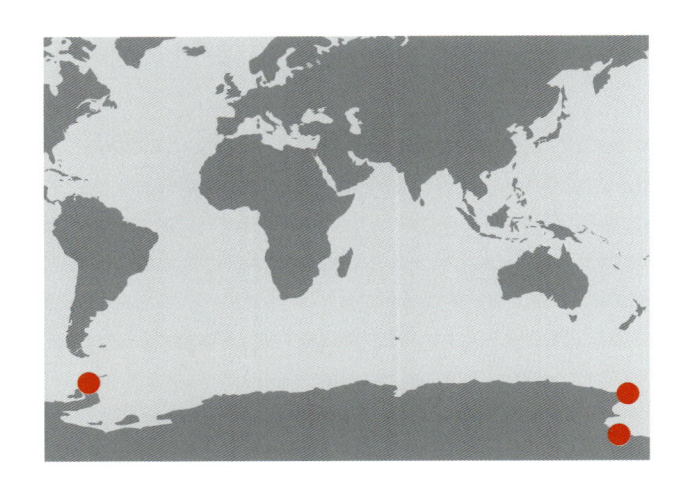

ANTARCTIC PENINSULA, ROSS ICE SHELF, DUGDALE GLACIER, **ANTARCTICA**

ANTARKTISCHE HALBINSEL, ROSS SCHELFEIS UND DUGDALE GLETSCHER, ANTARKTIS

Gut zwei Drittel des Süsswassers der Erde sind in dem bis über 4 Kilometer dicken Antarktischen Eisschild enthalten. Würde dieses Eis schmelzen, wäre ein Anstieg der Weltmeere um rund 60 Meter die Folge. Auf einer Schiffsreise von Südamerika nach Neuseeland entlang der Küste von Antarktika fotografierte ich Süsswasser meist in gefrorener Form – neben wenigen kleinen Bächen und Seen vor allem Gletscher, einen Eisschelf und die Eisberge, die auf das Meer hinaustreiben.

PÉNINSULE ANTARCTIQUE, BARRIÈRE DE ROSS ET GLACIER DE DUGDALE, ANTARCTIQUE

Près des ²/₃ des eaux douces sont stockés dans l'inlandsis de l'Antarctique, épais par endroits de 4 km. S'il fondait complètement, le niveau des mers s'élèverait d'environ 60 m. Lors d'un voyage en bateau d'Amérique du Sud vers la Nouvelle-Zélande, le long de la côte de l'Antarctique, j'ai photographié l'eau douce surtout sous forme de glace. Mis à part quelques petits ruisseaux et lacs, il s'agissait essentiellement de glaciers, d'une falaise de glace et d'icebergs flottant sur la mer.

ANTARCTIC PENINSULA, ROSS ICE SHELF AND DUGDALE GLACIER, ANTARCTICA

Around two thirds of the world's freshwater is held in the Antarctic ice sheet, which can be up to 4 kilometers thick. If this ice were to melt, the sea levels would rise by about 60 meters. On a boat trip from South America to New Zealand along the coasts of Antarctica, I took photographs of freshwater mainly in the form of ice – with the exception of a few small streams and lakes, there were mainly glaciers, an ice barrier and icebergs floating out to sea.

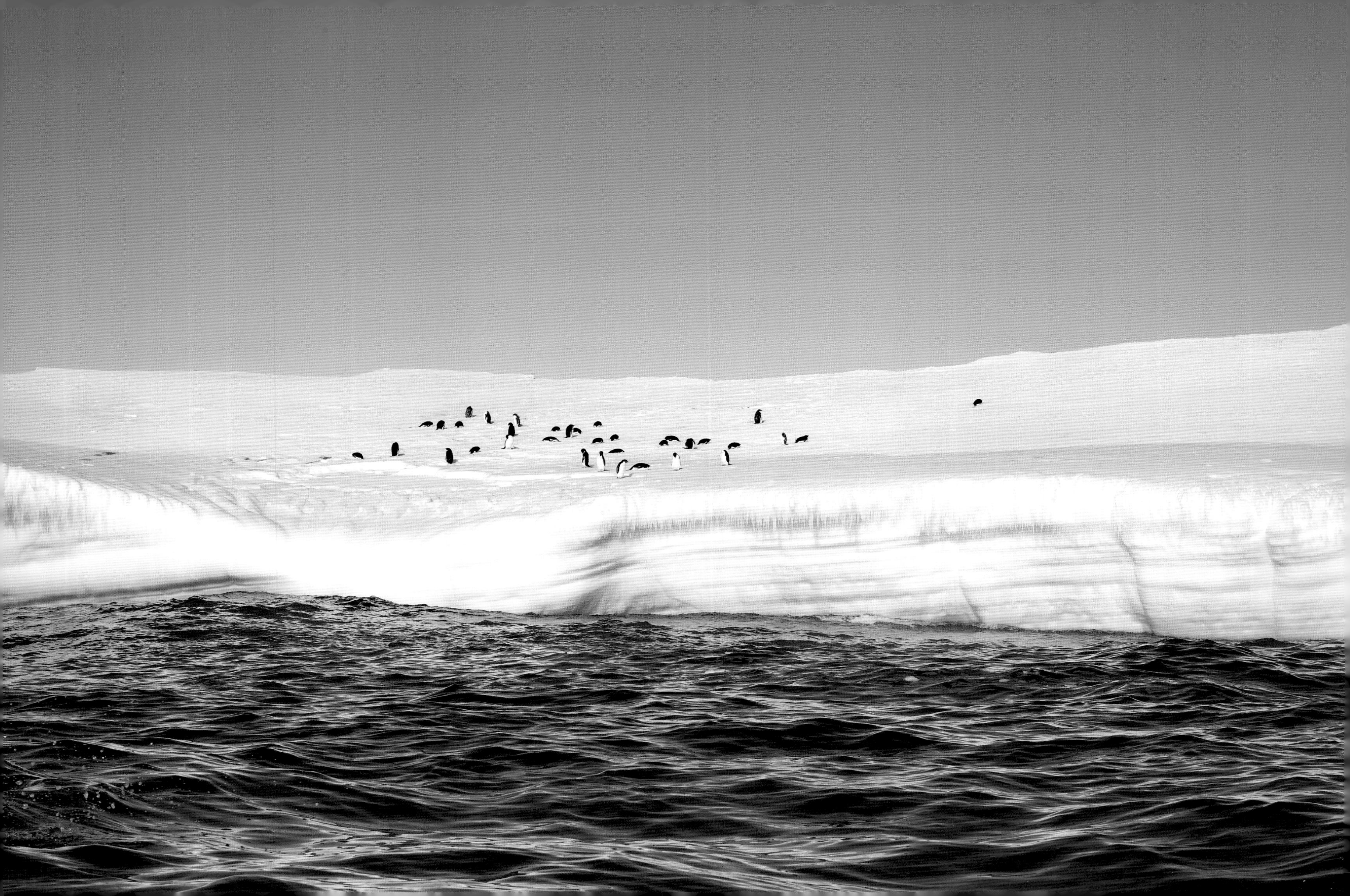

Adeliepinguin   Manchot Adélie   Adélie penguin

Schmelzwasser
Eau de fonte
Meltwater

Whaler's Bay, Deception Island
Ridley Beach, Cape Adare

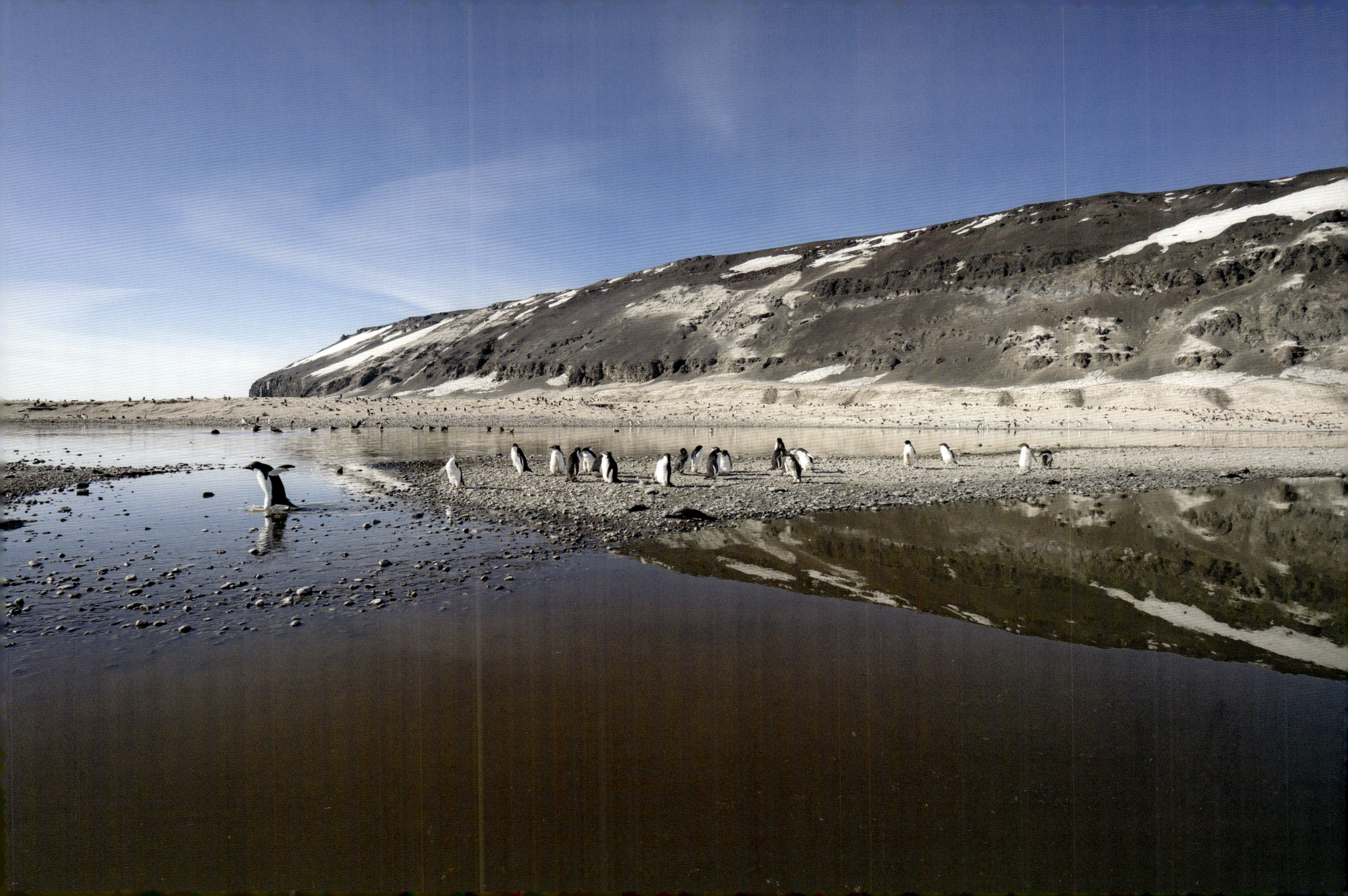

Dugdale Glacier, Admiralty Mountains

Making of:

272

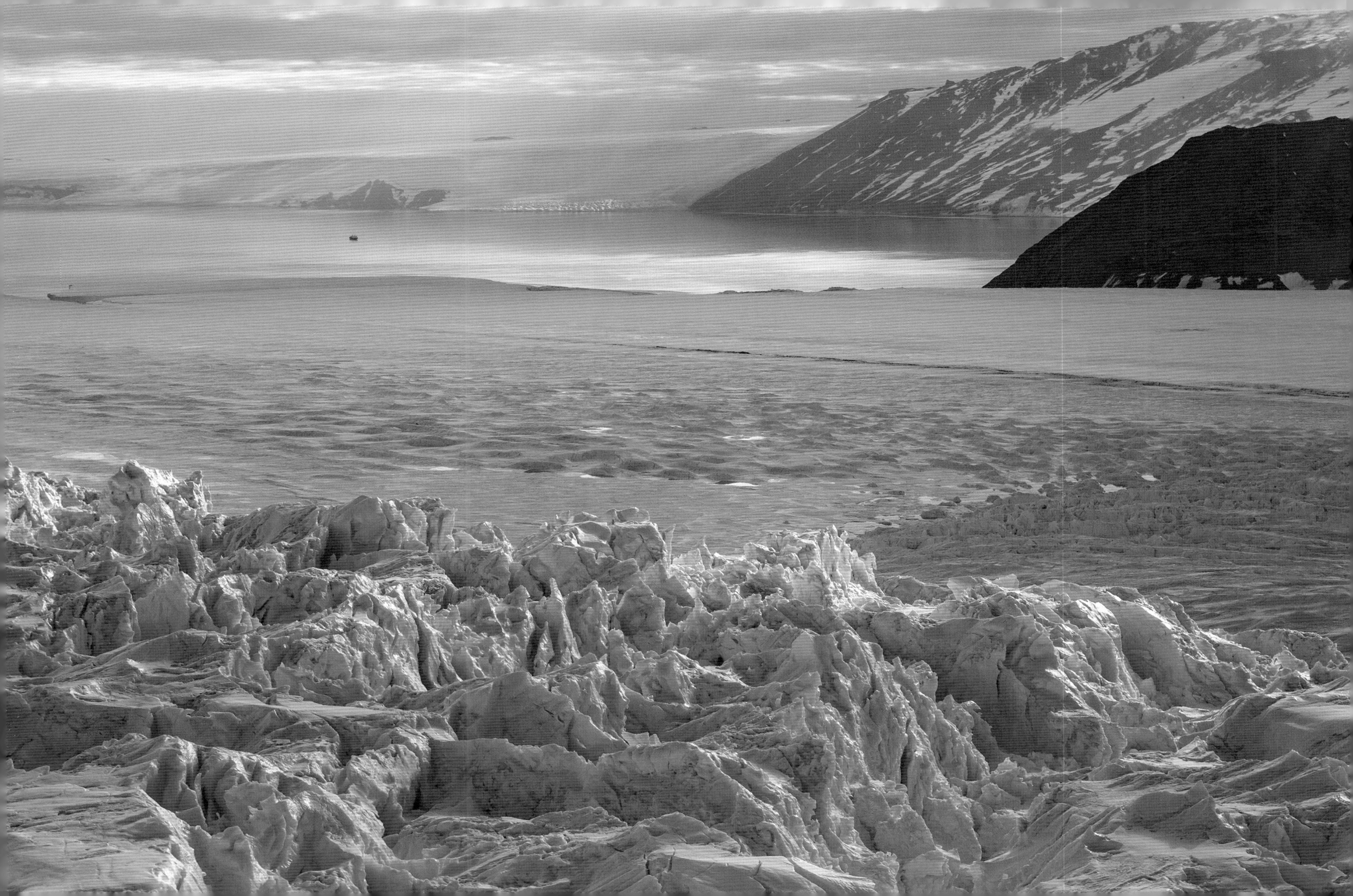

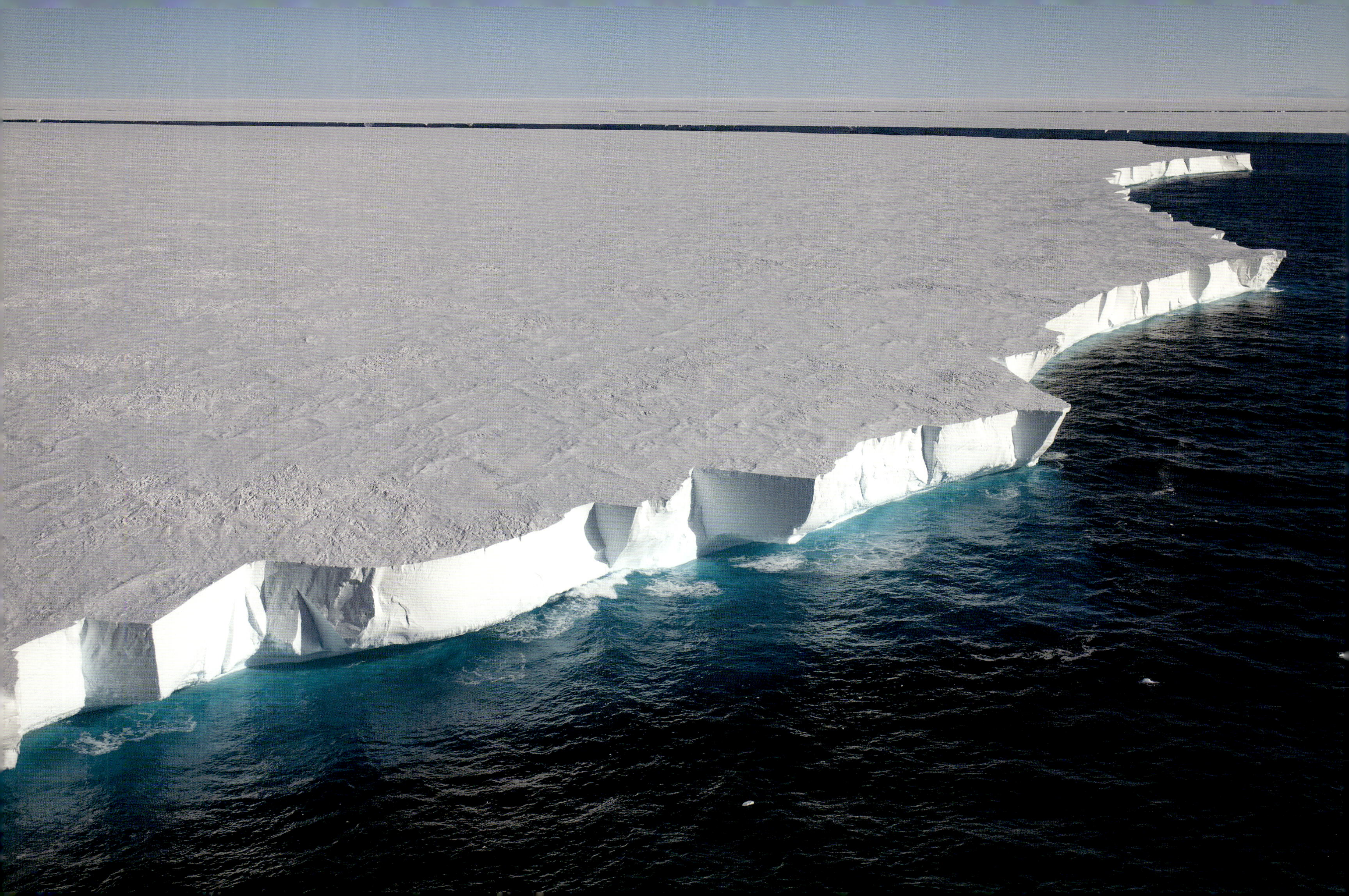

Ross-Schelfeis   Barrière de Ross   Ross Ice Shelf

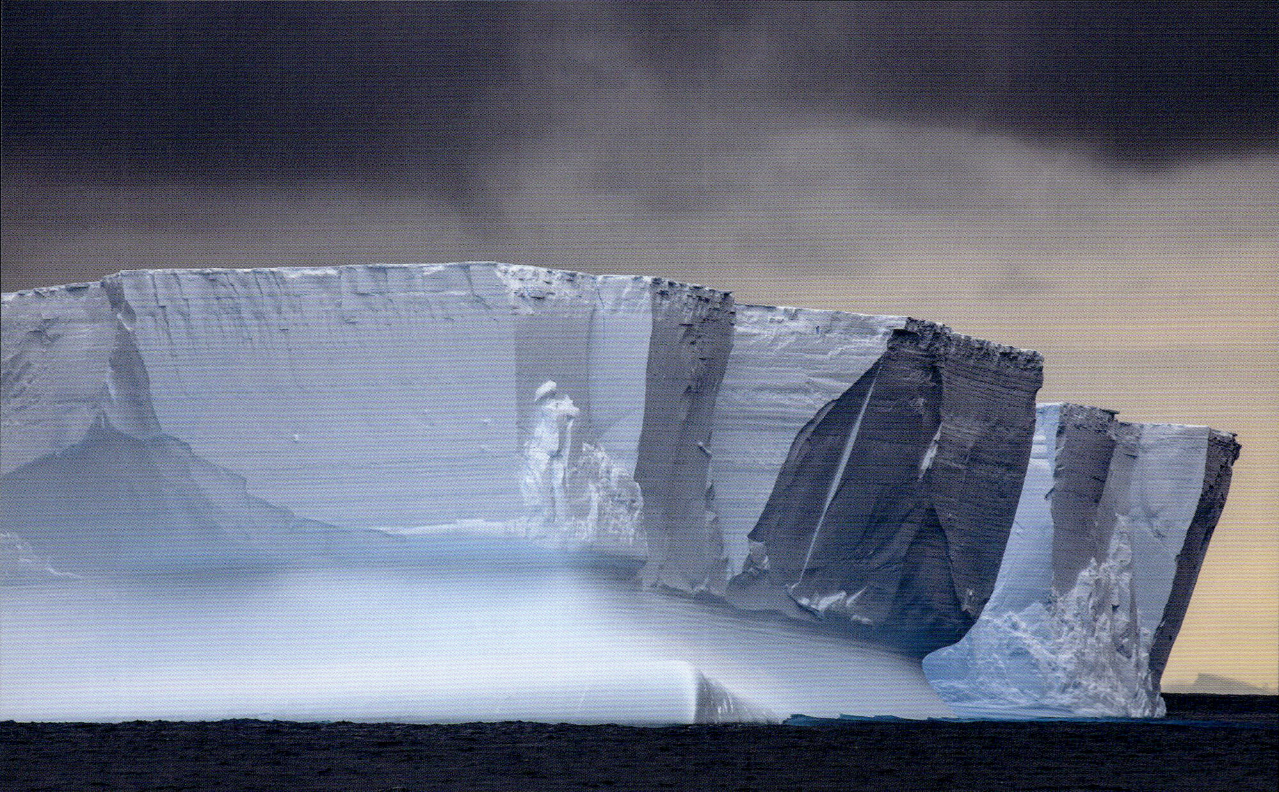

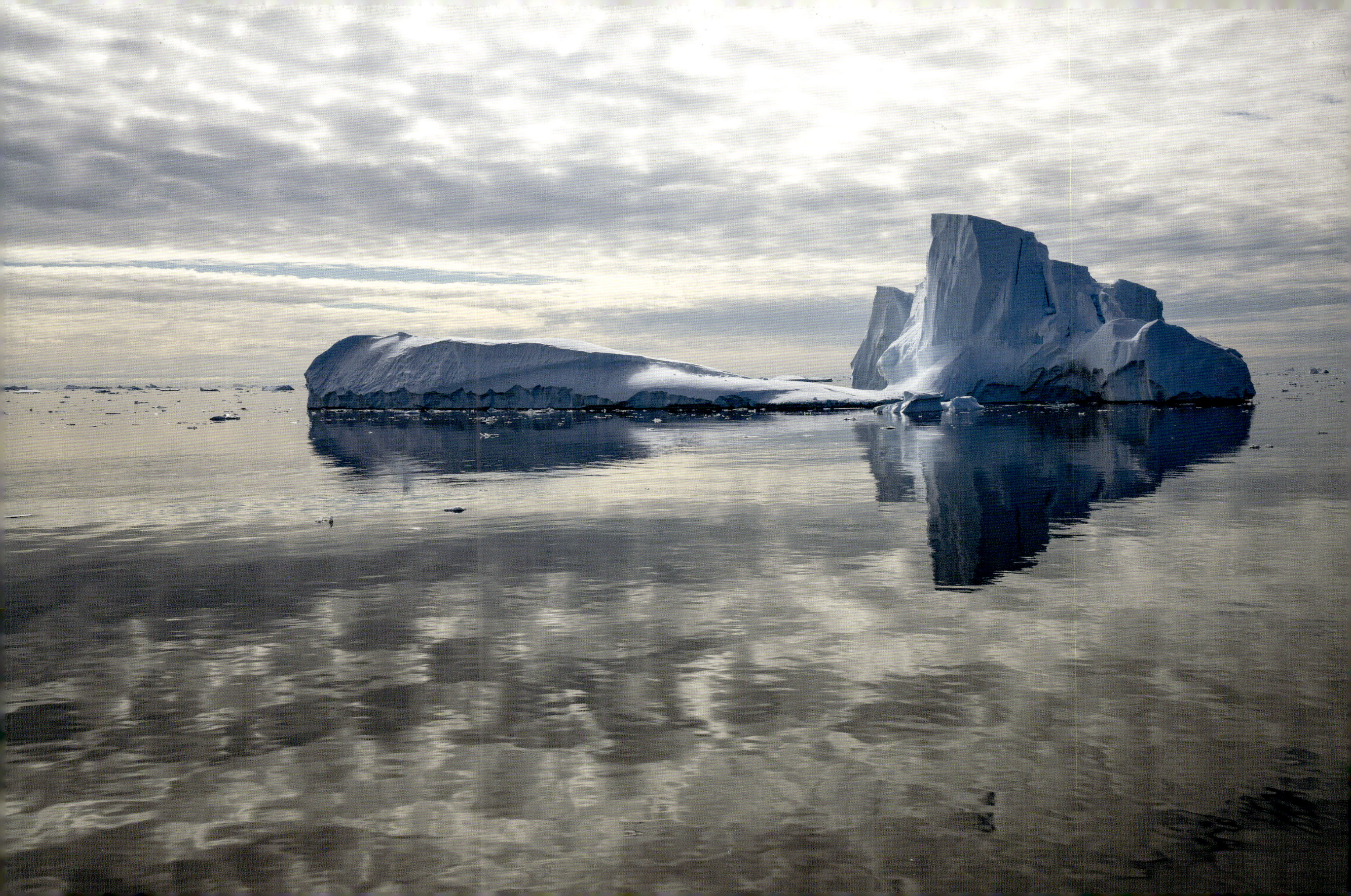

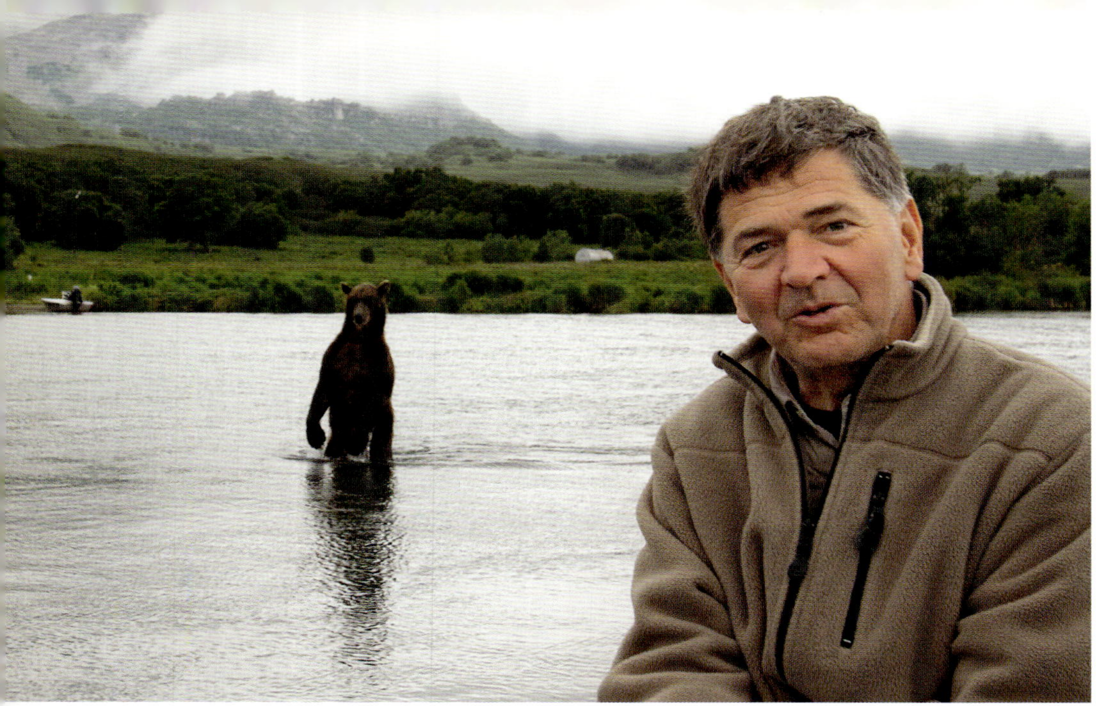
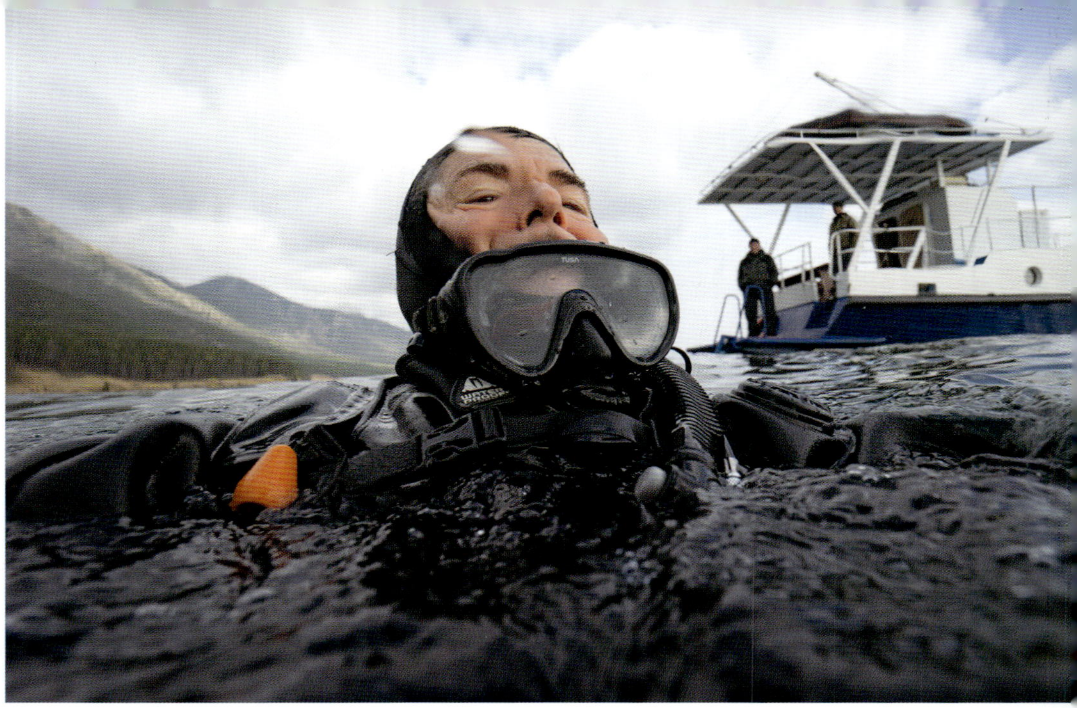
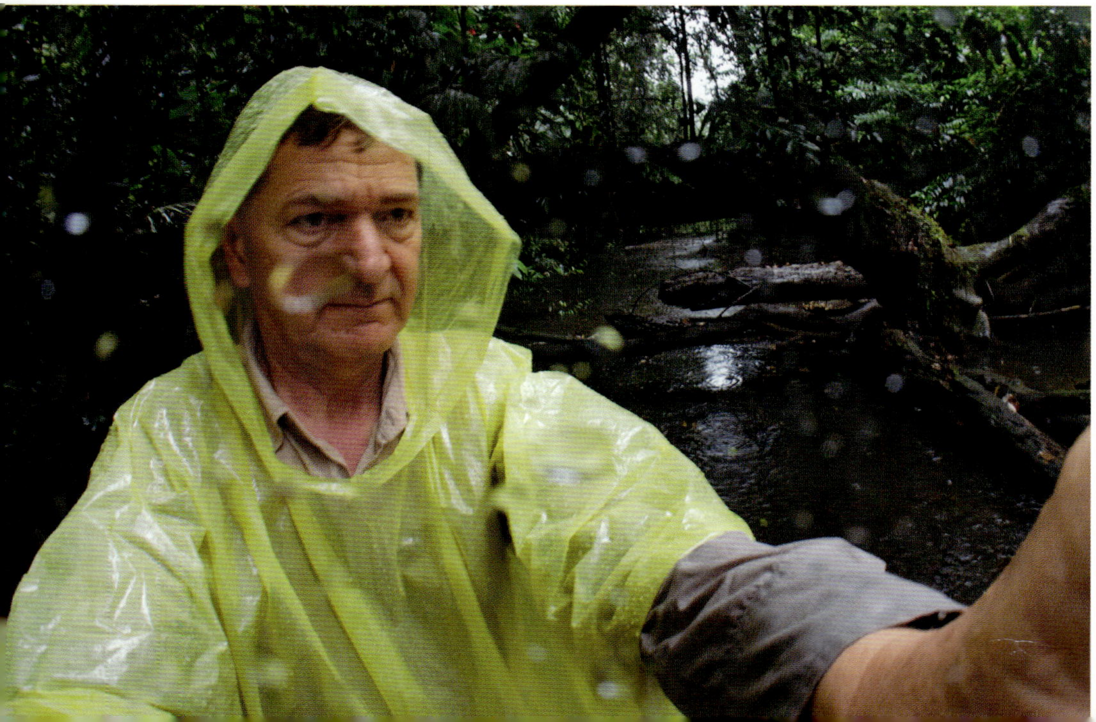
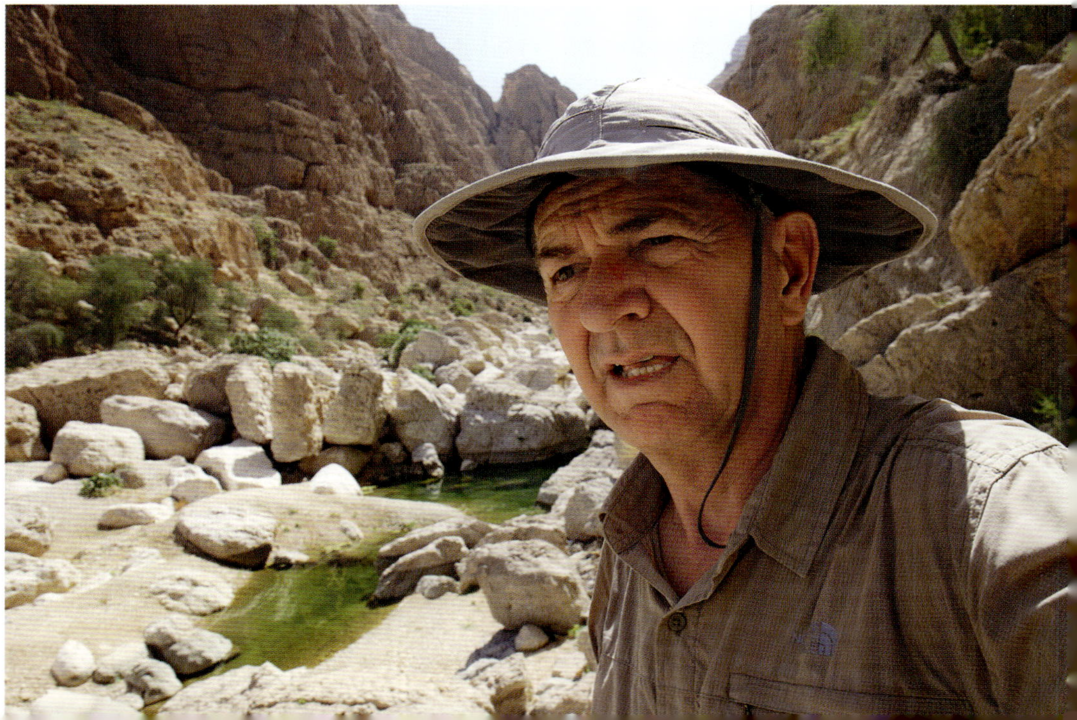

MICHEL ROGGO wurde 1951 in Freiburg, Schweiz geboren. Er ist Mitglied der iLCP International League of Conservation Photographers. Erst im Alter von 30 Jahren begann er zu fotografieren. Rasch folgten erste Auslandreisen. In Alaska sah er zum ersten Mal laichende Lachse. Fasziniert von diesen Szenerie entschloss er sich, sie zu dokumentieren. Jahr für Jahr kehrte er an die Lachsflüsse zurück und verfeinerte seine Technik. Allmählich dehnte er seine Arbeit auf andere Regionen aus, etwa die überfluteten Regenwälder des Amazonas.

Obwohl Michel Roggo unter Wasser immer noch fernbediente Systeme einsetzt, begann er mit 60 Jahren schnorchelnd zu fotografieren. Und zwei Jahre später auch noch tauchend – im sibirischen Ozero Baykal, dem grössten und tiefsten See der Welt. Mit der Erfahrung aus über hundert Expeditionen startete Michel Roggo im Jahr 2010 ein ehrgeiziges Projekt, dem Süsswasser gewidmet: The Freshwater Project. Rund 40 Gewässer wurden in sieben Jahren fotografiert.

Michel Roggo ist international anerkannt als Spezialist für Fotografie im Bereich des Süsswassers. Er zeigte seine Werke weltweit an über 30 Einzelausstellungen, war mehrmals Preisträger in Wettbewerben wie Wildlife Photographer of the Year und über 17000 Bilder wurden publiziert.

Siehe auch www.roggo.ch

MICHEL ROGGO est né en 1951 à Fribourg en Suisse. Il est membre de l'iLCP, l'International League of Conservation Photographers. Il débuta la photographie à l'âge de 30 ans et les premiers voyages à l'étranger suivirent rapidement. Il observa pour la première fois le frai des saumons en Alaska. Fasciné par ce spectacle, il décida de le faire connaître. Année après année, il retournait à ces rivières pleines de saumons et améliorait sa technique. Peu à peu, il élargit son travail à d'autres régions comme les forêts tropicales inondées d'Amazonie.

Michel Roggo utilise aujourd'hui encore un système télécommandé mais, à l'âge de 60 ans, il commença à faire du snorkeling pour exercer son métier. Deux ans plus tard, il se mit également à la plongée dans le lac Baïkal en Sibérie, le plus grand et le plus profond lac du monde. Fort de son expérience acquise au cours de plus de cent expéditions, il démarra en 2010 un ambitieux projet dédié à l'eau douce, The Freshwater Project, pour lequel il photographia pendant sept ans quelque 40 milieux aquatiques.

Michel Roggo est un spécialiste de photographies en eau douce de renommée internationale. Plus de 30 expositions sur toute la planète lui ont été consacrées. Il a obtenu à plusieurs reprises des prix lors de concours tels que le Wildlife Photographer of the Year. Plus de 17'000 de ses photographies ont été publiées.

Voir aussi www.roggo.ch

MICHEL ROGGO was born in 1951 in Fribourg, Switzerland. He is a member of the iLCP International League of Conservation Photographers. He started photography at the age of 30. He then quickly set out on his first trips abroad. For the first time, he observed salmon spawning in Alaska. Fascinated by the scenery, he decided to document them. Year after year, he returned to those rivers full of salmon and improved his technique. Progressively, he expanded his work to other regions such as the Amazon rainforests.

Even though Michel Roggo still uses remote control systems, at the age of 60, he started snorkeling in order to take photographs. Two years later, he also took up diving, beginning in Lake Baikal in Sibiria, the biggest and deepest lake in the world. With the experience he gathered on more than a hundred expeditions, in 2010 Michel Roggo launched an ambitious project dedicated to freshwater: The Freshwater Project. 40 freshwater ecosystems were photographed in 7 years.

Michel Roggo is recognized internationally as a specialist in freshwater photography. He has exhibited his work in more than 30 solo exhibitions around the world, has won several awards at competitions, such as Wildlife Photographer of the Year, and more than 17000 of his photographs have been published.

See also www.roggo.ch